지방방송 끄라고?

김도운 칼럼집

지방방송 꺼라고?

고대 그리스 철학자와 중국의 제자백가는 깊이 사고하고, 토론하며 인문학의 토대를 다졌다. 그 기반 위에 민주주의와 민본주의의 꽃을 피웠다. 2,500년 전 인류가 우리보다 무지하고, 교양과 상식이 부족하리라 생각한다면 그것은 대단한 교만이고 오산이다. 그들은 현대를 살아가는 우리보다 더 깊이 사색했고, 더 열정적으로 토론했다. 그래서 우리를 뛰어넘는 사유체계를 확보했고, 지금도 우리는 그들이 이루어놓은 학문적 바탕 위에서 살아가고 있다. 현대인은 지적으로 충만하고 문명을 누리며 살고 있다는 교만에서 벗어나야 한다. 치열하게 사고하고 성찰하며 토론해야 한다. 사색을 통해 좋은 글을 많이 쓰고, 그것을 공유하며 많이 읽고 토론해야 한다. 내가 칼럼을 쓰고 칼럼집을 출간하는 일을 멈출 수 없는 이유이다.

책머리에

 활자가 무력화되고 있다. 글을 쓰고 신문이나 책을 발행하고, 그것을 읽고 하는 등등의 행위가 세인들의 관심에서 멀어져 가고 있다. 이러한 현상은 인간이 본능인 사색을 멀리하기 시작했다는 것을 의미한다. 그래서 심각하다. 뭔가 깊이 생각하지 않으려 하고 말초적인 자극만 즐기려 한다. 그것을 두고 인류가 곧 멸망이라도 할 듯 걱정을 퍼붓는 이들도 많지만 그렇다고 하루아침에 인류가 망할 리는 없다. 그래도 인류는 발전하고 지구는 끄떡없이 잘도 돌아간다. 하지만 호모사피엔스라 하여 생각하는 인간이란 별칭이 주어졌는데 더는 사색하지 않으려 하니 의식이 천박해지는 것은 맞다.
 열심히 생각하고 정리해서 칼럼 한 편을 쓴다. 꽤 많은 시간과 노력을 기울여야 한 편의 칼럼이 나온다. 칼럼이란 이름이 붙여졌으니 남에게 웃음거리가 되지 않을 정도의 내용을 담아야 한다는 나름의 중압감이 있다. 남들 다 아는 뻔한 내용으로 글을 쓰면 동감을 받거나 호응을 얻을 수 없다. 많이 생각하고, 많은 자료를 찾아보고, 어렵게 한 편의 칼럼을 쓴다. 그러나 세태가 변하여 칼럼을 읽는 독자들의 수가 현저히 줄었다. 아무리 좋은 글을 실어도 읽는 사람이 없으니 딱한 노릇이다. 그렇다고 안 쓸 수도 없다. 누군가 세상을 향해 새로운 인식체계를 지속해서 제시하는 역할을 해야 하기 때문이다.

두 개 매체에 4주 간격으로 한 편씩 칼럼을 썼다. 다른 할 일이 많은 상황에서 한 달에 두 편의 칼럼을 쓰는 일이 쉽지는 않다. 내가 칼럼을 안 쓴다고 누가 뭐랄 사람도 없고, 생계에 지장을 받는 것도 아니다. 그냥 내가 좋아서 쓰는 것이다. 내가 내 생각을 정리하는데 이보다 좋은 방법이 없다고 판단했기 때문에 줄기차게 쓰는 것이다. 2016년 상반기까지 쓴 칼럼을 모아 '급하지 않은 일, 그러나 중요한 일'이란 제목의 책을 출간했다. 2017년 하반기부터 2020년 하반기까지 3년 6개월간 집필한 칼럼을 모으니 또 한 권의 책을 만들 수 있는 분량이 되었다. 이번 책의 제목은 '지방방송 끄라고?'로 정했다.

대한민국은 시중에서 판매되는 책의 75%가 참고서와 문제집이고, 10%가 처세술이나 재테크 등을 다룬 자기계발서이다. 인문교양서나 전공서의 판매가 바닥인 나라이다. 젊은이들은 스마트폰을 통한 동영상을 시청하며 시간을 보낼 뿐 마음의 양식이 될 만한 책을 읽지 않는다. 교육열이 높은 고학력 국가임을 자랑하지만 무개념하고 몰상식한 자가 넘쳐나는 나라로 지목된다. 그러니 누가 칼럼집을 구매하여 알뜰하게 읽겠는가. 그렇지만 칼럼집 발행을 멈추지 않을 것이다. 내 생각이 어떻게 변화했는지, 흔적을 남기는데 가장 적합한 방법이 칼럼집을 출간하는 일이라고 생각하기 때문이다.

고대 그리스 철학자와 중국의 제자백가는 깊이 사고하고, 토론하며 인문학의 토대를 다졌다. 그 기반 위에 민주주의와 민본주의의 꽃을 피웠다. 2500년 전 인류가 우리보다 무지하고, 교양과 상식이 부족하리라 생각한다면 그것은 대단한 교만이고 오산이다. 그들은 현대를 살아가는 우리보다 더 깊이 사색했고, 더 열정적으로 토론했다. 그래서 우리를 뛰어넘는 사유체계를 확보했고, 지금도 우리는 그들이 이루어놓은 학문적 바탕 위에서 살아가고 있다. 현대인은 지적으로 충만하고 문명을 누리며 살고 있다는 교만에서 벗어나야 한다. 치열하게 사고하고 성찰하며 토론해야 한다. 사색을 통해 좋은 글을 많이 쓰고, 그것을 공유하며 많이 읽고 토론해야 한다. 내가 칼럼을 쓰고 칼럼집을 출간하는 일을 멈출 수 없는 이유이다.

책을 출간하는 일은 일종의 습관이고 나아가 중독이다. 한 권의 책을 출간할 만큼 원고가 모이면 출판사로 달려가고 싶어 근질근질하다. 발행한 책이 시중에서 얼마나 판매될지는 중요하지 않다. 단 한 명이라도 내가 쓴 글에 공감해주고, 교양과 지식을 넓히는 데 도움이 된다면 고마울 뿐이다. 대한민국의 모든 국민이 더 깊이 사색하고 성찰하고 토론하는 문화를 조성하며 진정한 의식선진국이 되길 바라는 마음으로 이 책을 세상에 내놓는다. 졸고를 미려하게 편집해 어엿한 책으로 제작해 주신 오늘의 문학사 리헌석 대표와 직원들께 감사한다. 신문에 연재한 글을 꼬박 읽으며 격려하고 응원해주신 독자들께 감사한다.

2021년 정초
유성 성오재(省悟齋)에서 저자 김도운

차례

책머리에 ··· 004

제1장 2020년의 제언

가수 남진과 나훈아 ································· 015
우리는 왜 국가를 만들었나 ······················ 018
대전 공공의료원 설립에 거는 기대 ············ 021
자리가 사람을 망친다 ······························ 024
미국 대선을 바라보는 눈 ·························· 027
출신 학교와 거주 아파트가 자랑인 사회 ····· 030
코로나가 선도한 애경사 문화 변혁 ············ 033
세계평화를 위협하는 근본주의 ·················· 036
국민의 안전 보장과 행복 추구 ··················· 039
안 된다고 벽부터 칠 필요는 없다 ··············· 042
청와대와 국회 이전, 때가 됐다 ·················· 045
죄인이지만 신격화의 희생양인 자들 ·········· 048
대놓고 차별을 하자는 것인가? ·················· 051
감춰지고 굴절된 역사, 현대사 ··················· 054

간부와 임원, 무엇이 다르냐고? ········· 057
국가와 국민, 권리와 의무 ············ 060
엄벌을 요구하는 사회 ·············· 063
코로나 이후의 세상 ··············· 066
국토균형발전과 지역 내 균형발전 ······· 069
기본소득 논의 시작할 때 됐다 ········· 072
소통의 원칙, 맥락 전달하기 ·········· 075
1번지가 따로 있나 ··············· 078
돈으로만 해결하려는 결혼과 출산 정책 ···· 081
유튜브와 확증편향 ··············· 084

제2장 2019년의 시론

용기가 필요한 이유 ··············· 089
지방방송 끄라고? ················ 092
칼국수 거리가 필요해 ·············· 095
그들이 산으로 간 까닭은 ············ 098
대한민국 호칭 인플레이션 ··········· 101
일본식 동서남북 지명, 이제 바꾸자 ······ 104
인성교육(人性敎育)과 인도주의(人道主義) ··· 107
그들이 스스로 할 수 있도록 ·········· 110

줄 세우기가 가장 공정하다는 생각 ········· 113
혐오가 넘쳐나는 세상 ········· 116
어려서 배우는 것들 ········· 119
아주 독특한 나라 대한민국 ········· 122
인문학을 바라보는 시선 ········· 125
경기가 나쁜 게 아니라 소비패턴이 변한 것이다 ········· 128
연예인 고액 몸값은 모두의 합작품 ········· 131
교육열은 낮추고, 학구열은 높여야 ········· 134
말은 무섭고, 글은 더 무섭다 ········· 137
보헤미안 지수가 높은 도시 만들기 ········· 140
금강(錦江) 예찬 ········· 143
돈에 미쳐 사는 세상, 한국형 르네상스가… ········· 146
지금은 행복하면 안 되나 ········· 149
세상은 분명 변하고 있다 ········· 152
스토리가 없는 대전방문의 해 ········· 155
전체주의 사고의 무서운 그림자 ········· 158
방학을 잃은 아이들 ········· 161
성적 지상주의 종말 선언을 환영하며 ········· 164
1억 명 가운데 1명 나오는 사람 ········· 167
모두가 주인으로 살아가는 세상 ········· 170

제3장 2018년의 논단

교양과 교양교육 ………………………………… 175
커피와 신자유주의 ……………………………… 178
대한민국 학교 교육을 바라보며 ……………… 181
모두 행복해지기 위한 최소의 조건 …………… 184
가짜뉴스와 사이비 기자 없는 세상 …………… 187
한국의 성장과 한글 …………………………… 190
본받기와 따라 하기 …………………………… 193
수치 없는 목표 세우기 ………………………… 196
"내가 위로해 달랬지 심판 봐 달라 했냐?" …… 199
이런 일이 뉴스가 되지 않는 세상 만들기 …… 202
한국인만 모르는 부조화의 극치 ……………… 205
아직도 구시대의 상대 비하적 언어를 쓰는가 … 208
추천도서, 권장도서와 내가 읽고 싶은 책 …… 211
선거, 그리고 선거중독자들 …………………… 214
한국인은 이해 못 하는 폴 라이언의 귀향 …… 217
관료주의 사고와 의전문화 …………………… 220
내 아내, 내 동생, 내 딸이라면 ………………… 223
대(大)를 위한 소(小)의 희생 …………………… 226
"배우는 법을 배워라" ………………………… 229
자영업과 최저임금에 대한 단상 ……………… 232

제4장 2017년의 세평

남과 같은 소원은 인제 그만 ········ 237
숨 바쁘게 달려온 충남 인권 ········ 240
4차산업혁명 호들갑 ········ 243
한국인의 머릿수 채워주기 문화 ········ 246
진정 즐겁고 재미있게 살기 ········ 249
장애인의 반대말이 일반인이라고? ········ 252
자기계발서 말고 인문교양서 ········ 255
헌법교육이 절실하다 ········ 258
나이가 궁금해 ········ 261
이제야 차별 없는 세상이 오려나 ········ 264
"네 이웃을 네 몸처럼 사랑하라" 했거늘 ········ 267
"작은집에서 작은아들이 제사 지내도 돼요" ········ 270
'일하다'의 반대말은? '공부하다'의 반대말은? ········ 273
1인당 GDP 3천 달러와 4만 달러의 의미 ········ 276
2030년 아시안게임 대전유치를 바란다 ········ 279
친절은 눈 맞춤에서 시작된다 ········ 282
4·19 도화선 된 대전의 3·8의거 ········ 285
"이미지 말고 실적을 내놔봐" ········ 288
인성교육과 인권교육 ········ 291

제5장 2016년의 단상

참으로 이상한 분열 …………………………………… 297
근현대사가 불행한 대한민국 ……………………………… 300
세상에 '퍼주기'는 없다 …………………………………… 303
충청유교문화의 날갯짓을 바라며 ………………………… 306
우리 동네 작은 음악회 …………………………………… 309

제1장
2020년의 제언

가수 남진과 나훈아

2020년 12월 21일 충청신문

대한민국 연예계에는 수많은 라이벌이 존재하지만 가장 대표적 라이벌을 꼽으라면 대개는 가수 남진과 나훈아를 꼽는 데 주저함이 없다. 46년 목포 출생의 남진과 47년 부산 출생의 나훈아는 60년대 후반부터 현재에 이르기까지 50년을 훌쩍 뛰어넘는 세월 라이벌로 존재하며 국민에게 웃음과 감동을 주었다. 이 둘을 역대 국내 최고 반열의 가수라고 지목하는데 이견은 없다. 이들은 지금도 변함없는 인기를 구가하며 국민적 사랑을 받고 있다.

라이벌인 이들의 행보는 확연한 차이가 있다. 창법도 차이가 극명하다. 나훈아는 직접 작사와 작곡을 하는 싱어송라이터로 남진보다 월등히 많은 곡을 발표했다. 그런 만큼 대중에게 사랑받는 히트곡이 더 많다. 나훈아의 노래는 고향에 대한 그리움을 소재로 한 곡이 많아 산업화 초기에 고향을 떠나 객지에서 살아가는 이들에게 특히 많은 사랑을 받았다. 남진은 최고의 세계적 팝스타로 통하던 엘비스 프레슬리를 모방한 중후하고 세련된 느낌으로 노래해 나훈아와는 차별성을 보였다.

이들이 경쟁 관계를 형성한 지 50년이 넘는 세월이 흘렀지만, 여전히 언론은 이들에 집중하고 있고, 더불어 팬들도 이들의 행보에 관심을 보인다. 대한민국 대표적 선의의 경쟁 중 하나로 지목될 만하다. 이들 둘을 라이벌로 몰고 가는 프레임은 이제 지겨울 만도 한데 팬들은 전혀 지겨워하지 않는다. 오히려 중후함을 더해가며 한국 예술계의 거목으로 자리를 굳건히 지켜서고 있는 이들에게 이전보다 더한 찬사를 보내며 환호하고 있다.

2000년 이후 이들 둘의 행보는 확연히 엇갈리기 시작한다. 나훈아는 연예 활동을 중단하다시피 한 채 세상과 모든 연락을 단절하고 칩거 생활을 이어가고 있다. 그러다가 세상이 존재감을 잊을 만하면 한 번씩 나타나 초대형 공연을 치른다. 그 공연은 매번 놀랄 만한 기획력을 선보인다. 누구도 예상하기 힘든 파격적인 콘셉트의 공연을 성사시켜 대중의 뇌리에 깊은 각인을 준다. 그럴 때마다 '역시 국민가수'라는 대중의 찬사가 쏟아지고 한동안 그의 공연에 관한 이야기가 회자한다.

이와 대조적으로 남진은 근래 들어 오히려 대중과의 소통을 강화하는 행보를 보인다. 방송 출연도 부쩍 늘어 심심찮게 그를 만나볼 수 있다. 후배 연예인들과 격의 없이 어울리며 그들에게 제대로 맏형 노릇을 해주는 듬직한 모습을 보인다. 초대형 공연장이 아니더라도 기회만 주면 수시로 무대에 올라 대중을 향해 녹슬지 않은 노래 실력을 선보인다. 노래 이외에 심사나 토크 등의 다채로운 프로그램에 자주 등장하며 더욱 친숙한 이미지를 구축해 가고 있다.

어떤 노년의 행보를 통해 자기관리를 할 것인지는 각자가 판단할 일이다. 숨어지내다가 가끔 한 번씩 초대형 공연을 통해 굳건한 존재감을 보이는 것도 본인의 선택이고, 대중과 더 가까이 호흡하며 친숙한 이미지를 확대해 나가는 것 또한, 스스로 선택할 일이다. 무엇이 옳다고 누구도 말할 수 없다. 굵게 한 번씩 존재감을 드러내든, 잘게 자주 존재감을 이어가든 그것은 스스로 판단해 결정할 일이다. 이걸 가지고 두 가수의 무게감을 논할 일도 아니다. 그냥 스타일일 뿐이다.

다만 개인적으로는 화려했던 시절의 영화榮華를 내려놓고 대중에게 한 발이라도 더 가까이 가려고 노력하는 남진에게 더 고마움이 느껴지는 것은 사실이다. 그는 최근 신인가수 오디션 프로그램에 심사위원으로 참여해 가수를 꿈꾸는 많은 이들에게 용기와 희망을 주는 덕담을 안기고 있다. 덕담을 전해 들은 가수 지망생이 얼마나 힘을 얻을지 생각해보니 새삼 고맙다. 나이가 들수록 더 적극적으로 대중에게 다가서고 후배들과 스킨십 하는 모습이 보기 좋다. 이런 그에게 누가 감히 '꼰대'라는 말을 할 수 있겠나.

우리는 왜 국가를 만들었나

2020년 12월 04일 금강일보

독일의 사회학자 퇴니스Tönnies는 사람이 모여 사는 사회를 관계와 결합의 형태에 따라 크게 두 종류로 분류했다. 공동사회Gemeinschaft와 이익사회Gesellschaft가 그것이다. '공동사회'는 유기적, 본원적 의지에 의한 사회결합이고, '이익사회'는 파생적, 선택의지에 의한 결합이라는 특징을 갖는다. 공동사회에는 가족, 촌락, 교회 등이 속하고, 이익사회에는 도시, 국가, 세계 등이 속한다. 가입과 탈퇴가 얼마나 자유로운가를 살펴보면 양자의 구분은 명확하다. 결속력의 정도도 양자의 구분이 된다.

가정의 확대된 개념이 사회이고, 사회가 확대된 개념이 국가라는 의식을 가진 동양인은 대개 국가를 공동사회라고 여긴다. 특히 대한민국처럼 한 민족이 한 국가를 성립한 경우에는 국가를 공동사회로 인식하려는 성향이 매우 강하다. 우리 민족은 군사부일체君師父一體 의식이 강해 군주를 어버이와 같은 존재로 인식했다. 왕조시대에는 그렇게 가르쳤다. 그래서 군주를 국부國父, 군주의 부인을 국모國母라고 칭했다. 군주에 대한 충성은 맹목적이어서 부모에 대한 효도를 다 하는 것과 동일시 했다. 그 의식은 아직도 다수의 국민에게 강하게 남아있다.

그러나 엄격히 따지면 국가는 공동사회가 아닌 이익사회이다. 근대 이후 정립된 '국가계약설'에 따르면 국민은 자신의 필요로 국가를 세웠고, 국가와 국민은 각각 권리와 의무를 주고받는 계약관계이다. 그 계약관계가 성실히 수행되지 않으면, 언제라도 계약은 깨지게 되고, 국민은 국가사회에서 이탈할 수 있다. 국민은 조세를 부담하고 자신이 가진 권력주권을 국가에 위임한다. 그러면서 자신이 안전하고 행복하게 살 수 있게 해달라는 요구를 한다. 이것이 '국가계약설'의 핵심이다.

국가에 맹목적이고 절대적인 충성과 희생을 해야 한다고 교육받은 유교문화권 국가의 국민은 의무를 다하는 데는 익숙하지만, 권리를 주장하는 데는 아무래도 익숙하지 않다. 국가와 국민이 계약관계라는 부분에 대해서도 받아들이기 어렵다. 국민은 국가를 위해 모든 것을 희생하고 대가를 바라지 말아야 한다는 의식이 그만큼 강하다. 이런 의식이 보편화한 것은 아주 오랫동안 반복적으로 그렇게 배웠기 때문이다. 대한민국에는 국민이 국가를 위해 늘 양보하고 희생해야 한다고 생각하는 이들이 그만큼 많다.

국가가 성립되면 가장 역점을 두어야 할 부분은 국민의 안전을 보장해 주는 일이다. 그래서 군대와 경찰을 만들고 덧붙여 소방과 구급 업무를 담당하는 기관도 만든다. 국가는 이를 통해 책임지고 국민의 안전을 위협하는 모든 행위를 철저히 막아내야 한다. 안전을 보장한 이후에는 모든 국민이 행복할 수 있도록 제도와 정책을 만들어 운영해야 한다. 교육과 복지 등은 안전이 확보된 이후에 국가가 중점적으로 시행해야 할 과제이다. 국가가 국민의 안전과 행복을 위한 존재로 역할을 다 하기 위해서는 국민이 국가에 권력을 위임하고 조세를 부담해야 하는 것이 기본이다. 국민은 국가에 의무를 다한 후에 권리를 주장할 수 있다.

국민 중에는 안전에 불안을 느껴 행복은 뒷전으로 미루고 안보를 강화해야 한다고 생각하는 부류와 안전이 불안한 상태는 아니니 행복 추구에 매진해야 한다고 생각하는 부류로 나뉜다. 국가적 재난이라 할 수 있는 대형참사를 보는 시각도 확연히 갈린다. 국가가 국민의 생명과 재산을 지키는 최우선의 역할을 다하지 못했으니 철저한 진상 조사를 통해 책임자를 문책해야 하고, 국가가 재발 방지를 위한 확실한 사과와 약속을 해야 한다고 믿는 부류가 있는가 하면 국가는 할 도리를 다했으니 더는 소모적 논쟁을 하지 말자는 부류가 있다.

국가에 조건 없이 복종하고 국가의 허물을 들춰내지 말아야 한다는 의식은 다분히 왕조시대의 사고방식이다. 국가가 제 역할을 다하지 못하면 국민은 냉혹하게 국가를 비판할 수 있다. 심지어는 등을 돌리고 국가를 떠나는 이들도 나타난다. 국가는 국민에게 최선의 서비스를 제공해야 한다. 그래야 국민은 국가를 향해 충성하고 자기희생도 불사한다. 국가는 공동사회가 아닌 이익사회이기 때문이다. 국가가 안전망을 제대로 가동하지 못해 재난으로 가족을 잃은 이들이 국적을 옮겨간 사건을 기억한다. 요즘 국가가 국민의 요구에 맞게 제대로 역할을 하고 있는지 생각해 본다.

대전 공공의료원 설립에 거는 기대

2020년 11월 23일 충청신문

　자본주의가 갖는 결정적 결함이 있다. 돈이 없으면 병을 제대로 치료받을 수 없고, 그로 인해 자칫하면 생명을 지킬 수 없다는 점이다. 그에 대한 보완책이 사회보장제도이다. 우리나라는 사회보장제도가 다른 선진국에 비해 늦게 시작됐지만, 다행히 빠른 속도로 그들을 따라잡고 있다. 돈이 없어 억울하게 죽는 일이 일어나지 않게 시스템을 구축해 가고 있다. 하지만 아무리 촘촘히 구멍을 메우고 사각지대를 없앤다 해도 어디선가 빈틈은 발생하게 마련이다. 이런저런 이유로 아파도 병원에 갈 수 없는 형편에 놓인 이들은 세상에 넘쳐난다. 대부분 돈 때문이다.

　어떤 이유로든 사회보장의 혜택을 받지 못하고, 돈이 없다는 이유로 제대로 병을 치료하지 못하는 사람은 언제 어디서든 생길 수 있다. 공공의료원이 절실히 필요한 이유가 바로 이 때문이다. 공공의료원은 형편 때문에 병원에 제대로 갈 수 없는 이들에게 문턱을 낮춰주어 그들이 안심하게 이용할 수 있도록 하는 데 목적을 둔 병원이다. 공공의료원은 수익을 창출하는 것 자체가 목적이 될 수 없는 병원이다. 저소득층에게 무료로 치료를 해주거나 염가의 치료비를 받아 운영해야 하는 병원이다.

그러니 수익을 내지 못하는 것이 맞다. 공공의료원이 수익을 냈다면 그건 경영상의 성공일지는 모르지만, 설립 취지를 놓고 볼 때 적합하지 않은 일이다. 가끔 보면 일부 언론은 보도를 통해 공공의료원이 수익을 내지 못한다고 나무라며 '돈 먹는 하마'라고 핀잔을 준다. 의회가 공공의료원의 적자에 대해 지적하는 내용의 보도를 접하기도 한다. 그럴 때마다 지적하는 기자나 의원이 공공의료원을 제대로 이해하고 있는 것인지 의심스럽다. 공공의료원의 설립 취지를 생각해보면 답은 금방 나온다. 공공의료원은 민간병원 또는 대학병원과 경쟁하기 위해 설립하는 병원이 아니다.

2013년 충격적인 사건이 경남 진주에서 발생했다. 진주의료원이 만성적인 적자에서 탈출하지 못하고 세금을 축낸다며 도지사가 폐업을 결정한 것이다. 공공의료원이 적자를 이유로 폐업한 첫 사례로 관련 소식이 언론을 통해 보도됐을 때 전 국민은 눈과 귀를 의심했다. 하지만 진주의료원은 실제로 폐업했고, 아직도 재설립이 이루어지지 않고 있다. 인근 지역의 저소득층은 진주의료원의 폐업 후 많은 불편을 감내했어야 함은 굳이 말할 필요도 없다. 진주의료원 폐업을 진두지휘한 당시의 도백은 훗날 대통령 선거에 출마했고, 그 사건으로 인해 상대 진영으로부터 집중 공격을 받기도 했다.

전국 광역지자체 중 유일하게 공공의료원이 없는 대전시가 수년간 각고의 노력을 기울인 덕에 멀지 않아 대전에도 공공의료원이 설립될 것으로 보인다. 오랜 시민의 염원이 이제야 성사될 모양새다. 반가운 마음과 더불어 한편에선 염려와 조바심이 앞선다. 그럴 리야 없겠지만 대전시가 경남도처럼 공공의료원을 수익사업으로 인식하면 어쩌나 싶은 마음 때문이다. 만성적자가 이어지면 지방비로 감당이 안 된다며 수익 극대화 전략을 추구하면 어쩌나 싶은 염려가 생긴다.

7년 전에 상상도 할 수 없는 일이 진주에서 실제 발생한 것을 지켜봤기 때문이다. 거듭 밝히지만, 공공의료원은 수익을 목적으로 하면 안 된다. 물론 수지를 맞춰 별도의 재정 투입 없이 운영된다면 최선이겠지만, 그렇게 된다면 그것은 공공의료원이 제 역할을 제대로 하지 못한 것이다. 공공의료원은 적자가 발생하는 것이 맞다. 수익을 내는 공공의료원은 본연의 역할을 충실히 해냈다고 보기 어렵다. 그러니 공공의료원 설립을 목전에 두고 있는 대전시도 처음부터 의료원을 통해 수익을 내겠다는 생각 자체를 갖지 말아야 한다.

의료원을 취약계층과 노인층이 상대적으로 많은 동구 지역에 건립하겠다는 생각은 옳다. 의료복지는 다른 어떤 분야의 복지보다 선행돼야 한다. 사람의 목숨과 직결되는 복지이기 때문이다. 공공의료 서비스는 복지이면서 곧 인권이다. 인권 중에서도 가장 기본적인 생존권이다. 그래서 대전의 공공의료원 설립은 늦은 감이 있지만 다른 어떤 정책보다 쌍수로 환영할 일이다. 돈이 없어 치료를 제때 받지 못해 아프고, 죽는 사람이 없는 나라라야 진정한 복지국가이고 인권 국가이다.

자리가 사람을 망친다

2020년 11월 06일 금강일보

　우리 민족은 고대에 중국과 인도로부터 유교, 불교, 도교를 받아들여 그 교리를 금과옥조 삼아 살았다. 그래서 한국 전통의 의식 및 사상을 말할 때는 '유불선儒佛仙'의 융합이라는 표현을 자주 사용한다. 근대 이후에는 기독교 문화가 자본주의와 함께 밀려 들어와 한국인의 의식구조를 뒤바꾸어 놓았다. 또한, 비슷한 시기에 동학천도교을 시작으로 원불교, 증산도 등이 새로운 민족종교와 사상의 한 줄기로 자리를 잡았다. 과거와 비교해 한국인의 의식은 많이 복잡해지고 다양해졌다.

　한국인의 의식을 지배하는 많은 사상 가운데 가장 뿌리 깊고 생활 속 내면에 침투한 것은 아무래도 유교 사상이라 할 수 있다. 유교 사상은 조선왕조 500년 동안 국가 통치이념이었고, 그 이전에도 삼국시대와 통일신라시대, 고려시대를 거쳐오면서 민중의 생활과 사고를 지배했다. 유교는 인간 중심의 사상으로 모든 사람을 인격적으로 완성된 인간으로 길러내는 일을 최고의 가치로 삼았다. 조선 중기 이후에는 유교 이념이 모든 인간 중심에서 승자 중심, 특권계층 중심으로 변질하는 시련을 겪기도 했다.

유교 사상은 지금도 한국인의 의식구조를 가장 깊숙이 지배하고 있다는 사실에 부정할 사람은 없을 것이다. 신앙적으로 불교나 기독교를 믿는 신자라 할지라도 생활 규범이나 가치관은 유교의 영향을 가장 많이 받은 것이 사실이다. 현대에 이르러 유교의식과 생활방식이 많이 희석되고 있다고는 하지만 여전히 가장 많은 이들에게 가장 깊이 박힌 사상이라고 해도 무방할 것이다. 한·중·일이 모두 그러할 진데, 그중 한국이 가장 유교적이라 할 수 있다.

유교가 추구하는 가치는 '수신제가치국평천하修身齊家治國平天下'로 요약된다. 자신의 수양에서 시작해 가정을 무사히 이끌고, 나아가 세상을 다스리는 것이 유교식 사고방식이 추구하는 최고의 선善이다. 이러한 영향으로 유교적 가치관이 깊이 박힌 한국인들은 출세하여 이름을 드높이는 '입신양명立身揚名'을 어느 민족보다 중요하게 여기고 의미를 부여한다. 입신양명은 유교 가치의 으뜸인 '효孝'를 가장 적극적으로 실천하는 덕목으로 보았다.

그래서인지 출세를 향한 한국인의 욕망은 남다르다. 출세하면 안정적으로 재물을 얻을 수 있고, 막강한 권력을 행사할 수 있다. 한 사람의 출세로 인해 온 가족이 덕을 볼 수 있다는 인식도 무척 강하다. 출세는 어느 한 조직 내에서 차근차근 준비하고 다져가며 지위가 서서히 상승하는 방법과 선거 등을 통해 단숨에 지위가 수직으로 상승하는 방법이 있다. 차근차근 밟아 올라갈 기회를 잃었거나, 성격상 맞지 않는다고 생각하는 사람은 선출직 자리에 도전하기도 한다.

그 자리에 어울릴 것 같지 않고, 능력이 모자라 보이던 사람도 막상 지위에 올라 지위에 맞는 품행을 보이고 능력을 발휘하는 걸 보면서 사람들은 "자리가 사람을 만든다."라는 말을 한다. 실제로 그러한 사례를 많이 목격하게 되고, 대부분 사람은 그 사실을 인정한다. 그러나 나는 "자리가 사람을 망친다."라고 말하고 싶다. 실제로 그런 사례를 많이 보왔다. 굳이 그 자리를 차지하지 않았으면 찾아오지 않았을 불행을 경험하는 이들을 많이 보았기 때문이다. 한번 권력을 맛본 사람은 그 달콤함에서 헤어나지 못한다. 그래서 무리한 일을 벌이고, 결국 몰락하기도 한다.

역대 대통령의 몰락을 지켜보며 그들이 굳이 대통령이 되지 않았더라면 훨씬 더 행복한 인생을 살 수 있었을 것이란 생각을 누구나 해봤을 것이다. 대통령뿐 아니다. 출세해서 남이 부러워하는 지위에 올랐다가 훗날 불행한 삶을 살게 되는 이들을 너무도 많이 보았다. 그러니 자리가 사람을 망친다는 말은 공연한 말이 아니다. 욕심을 비우면 의외로 많은 것을 얻을 수 있다. 인생은 출세하고 성공하기 위해 사는 게 아니다. 누구나 인생의 최대 목표는 행복이다. 행복하면 된다. 자리는 성공을 만들어 주는지 몰라도 행복을 만들어 주지는 않는다.

미국 대선을 바라보는 눈

2020년 10월 26일 충청신문

21세기 미국이라는 국가의 존재는 전 세계에 엄청난 영향을 끼쳤다. 정치, 경제, 사회, 문화 어느 분야랄 것 없이 미국의 막대한 영향력이 모든 나라에 끼치고 있다. 굳이 중국과 미국을 양대 축으로 규정하고 있지만, 실상 아직 중국이 미국과 비교할 상대는 못 된다. 그래서인지 미국의 대통령 선거는 세계 각국의 초미 관심거리가 되고 있다. 미국과 밀접한 동맹 관계를 형성하고 있는 대한민국은 더 말할 나위가 없다.

미국의 군사정책이나 경제정책 등은 한반도에 미치는 영향이 직접적이고 절대적이다. 그러니 한국 정부나 국민이 갖는 미국 선거에 관한 관심은 지대할 수밖에 없다. 미국 국민이 어느 대통령을 선택하느냐에 따라 우리의 정책은 춤을 출 수밖에 없는 구조이다. 특히, 남북관계의 경우 미국이 어떤 태도를 보이는가에 따라 한국 정부의 움직임은 달라진다. 그러니 북한도 미국 선거에 촉각을 곤두세우고 있을 것이 당연하다.

한국도 진보와 보수의 양대 정당이 존재하듯이 미국도 진보 성향의 민주당과 보수 성향의 공화당이 존재한다. 그런데 공교롭게도 한국이 진보를 선택하면 미국은 보수를 선택하고, 반대로 한국이 보수를 선택하면 미국이 진보를 선택하는 불균형 관계가 대부분이었다. 양국이 다 같이 진보 또는 보수를 선택한 기간이 내 계산으로는 얼마 되지 않는다. 대부분이 엇갈린 선택을 했다. 그로 인해서 한반도의 북한 문제는 늘 꼬이기 일쑤였다.

트럼프 공화당 후보가 바이든 민주당 후보를 제압하고 재선에 성공할 수 있을지, 반대로 바이든 후보가 트럼프를 침몰시키고 대통령이 될지 우리로서는 큰 관심사가 아닐 수 없다. 트럼프는 지난 재임 기간 중 철저한 자국 이익 우선의 원칙을 고수함으로써 세계인들에게 많은 실망감을 준 것이 사실이다. 트럼프 재임 기간 내내 미국은 패권 국가의 지위를 포기한 채 자국의 이익에만 몰두해 국제적 비난을 자초했다.

트럼프가 재선에 성공하더라도 전과 같은 자국 이익 우선의 원칙을 고수하며 국제사회 맏형으로 해야 할 역할을 포기한다면, 세계의 질서는 새롭게 재편될 수도 있다. 어느 국가도 미국의 패권에 순응하지 않을 것이며, 그저 눈앞서만 조아릴 것이다. 트럼프가 지난 임기 중 보여준 경솔한 통치 스타일을 이어 간다면 세계 질서는 크게 흔들릴 것이다. 리더와 팔로워의 구분은 없어지고, 그저 강자와 약자만 존재할 것이다.

동물의 집단에서는 약육강식이란 법칙이 작용하지만, 인간사회는 그렇지 않다. 각자의 역할을 통해 서로에게 이바지하고 강자가 약자를 보호하면서 상생해나가는 구조가 필요하다. 국제사회도 예외가 없다. 20세기 초 국제사회가 보여준 약육강식의 냉혹한 무질서가 재현된다면 약소국가는 모두 소멸하고, 나아가 인류는 역사의 뒷걸음질을 할 것이다. 국제사회가 그러한 길로 가지 않기 위해서는 패권 국가인 미국의 역할이 어느 때보다 중요하다.

미국이 이런 국제사회의 냉정한 요구를 묵살한 채 자국의 이익에만 몰두하는 자세로 나아간다면 인류의 공영은 요원해질 것이다. 미국 국민은 양당 후보에게 정확하게 묻고 표심을 행사해야 할 것이다. 국제사회 패권의 지위를 유지하며 경찰국가로서의 자리를 유지할 것인지, 일개 변방 국가로 물러서 자국의 이익에만 열중할 것인지 분명히 물어야 한다. 트럼프가 지난 임기 중 보여준 실망스러운 모습이 연장된다면 미국은 더는 21세기의 강자가 아니다. 이래저래 미국의 대선은 세계의 이목을 집중하고 있다.

출신 학교와 거주 아파트가 자랑인 사회

2020년 10월 09일 금강일보

　정부가 정책을 추진하면서 손대면 화약고로 돌변하는 두 가지가 있다. 하나는 대학 입시정책이고, 또 하나는 부동산 정책이다. 이 두 가지 사안이 불평등으로 가득하고, 이로 인해 다수 국민의 불만이 누적돼 있다. 실상 입시제도와 부동산 제도는 기득권층에게 최적화돼 있어 누구에게나 공평하도록 바꿔야 한다는 여론이 비등하다. 하지만 그런 여론과는 달리 막상 개혁하겠다고 새로운 제도를 마련해 발표하면 마치 화약고를 건드린 양 요란한 폭발음을 내며 여론이 들끓는다.

　그래서 역대 어느 정권도 이 두 가지 정책을 속 시원히 해결하지 못했다. 어줍게 손댔다가 여론의 뭇매를 맞고 뒷걸음질하거나, 애초 계획한 만큼의 개혁을 시도하지 못하고 용두사미 꼴이 되기에 십상이었다. 기득권자는 막강한 정보력과 자본력을 앞세워 민첩하게 대처해 정부 정책을 무력화시킨다. 문재인 정부도 이 두 가지 문제에 대한 개혁을 시도했지만, 여론의 멍석말이만 당하고 말았다. 대입제도의 경우 정시 입학 정원을 확대하는 어처구니없는 뒷걸음질을 하기도 했다. 부동산 정책도 규제를 강화하는 강수로 맞섰지만, 시장은 이를 비웃듯 집값 상승이 계속되고 있다.

　내가 아는 한 노인은 자녀 둘이 모두 서울대학교를 졸업했다. 그들은 좋은 직장에 자리를 잡았다. 그 노인을 아는 지인이 그를 다른 이들에게 소개할 때 "이분 자녀가 둘 다 서울대학 졸업했어요."라고 한다. 그 노인의 자녀 출신 학교에 대해 알 필요가 없는 관계인 이에게도 그렇게 소개한다. 적어도 내가 지켜본 그에 대한 소개 장면은 거의 그러했다. 두 자녀의 인성이 얼마나 좋은지, 부모에게 효도하는지 등등은 이야깃거리가 안 된다. 오로지 서울대학교 졸업생이란 사실만 전한다. 실로 대단한 서울대학교의 힘이다.

　내가 아는 한 분은 서울대학교를 졸업하고, 대기업에 입사해 엘리트 생활을 하다가 무슨 이유인지 대전으로 낙향했다. 그 또한 제삼자에게 소개받을 때 늘 "이분이 서울대학교 나오고, ○○대기업 핵심부서에서 근무하던 분입니다."라고 소개한다. 덧붙여 "대전에 살기에 아까운 분입니다."라고 말하는 것을 여러 차례 들었다. 서울대학교 졸업생으로 대전에 살기 아깝다는 말을 들을 때마다 그 논리에 수긍할 수 없었다. 그러면서 한편으로는 서울대학교라는 이름에 모두가 짓눌리는 듯한 기분이 들었다.

　부동산도 별반 다르지 않다. 서울과 수도권은 사정을 잘 모르겠지만 대전사람들끼리 만나서 소개하는 모습을 볼 때도 비슷한 상황이 연출된다. 지역 내에서 손꼽는 고가의 아파트 단지나 고가주택 밀집 지역에 거주하는 사람을 소개할 때는 대부분 "이분이 ○○단지 살아요. 거기가 평당 000만 원 하는 거 아시죠?"라고 소개하는 경우가 많다. 아니면 "신개발지 ○○동에 몇천 평 땅을 가지고 있는 분이에요"라고 소개하는 예도 많이 경험했다.

　대한민국 국민이 가장 보편적으로 자랑삼는 것은 크게 두 가지이다. 하나는 출신학교 특히 대학교이고 다른 하나는 재산, 그 중에도 부동산이다. 그 사람의 인격이나 품위, 진실성, 대인관계 등은 나중 얘기다. 우선은 학벌과 재산이 그 사람을 평가하는 기준이 되고 있다. 한국인에게 학벌과 재산은 그 무엇과도 바꿀 수 없는 가치로 정착돼 있다. 그러니 그 두 가지와 직결되는 입시제도나 부동산 제도를 바꾸려는 정책이 발표되면 온 나라가 벌집이 되는 것이다.

'잘산다'라는 개념은 포괄적이지만 축약하면 건강하고 행복한 삶이다. 그러나 상당수 한국인은 물질적 풍요를 누리는 삶을 잘산다고 표현한다. 돈이 있으면 행복하다고 생각하기 때문이다. 학벌 지상주의도 따지고 보면 고학력과 명문대 학벌이 물질적 풍요를 보장해 준다고 믿기 때문에 비롯된 갈구이다. 다수의 국민이 바뀌어야 한다는 데는 동의하지만 바꾸지 못하는 이유는 그나마 현 상태를 유지하지 못할 수도 있다는 두려움을 극복하지 못하기 때문이다. 그러니 늘 제자리걸음이다.

코로나가 선도한 애경사 문화 변혁

2020년 09월 28일 충청신문

　한국인의 체면 문화와 과시욕은 타의 추종을 불허한다. 보편적 한국인에게 자신의 만족보다 더 중요한 가치는 타인의 시선이다. 과거보다 많이 누그러들었다고는 하지만 워낙 뿌리가 깊어 여전히 한국인의 뇌리에 깊이 박혀있다. 외국인은 이해하지 못하는 의식구조일 수 있지만, 적어도 한국인 사이에서는 별다른 설명 없이 통용된다. 실속보다 체면이 중요하다. 고급 위스키나 명품 코트의 수요가 전 세계 1위라는 것은, 이러한 사실을 간접 설명한다.

　한국인의 체면 문화와 과시욕이 가장 잘 드러나는 사례는 애경사이다. 결혼식이나 장례식을 비롯해 한 가정에 애사나 경사가 생기면, 그 본질에 충실하기보다는 얼마나 많은 사람이 동원되고, 얼마나 많은 화환이 전시되는지가 대단히 중요한 평가의 잣대가 된다. 사람이 많고 화환이 많은 결혼식이나 장례식을 치러야 혼주나 상주의 체면이 서는 게 한국 사회이다. 그래서 축하객이나 조문객을 동원해주는 용역회사도 있다고 한다. 자비로 각계인사 명의의 화환을 주문하는 일도 있다고 한다.

　상황이 이렇다 보니 머릿수를 채워준다는 데 의미를 두고 애사나 경사를 찾는 문화도 만연돼 있다. 식장이 썰렁하면 그 사람 체면이 안 선 다는 이유로 불원천리 예식장을 찾아가고 장례식장을 방문한다. 그래서 주말이나 휴일이 되면 결혼식장에 다니는 것이 고역이 된 지 오래다. 결혼식장에 가면 혼주에게 얼굴 한번 비치고는 바로 식당으로 달려가는 자체가 형식주의 문화이다. 주말과 휴일 예식장에 밀려드는 차량으로 근처 도로는 기능이 마비되기 일쑤다. 식당에서는 하객끼리 어깨를 부딪치며 식사하는 일도 예사가 됐다.

합리적으로 생각하면 아까운 주말과 휴일 시간에 쉬지 못하고, 격식 있게 옷을 차려입고 차를 몰고 예식장에 가는 것 자체가 소모적이고 형식적이다. 더구나 가까운 사이도 아니면서 마지못해 참석해야 하는 처지라면 예식장 가는 일은 참으로 고역이다. 장례식장을 찾아가는 것도 마찬가지이다. 밤에 위험한 운전을 해서 먼 거리의 장례식장까지 방문해야 하는 것은 합리적 관점으로 보면 많은 의문이 남는다. 하지만 내가 큰일을 당했을 때 조문객이 없으면 망신스러울 수 있다는 두려움에 사로잡혀 멀리 길을 나선다.

한국사회의 애경사 문화를 개선해야 한다는 데는 대부분 국민이 공감하고 있지만, 누구도 먼저 나서지 못하고 있어 문제는 좀처럼 해결되지 못하고 있다. 일부 상류층이 가족 위주로 작은 결혼식과 장례식을 치르는 사례가 생겨나며 사회에 울림을 주고 있지만, 아직 사회 전반으로 확산하지 못하고 있다. 뿌리 깊은 체면 문화와 과시욕이란 과제를 해결하기란 쉽지 않다. '상부상조', '환난상휼'의 전통이 부담스러운 굴레가 됐으니 이에 대한 극복이 절실하다.

이 어려운 체면 문화, 머릿수 채워주기 문화의 극복에 숨통을 터준 것은 의외로 코로나 바이러스다. 코로나 19의 창궐 이후 애경사에 직접 참석하지 못 하는 것을 관대하게 이해해주는 마음이 생겨나기 시작했다. 축하객이나 조문객 수가 적어도 흉이 되지 않는 의식이 자리를 잡아가기 시작했다. 또 축의금이나 조의금을 혼주나 상주의 계좌로 이체해주는 것이 불경스럽다는 인식에서 벗어나 자연스럽게 자리를 잡고 있다. 애경사를 알리면서 축의금이나 부의금을 받을 은행 계좌번호를 적어 보내는 것이 자연스러워지고 있다.

코로나 확산이 언제까지 이어질지는 아무도 장담할 수 없으나, 이런 상황이 일정 기간 지속하면 자리를 잡아갈 것으로 예상한다. 한 사회에 만연된 문화란 선구자에 의해 개척되고, 다수가 따르면서 정착된다. 그러니 많은 시간이 필요한 것은 당연하다. 코로나 19는 온갖 시련과 아픔을 주었지만, 한편으로는 긍정적 변화의 기회를 제공한 점도 있다. 애경사 문화를 바꿀 기회가 찾아왔다는 점이 바로 그것이다. 이번 기회에 서로에게 부담을 주는 애경사 방문 문화를 본래의 취지에 맞게 긍정적 방향으로 바꾸어야 한다.

세계평화를 위협하는 근본주의

2020년 09월 11일 금강일보

종교는 유일신교와 다신교로 크게 나누어진다. 유일신교는 오직 하나의 신만 존재한다고 믿는 종교로 유대교, 기독교, 이슬람교와 같은 아브라함 계통의 종교가 대표적이다. 반면 다신교는 이들 세 종교를 제외한 거의 모든 종교로 다수의 신이 존재한다고 믿는다. 유일신교 중 유대교는 세계적 종교라기에는 부족함이 있고, 대개 선민사상을 갖는 유대인 중심으로 분포돼 있다. 하지만 기독교와 이슬람교는 전 세계적으로 막대한 교세를 자랑하며 세계종교의 양대 축으로 자리를 잡았다.

전 세계 최다 신도를 가진 종교는 기독교로 신자 수가 23억 명에 이른다. 전체 지구인구의 33.3%에 해당하는 수치이다. 뒤를 이어 신자 수가 많은 종교는 이슬람교로 세계 인구의 23.9%인 19억 명가량이다. 이들 두 종교의 신자를 합하면 지구인구의 57.2%로 42억 명이 넘는다. 기독교는 신자 수 증가가 다소 주춤하고 있지만, 이슬람교는 날로 확장세가 거세지고 있어 머지않아 이슬람교 신자 수가 기독교 신자 수를 앞질러 세계 최대 종교집단이 될 것이라는 예측이 일반적이다.

한국은 개신교인 967만 명과 천주교인 389만 명 등 기독교 인구가

1356만 명에 이른다. 761만 명의 불교를 한참 앞서는 인구가 기독교인으로 조사되었다. 기독교와 불교가 양강 체제를 구축하고 있는 가운데 대순진리회나 원불교, 증산도, 천도교 등 민족종교도 날로 세력을 확장해가고 있다. 또한, 이슬람교도 꾸준히 교세를 확장해가며 14만 명 가까운 신도가 있는 것으로 파악되고 있다. 유일신교인 기독교와 이슬람교는 극단주의 신자들로 인해 큰 골치를 앓는다는 공통점이 있다. 두 종교의 극단주의자들은 과격한 사고와 행동으로 세계의 평화를 위협하고 있다.

이들 극단주의자는 각각의 종교 내부에 존재하는 근본주의 또는 원리주의 Fundamentalism에 기반을 두고 있다. 근본주의는 어떠한 타협도 불허하며 보수적이고 극단적인 가치를 지향한다. 경전을 맹신하며 사회의 보편적 윤리조차 외면하는 성향이 강하다. 그래서 어떤 가치와도 타협하지 않고 종교지도자의 말에 조건 없이 순종한다. 자신들과 생각이 다른 이들에 대해서는 테러로 응징하고, 수단과 방법을 가리지 않고 해치거나 보복하려는 특성을 갖는다. 이런 면에서 양대 종교의 극단적 근본주의 충돌은 세계평화를 위협하고 있다.

이번 코로나 19 확산과 국민적 방역에 일부 기독교 근본주의자들이 상식을 벗어나는 행동을 일삼아 기독교계를 먹칠했고, 이에 대해 양심 있는 종교지도자들이 대국민 사과를 하기도 했다. 근본주의자들은 극단적 사고와 행동으로 정부는 물론 사회 각 집단과 수시로 마찰을 일으키고 있다. 과학적이고 합리적인 사고를 배제한 채 맹목적이고 반사회적인 신념을 앞세우고 있다. 사회구성원이 갖는 보편적 가치를 인정하지 않고, 오직 자신들의 가치 전파를 위해 호전적 태도를 보인다. 특히 한국 기독교 근본주의는 정치적 반공주의와 결합해 유독 강한 결속력을 보이는 특성을 갖는다.

다수의 한국인이 이슬람에 대해 테러를 일삼고, 인권을 유린하며 온갖 악행을 일삼는 종교라는 편견을 갖고 있다. 하지만 이러한 테러와 인권유린 등은 소수 이슬람 근본주의자의 소행이다. 극단적 이슬람 근본주의자들은 이슬람교도 사이에서도 골칫거리가 된 지 오래다. 유일신에 집착한 나머지 극단적 사고를 하게 되고, 그 위험한 사고를 행동으로 옮기며 세계평화를 위협하고 있다. 근본주의는 어떤 타협도 용납하지 않으며 자신들의 입장만 내세우는 편협성을 보인다.

한국인은 뭔가에 몰입하면 다른 모든 것을 배척하고, 무섭게 빠져드는 특징이 강하다. 그래서 한국인에게 근본주의가 침투되면 다른 어느 국가나 민족에게 보기 어려운 호전적이고, 맹목적인 성향을 쉽게 드러낸다. 이슬람교가 한국에서 빠른 속도로 확산하고 있다. 확산세를 지속하다 보면 언젠가 이슬람 근본주의도 한국에 모습을 드러낼 것으로 보인다. 만약 기독교 근본주의와 이슬람 근본주의가 이 땅에서 충돌하면 무서운 결과로 이어질 수 있다. 그게 벌써 염려스럽다. ✎

국민의 안전 보장과 행복 추구

2020년 08월 31일 충청신문

　최근 수년간 국내에서 벌어진 일련의 상황을 지켜보며 국민과 국가의 관계에 대해 생각해보았다. 우리는 혼자 살 수 없기에 사회를 조직해 살고 있고, 그 사회를 확대하고 보다 체계화한 것이 국가가 아닐까 생각한다. 국가는 혈연이나 지연에 의한 공동체가 아니므로 공동사회Gemeinschaft라 할 수 없고, 구성원의 이익 도모를 위해 결성한 이익사회Gesellschaft라고 할 수 있다. 그러니 국민은 국가가 자신이 원하는 서비스를 베풀어주지 못하면, 자신의 의무를 저버리는 것은 물론이고, 국적을 옮기기도 한다.

　국가의 기능은 크게 두 가지로 나눌 수 있다. 하나는 국민의 안전을 지켜주는 일이고, 다른 하나는 국민의 행복을 보장해 주는 일이다. 국민은 납세, 교육, 근로, 국방 등의 의무를 다하고 국가가 안전과 행복을 지켜주길 요구한다. 여기서 국가를 바라보는 시선이 크게 둘로 갈라진다. 국가가 안전만 책임져준다면 적당한 범위에서 국민의 행복추구권을 무시해도 된다는 의식을 갖는 이들이 있다. 이들과 달리 어떤 형태로든 국민의 기본권 침해는 불가하며, 행복을 극대화해주는 데 전력해야 한다는 시각을 갖는 이들이 있다.

　이 관점은 보수와 진보를 구분하는 중요한 기준이 된다. 소위 보수라는 무리는 국가의 대국민 서비스에는 별 관심이 없다. 국가의 존재 이유 자체를 외세의 침입 또는 국가 내 불순분자들로부터 국민을 보호하는 데에 초점을 둔다. 국가 및 국민의 안전을 위해 국민 개개인의 희생은 불가피한 일이라고 생각한다. 국가는 강력한 통치권을 갖고 국민을 일사불란하게 통제할 수 있어야 한다고 생각한다. 국가의 권위에 저항하거나 도전하는 개인은 응징해야 하고, 개인은 국가를 위해 언제나 희생할 준비가 돼 있어야 한다고 생각한다.

　반면 진보주의자는 이와는 한참 다른 생각을 한다. 이들의 관점에서 국가가 국민을 안전하게 보호하는 것은, 기본 중의 기본일 뿐 여기에 주안점을 두어서는 안 된다. 국민의 행복을 극대화하기 위해 국가는 모든 역량을 발휘해 국민을 향한 서비스를 펼쳐야 한다. 또한, 국가의 통제력은 최소한만 발휘하고, 어떤 이유로든 국민의 자유를 억압해서는 안 된다. 특히 국가가 안보를 명분으로 국민의 인권을 짓밟은 행위는 절대 인정하지 못한다. 국가와 국민은 맹목적 관계일 수 없고, 권리와 의무를 주고받는 관계라고 생각한다.

　보수세력은 국민의 기본권과 개성을 보장하는 일은 국가관을 분열시킬 뿐이라고 생각한다. 온 국민이 일체감 있게 행동하고 사회질서 유지와 국가안전 보장을 위해 언제라도 개인이 희생할 준비가 돼 있어야 한다고 생각한다. 진보세력은 이들과 생각이 다르다. 국가는 국민이 안전과 행복을 보장받기 위해 만든 기구일 뿐 국가가 무리하게 개인의 희생을 강요하는 일은 없어야 한다는 견해를 갖는다. 국가의 국민에 대한 통제는 최소화해야 한다는 것이 이들의 기본 생각이다.

　역대 가장 고약한 전염병이 창궐하고 있다. 국가 대한민국은 국민의 안전을 사수하기 위해 각고의 노력을 기울이며 사투를 벌이고 있다. 다수의 국민은 '내가 국가로부터 확실하게 보호받고 있구나'하는 생각을 하며 위기 극복을 위해 순응하고 있다. 하지만 조건도 없고, 이유도 없이 사사건건 국가의 방역 활동을 조롱하며 훼방을 놓는 이들이 있다. 이들은 현 정권이 권위적이지 못하고, 국민을 압도적으로 통제하지 못하는 모습을 보인다는 이유로 불신하고 매사 어깃장을 놓고 있다. 국가관이 다른 이들의 통치 스타일이 마음에 들지 않으니 협조할 마음이 없다.

국민의 안전 확보에 국가의 주된 의미를 부여하던 시대에서 한발 나아가 현대의 국가는 국민의 행복을 극대화하는 일에 방점을 둔다. 국민 개개인의 인권을 적극적으로 보호하고 국가가 베푸는 서비스 아래 행복한 삶을 살아갈 수 있도록 이끄는 것이 진정한 국가의 역할이다. 하지만 국민의 안전을 위협하는 요인이 발생할 때는 국민 보호에 정책의 우선순위를 두어야 한다. 이 과정에서 피치 못할 통제가 동반되고 있다. 행복은 안전이 보장된 이후의 개념이기 때문이다. 지금은 바로 그런 때이다. ☙

안 된다고 벽부터 칠 필요는 없다

2020년 08월 14일 금강일보

　최근 허태정 대전시장이 예고 없이 불쑥 대전시와 세종시의 통합에 대해 발언하자 충청권이 화들짝 놀랐다. 통합론은 이전부터 거론되던 것이 아니라 이날 기습적으로 발표된 것이었다. 그러니 지역사회가 놀랍다는 반응을 보이는 것은 당연했다. 선례를 살펴보면 작은 행정구역을 통합하는 것만 해도 여간 어렵지 않은데 광역지자체를 통합하자는 의견을 개진했으니, 양 지역 주민 사이에서 놀랍다는 반응이 나오는 것은 당연했다. 굳이 양 지역의 반응을 살펴보면 대전시민은 호기심을 보이는 가운데 무덤덤한 기류가 우세했지만, 세종시민은 예민하게 반응하며 단번에 반대의 목소리를 냈다.

　세종시의 공식 입장도 부정적이었고, 세종지역 정치인의 반응도 그러했다. 갖은 노력 끝에 애써 특별자치시가 출범했는데, 인접한 광역시가 통합론을 들먹이니 당혹스럽다는 분위기가 역력했다. 반응이 즉각적으로 나온 것으로 보아 깊은 통찰을 통해 이해득실을 따져보지는 않은 것으로 보인다. 대전시가 제시한 통합론이 세종을 대전의 자치구 정도로 흡수하겠다는 의도로 생각한 듯하다. 대전시가 어떤 구체적 구상을 하고 있는지 확인되지 않았지만, 세종주민들은 흡수통합을 염두에 두고 위기감을 드러낸 것으로 보인다. 통합론에 일부 찬성의 뜻을 가진 이도 있겠지만, 그들의 목소리는 들리지 않았다.

지금까지의 행정구역 변천사를 살펴보면 쉽게 이루어진 경우가 거의 없다. 오랜 시간에 걸쳐 토론과 설득의 과정을 거쳐 진통 속에 성사되었다. 주민투표라는 최후의 방법이 동원되기도 했다. 청주시와 청원군이 통합해 청주시가 될 때도 그러했고, 창원시, 마산시, 창원시 진해구가 통합 창원시로 출범할 때도 그러했다. 통합이 추진될 때를 돌이켜보면 대부분 인구나 경제 규모 등 세(勢)가 약한 지역이 유난히 반대 목소리를 높였다. 일방적으로 한 지역에 흡수되면 정체성을 잃을 수 있다는 우려가 표출되었다. 대전시와 세종시의 통합론이 제시됐을 때도 비슷한 상황을 보였다. 대전보다 세종에서 유독 예민한 반응이 나타났다.

지금까지 행정구역이 통합되거나 분리된 사례는 시·군·구 또는 읍·면·동 정도에 그쳤다. 광역지자체가 통합한 사례는 없었다. 그래서 터무니없다는 반응을 보이는 이들도 적지 않았다. 광역시·도의 통합은 사례가 없는 만큼 주민들의 머릿속에 쉽사리 그림이 그려지지 않는 모양새다. 그러나 양 도시의 통합은 실현 가능성이 없는 허무맹랑한 일이 아니다. 두 도시는 이미 유기적 공생관계에 있는 단일 생활권인 데다, 통합한다고 해도 인구 200만 명을 밑도는 수준이다. 가능성을 처음부터 완전차단할 이유는 없다.

부산 340만 명, 인천 295만 명, 대구 243만 명와 비교하면, 양 도시가 통합해도 이들 광역시보다 세가 약하다. 부작용 많은 비대한 도시의 출현을 염려할 정도는 아니다. 더구나 부산은 기장군, 대구는 달성군, 인천은 강화군과 옹진군을 광역 행정구역에 편입한 사실을 고려하면 양 지자체의 통합 가능성은 무조건 벽부터 치고 볼 일이 아니다. 가능성을 열어두고 무엇이 득이 되고 무엇이 실이 될지 충분히 따져본 이후에 방향을 설정해도 늦지 않는다. 물론 주민의 의견을 정확하게 파악해보는 일도 중요하다. '안 된다'는 결론부터 내놓고 거기에 맞춰 안 되는 이유를 만들어갈 필요는 없다.

통합을 통해 양 지역의 발전을 도모할 수 있고, 지역민에게 도움이 된다면 굳이 하지 않을 이유는 없다. 그렇다고 급하게 서두를 필요도 없다. 시간을 두고 차근차근 모든 가능성을 열어두고 검토해 볼 만 하다. 충분히 점검해보고 득보다 실이 많다는 결론에 도달하면 그때 가서 반대 목소리를 내도 늦지 않다. 변화는 누구에게나 두려움의 대상이다. 하지만 실익을 얻을 수 있다면 두려움을 털어내고 변화를 수용해야 한다. 굳이 안 된다는 생각을 앞세울 이유가 없다. 대전시와 세종시의 통합 문제는 충분한 시간을 두고 검토해볼 필요가 있다. 성급히 결론을 낼 일이 아니다. ✑

청와대와 국회 이전, 때가 됐다

2020년 07월 27일 충청신문

　행정도시에 정부 부처가 이전했고, 각 시·도에 설치된 혁신도시에 국가 주요 공기업과 연구소 등이 이전했다. 그러나 그토록 많은 기관이 이전했음에도 불구하고 여전히 수도권은 과밀이다. 사상 처음으로 수도권 인구가 국가 전체 인구의 절반을 넘어섰다. 각고의 노력에도 불구하고 오히려 수도권 쏠림이 심해지고 있으니 백약이 무효라는 하소연이 나온다. 저금리와 맞물려 여유자금이 수도권 부동산으로 쏠려 사상 최고의 아파트값 상승을 이어가고 있으니, 이 또한 수도권 인구집중과 무관하지 않다. 특정 지역에 인구와 자본이 집중되는 것은 전형적인 후진국형 모델이다.

　인구와 돈줄의 수도권 쏠림은 여전한 과제이다. 지난 수십 년간 수도권 위주로 개발을 하고 온갖 시설을 집중시켰으니, 그 엄청난 혜택을 팽개치고 지방으로 내려올 사람이 얼마나 될지 생각해보면 답은 나온다. 정부 부처와 산하 공공기관은 대부분 세종시와 각 혁신도시로 이전을 마쳤다. 그래도 효과가 없으니 이젠 청와대와 국회마저 이전해야 한다는 여론이 돌기 시작한다. 황당하다는 반응을 보이는 이들도 있지만 황당할 것 없다. 지방도 사람 사는 곳인데, 못 내려올 이유가 무엇인가. 균형발전은 말로 하는 게 하니라 실천이 필요하다. 소수 기득권층을 제외하면, 국민 모두 원하는 것이 균형발전이다.

청와대와 국회가 이전해서 그 모든 문제가 풀린다면, 못할 이유가 어디 있단 말인가. 오히려 청와대와 국회가 먼저 솔선수범해 내려왔어야 한다. 뒤늦게라도 개헌 논의와 더불어 청와대와 국회의 이전 문제가 수면 위로 떠 오른 것은 환영할 일이다. 안 된다고 생각할 일이 아니다. 모든 정부 기관이 내려왔는데 청와대와 국회라고 그곳에 머물 이유가 무엇인가. 지금껏 다각적인 노력을 기울였음에도 불구하고 수도권 쏠림이 해결되지 않았으니, 좀 더 높은 수위의 방법을 써야 한다. 주저할 일이 아니다. 진단이 나왔으면 처방과 시술에 들어가는 것이 맞다.

청와대와 국회가 내려오면 된다. 청와대와 국회가 내려오면 사정은 달라질 수 있다. 청와대와 국회의 이전으로 세종이 실질적인 행정수도 기능을 하게 된다면 대기업과 대학도 생각을 달리해 하나둘씩 지방행을 단행할 수도 있다. 실상 서울에 사람과 돈줄이 몰린 것은 정부 기능과 더불어 대학 및 일자리가 있기 때문이다. 행정도시와 혁신도시의 개발로 이중 지극히 일부 기능만 지방으로 내려왔을 뿐이다. 정치와 행정의 핵심기능인 청와대와 국회가 내려오고 대기업과 대학까지 내려와야 실질적인 인구분산 효과를 기대할 수 있다. 누구도 부인할 수 없는 사실이다.

주요 대학이 모두 서울에 있고, 주요 대기업이 모두 서울에 있으니 사람이 서울로 몰려든 것은 당연하다. 우수대학과 대기업은 공생관계이다. 이들 두 축이 서울에 버티고 있는 한 수도권의 팽창을 막기란 요원하다. 그들이 지방행을 택하게 할 방법은 청와대와 국회의 이전이 유일하다. 실질적인 행정수도의 이전이 산적한 문제를 풀 수 있는 길이다. 대기업과 우수대학이 내려와야 진정한 국토균형발전이 실현된다. 그들의 이전을 촉진할 방법은 청와대와 국회가 세종시로 이전하는 것이다. 복잡하게 생각할 것 없다. 아주 간단하고 정확한 방법이다.

좁은 국토에서 특정 지역은 과밀화로 인한 갖가지 문제점이 발생하고 있고, 그 나머지 지역은 인구 감소와 사회적 인프라 부족으로 허덕이고 있으니 이 문제를 시급히 해결해야 한다. 지난 총선을 통해 집권 여당에 전폭적 지지를 보낸 민심에는 국토의 균형발전을 이루어달라는 뜻도 포함하고 있다. 개헌을 포함해서 할 수 있는 모든 방법을 동원해 국민이 간절히 바라는 소망을 이루어달라는 주문일 수 있다. 청와대와 국회의 이전, 무엇이 문제인가. 개헌과 청와대 및 국회 이전을 실현할 수 있는 절호의 기회를 맞았다. 이 기회를 놓쳐선 안 된다.

죄인이지만 신격화의 희생양인 자들

2020년 07월 17일 금강일보

하나나 둘은 어떤 사실을 일반화하기에 부족함이 있다. 하지만 셋은 다르다. 일반화할 수 있는 수치이다. 전국 16개 시도 가운데 무려 세 곳에서 광역자치단체장의 성추행이 발생했다. 전 국민이 시청하는 TV 화면에서 죄를 인정하고 용서를 구하는 시장, 지사의 모습은 이 나라를 충격에 빠뜨렸다. 카메라 앞에 설 용기가 없던 한 명은 자살이라는 아주 극단적인 선택을 했다. 추행을 저지른 세 명 가운데 두 명은 자의든 타의든 대통령 후보로 거론됐던 인물이다. 그래서 국민이 느끼는 충격은 더 클 수밖에 없었다.

비슷한 사건이 두 차례 연이어 발생할 때까지만 해도 개인의 문제로 치부하는 시각이 많았다. 그러나 세 번째 사건이 터지자 다수 국민의 생각은 달라졌다. 성추행의 원인이 구조화돼 있다는 점을 인지하고 재발 우려가 크다는 사실을 깨달았다. 사건의 주인공인 세 명이 같은 정당 소속이라는 점에서 특정 정당을 부도덕한 정당이라고 몰아세우는 이들이 생겨났다. 연이은 사건을 광역자치단체장에 제한된 일로 치부하는 시각도 있다. 그러나 내 생각은 다르다. 정당을 초월해 발생할 수 있는 일이며, 모든 기관과 기업 또는 단체 등에서 언제라도 터질 수 있는 일이다.

유사한 일이 터질 때마다 나는 이것이 공직사회에 구조화된 제왕적 관료주의 문화와 관련이 있다고 생각했다. 공직사회를 오랜 기간 가까이서 지켜본 입장에서 노골적으로 말하면 한국 사회는 기관장이 되는 순간, 신격화의 대상이 된다. 평범한 사람이 갑자기 제국의 황제로 돌변하게 된다. 과도한 섬김으로 불가침의 대상이 된다. 인격까지 신성시된다. 조직 구성원 모두가 범접할 수 없는 지존이 된다. 그런데 주목할 점은 당사자가 그걸 원하거나 시켜서 그러는 게 아니라 조직문화가 아주 오랜 시간 그렇게 세팅돼 있다는 점이다.

기관장이나 단체장에게 베푸는 특별한 예우를 관 조직은 '의전'이라는 이름으로 행한다. 외부인이 볼 때는 민망할 정도로 과도한 예우지만, 조직 내에서는 너무도 자연스럽게 이루어진다. 아주 오랜 세월 굳어진 관행이다. 처음 기관장이 되면 과도한 예우를 거북하고 불편하게 여기다가 세월이 지나면 시나브로 익숙해진다. 한국 사회에서 기관장이 되면 상상도 못 할 혜택을 받게 되고, 나아가 무소불위의 권력을 갖는다. 특히 조직 구성원에 대한 인사권은 무엇과도 비교할 수 없을 큰 힘이 된다.

의전이라는 이름으로 행해지는 과도한 예우를 보면서 '의전을 행하는 저들은 자신의 부모에게도 저런 예우를 할까'라는 생각을 여러 차례 해봤다. 눈에 보이는 예우만이 문제가 아니다. 한 기관의 모든 일은 기관장 중심이다. 공무원이 본연의 업무보다 의전에 더 큰 비중을 두고 일하는 모습을 여러 차례 목격했다. 기관장이 참여하는 행사는 며칠 전부터 관련 직원이 총동원돼 미리 동선을 파악하고, 기관장이 불편을 느낄 만한 일이 없는지 살핀다. 국민의 눈으로 볼 때는 소모적인 행정력 낭비일 수밖에 없다.

모든 조직 구성원은 기관장의 말 한마디에 울고 웃는다. 인사와 승진

이 모두 기관장의 손에 의해 집행되기 때문이다. 여러 기관장이 참석하는 행사가 벌어지면 그곳은 기관들의 의전 시합장이 된다. 볼썽사나운 의전 경쟁이 전개된다. 이런 생활을 수개월, 수년에 걸쳐 겪게 되면 기관장은 자신도 모르는 사이에 그 달콤함에 빠져들게 된다. 그러면서 조금씩 월권과 일탈을 경험하게 되고, 결국은 해서는 안 되는 일도 서슴지 않게 된다. 기관장이 자행하는 성추행도 이 같은 실상의 연장선에서 살펴볼 수 있다.

　기관장을 신격화하는 잘못된 공직문화가 그들을 파렴치범으로 만들고 있다. 공직사회를 아주 가까이서 오래 지켜본 내 눈에는 적어도 그렇게 비쳤다. 공직사회에 오랜 세월 만연된 과도한 의전이나 무소불위의 권력집중 등을 견제할 시스템을 구조적으로 만들지 못하면, 유사한 사건은 언제고 재발할 수 있다. 정부는 이 같은 사실을 직시하고 대안 마련에 나서야 한다. 특히 공무원의 인사와 승진 제도에 대한 대대적인 손질을 해야 한다. 그래야 잘못된 문화를 바로잡을 수 있다. 안희정, 오거돈, 박원순 사태의 재발은 공직사회 문화와 시스템을 바꾸는 일을 시작점으로 해야 한다.

대놓고 차별을 하자는 것인가?

2020년 07월 01일 금강일보

　법은 지엽적인 내용을 담기도 하지만, 대단히 포괄적인 내용을 담기도 한다. 포괄적인 내용은 해석하면서 본질을 벗어나기도 하고, 구체적이지 못해 오해를 불러일으키기도 한다. 이런 이유로 법은 상위법과 하위법이 존재하고, 본질을 훼손하지 않기 위해 상위법 우선의 원칙이 적용된다. 상위법이 지나치게 포괄적 내용만 담고 있으면 더욱 구체적인 내용을 담아 하위법을 만든다. 그래서 헌법-법률-명령-규칙-조례라는 위계가 성립한다.

　헌법은 가장 상위법인 만큼 가장 포괄적이다. 큰 윤곽만 잡아주는 역할을 한다. 그러면 법률로 그 내용을 보완하고 법률에 다 담지 못하는 내용은 시행령명령·대통령령을 통해 재차 보완한다. 법률은 헌법을 벗어날 수 없고, 시행령은 법률을 넘어설 수 없는 구조이다. 상위법을 벗어나는 하위법은 존재할 수 없다. 헌법은 국가 존립의 근거이며, 모든 법의 모법이다. 모든 법은 헌법을 벗어나서도 안 되고, 그 정신을 훼손해서도 안 된다. 헌법정신을 어긋나는 법은 위헌법률 심판 절차를 통해 사장된다.

대한민국 헌법은 제11조 1항에 '모든 국민은 평등권을 가지며 차별받지 않을 권리를 갖는다'라고 명시하고 있다. 아주 단순한 한 줄의 조문에 불과해 보일지 몰라도 이는 엄청난 의미를 품고 있다. 대한민국 땅에서 누구나 평등하고, 누구도 차별을 받지 않는다고 했으니, 단 한 명의 국민도 예외일 수 없다. 그러나 우리 사회는 갖가지 이유를 들어 사람을 차별하고 평등하게 대하지 않는다. 헌법 조문을 허울 좋은 문구로만 인식하고 있기 때문이다.

그래서 그 구체적 내용을 법률로 만들어 보완하려는 시도가 여러 차례 있었다. 그것이 바로 '차별금지법'이다. 차별금지법은 대한민국 사회에서 은연중에 차별받고 있는 약자나 소수자를 보호하고 이들이 다른 사람과 비교되고, 그로 인해 차별받지 않을 권리를 보장해야 한다는 내용을 담는다. 헌법정신에 부합되는 법률이다. 굳이 법률이 없어도 모두가 평등한 대접을 받고 차별받지 않는다면 굳이 법을 제정할 이유도 없지만, 이 사회에 차별은 엄연히 존재한다.

2007년 노무현 정부 때 정부 발의로 차별금지법 제정이 처음 시도됐지만, 임기 만료로 자동 폐기되며 불발됐다. 당시 20개 차별 항목을 정해 금지조항을 마련하려 했으나 7개 항목이 삭제되는 시련을 겪기도 했다. 한국경영자총연합회를 비롯한 재계는 자유로운 기업활동을 막는다는 이유를 들어 '병력', '학력', '범죄전력'에 의한 차별금지를 반대했다. 종교계는 '성적 지향성' 항목을 문제 삼으며 반대의 목소리를 높였다.

차별금지법은 제19대 국회에서도 발의됐다. 하지만 이 역시 입법절차를 진행하지 못해 제정이 무산됐다. 20대 국회 때는 차별금지법 제정이 추진된 적이 없다. 21대 국회 들어 정의당이 입법 추진을 위한 절차에 착수했다. 그러나 초미니정당인 정의당의 힘만으로 법안을 통과시킬 리 만무하다. 거대 여당의 도움이 절실히 필요하다. 보수 야당이 이 법안의 제정에 적극적으로 나서기를 기대하기는 당초에 어렵다. 이 나라에서 이미 거대한 세력으로 자리 잡은 재계와 기독교계의 반대를 무릅쓰고 헌법정신을 살려 차별금지법을 제정하자면, 정의당 혼자 힘으론 어림도 없다.

결국, 진보를 자처하며 김대중, 노무현 정신을 이어받겠다고 표방하고 있는 더불어민주당이 주도적으로 나서 힘을 보태야, 이 법안은 국민의 품에 안길 수 있다. 헌법정신에 맞게 '누구도 차별하지 않는 세상'을 만들자는데 나서지 못할 이유가 무엇인가. 헌법정신에 어긋나는 생각을 하고, 대놓고 특정 부류의 사람을 차별하겠다는 의도에 동조하지 않는다면 법 제정에 적극적으로 나서야 한다. 차별금지법을 통과시키지 못하면 대한민국은 절대 선진국 반열에 올라설 수 없다.

다수가 아닌 소수라는 이유로 법으로 보호받지 못하고 공공연히 차별받는 국민이 존재하는 나라가 어찌 세계 속의 선진국이 될 수 있겠다는 말인가. 평등이 보장되지 않는 사회에서 약자와 소수자로 살아가는 이들의 고통은 헤아릴 수 없다. 그들은 보호의 대상이 아니라 똑같은 권리의 주체이다. 그들이 권리의 주체로 당당히 인정받기 위해 '차별금지법'은 21대 국회에서 반드시 통과돼야 한다.

감춰지고 굴절된 역사, 현대사

2020년 06월 28일 충청신문

중국의 경우, 학교 교육과정 중 역사가 차지하는 비중이 가장 높다고 들었다. 교육과정 편성에서 역사는 가장 많은 시간이 할애되고, 입시 시험에도 가장 높은 배점을 둔다고 들었다. 독일의 경우, 학생에게 가르치는 역사의 절반이 히틀러 시대, 나치 시대라고 들었다. 2차 세계대전을 찬양하는 내용이 아니라 정반대로 인류에게 재앙을 안긴 독일의 과오를 명확하게 가르쳐 다시는 그러한 비극을 반복해선 안 된다는 내용이 주류를 이룬다고 들었다. 이에 비하면 우리는 교육과정에서 역사를 지나치게 소홀히 다룬다고 할 수 있다. 시간 할애도 적고, 입시에서 차지하는 비중도 높지 않다.

입시제도가 변경될 때마다 역사는 필수과목이 되기도 했다가 선택과목이 되기도 했다가 갈피를 잡지 못한다. 모든 학생은 영어와 수학이라는 과목에 집중해 입시를 준비할 뿐 역사는 그저 몇 달 외워서 시험만 치르면 되는 암기과목이란 생각을 하고 있다. 대부분 국민은 삼국 시대와 고려 시대, 조선 시대에 관해서는 비교적 풍부한 상식을 갖고 있고, 큰 줄기를 이해하고 있다. 하지만 현대사에 관해서는 기대 이하, 수준이하의 지식을 갖고 있다. 그것도 제대로 된 역사에서 한참 벗어나 아주 왜곡된 역사를 알고 있는 경우가 많다.

지금 우리가 살아가고 있는 시대를 알기 위해서는 가까운 역사, 즉 현대사를 이해해야 하지만 우리 국민의 현대사에 대한 이해 수준은 지극히 낮고 편향적이기까지 하다. 다수의 국민이 이토록 현대사에 관한 지식이 짧은 것은 그들이 학생 신분일 때 현대사를 제대로 배우지 못했기 때문이다. 특히, 일정 연령 이상의 성인은 노골적으로 왜곡된 현대사를 배웠고, 이후 그 왜곡에서 벗어날 기회를 얻지 못했다. 반공이 국시이던 시절의 현대사 교육은 오로지 국민을 반공 투사로 만드는 데 초점을 맞췄다. 역사에 등장하는 인물이 반공주의자라면 그가 어떤 이력을 가졌는지는 중요하지 않았다. 그가 반공에 앞장섰다는 사실만 중요할 뿐이었다.

대전은 서울과 더불어 국립현충원이 있는 도시이다. 그래서 매년 현충원에 안장된 인사 중 친일 행적이 있는 이들의 파묘破墓 문제가 지역사회의 이슈가 된다. 일제강점기에 가혹하게 민족을 탄압하고 독립군 몰살에 앞장섰던 이들이 한국전쟁에서 북한군과 싸워 전공을 세웠다면 호국의 인물이 돼 국립묘지에 안장할 수 있는 게 현실이다. 그러다 보니 김창용 같은 악질 친일파의 파묘 문제가 언제나 논쟁의 대상이 된다. 사실 논란이 필요 없는 문제이다. 다수의 국민이 현대사를 제대로 이해하고, 그들의 감춰진 행적에 대해 제대로 알 기회가 주어진다면 논란거리가 될 수 없다.

반민족 친일파가 어찌 호국의 영령들과 한 공간에 묻혀있을 수 있단 말인가. 독립군을 때려잡던 악질 친일파가 독립군과 나란히 국가 유공자로 대접받는 것은 있을 수 없는 일이다. 국민이 제대로 된 현대사를 배웠다면 논란 자체가 될 수 없는 일이다. 한국전쟁의 영웅이라고 칭송되는 백선엽 전 장군이 올해 100세를 맞았다. 그도 하늘의 부름을 받을 때가 되었다. 그래서 그가 국립묘지에 묻힐 자격이 있는지에 대한 논란이 뜨겁다. 그 역시 전쟁 영웅이지만 일제강점기에 일본군 특수부대인 간도특설대 활동을 하며 독립군 소탕 작전에 가담한 이력이 알려져 있다. 전쟁에는 영웅일지 몰라도 민족적 입장에서는 받아들일 수 없는 인물이 백선엽이다.

그는 현행법 기준으로 현충원에 묻힐 자격이 있다. 하지만 다수의 국민감정과 일반의 민족 정서는 이를 허용하지 못하고 있다. 그의 현충원 안장이 합당하다고 보는 이들도 있다. 민족이 우선인가, 이념이 우선인가의 문제이다. 반공 이념을 앞세워 국민을 우민화했던 과거 군사정권 시절이라면 아무런 논란 없이 안장이 추진됐을 것이다. 하지만 지금은 그런 시대가 아니다. 그러니 논란의 대상이 되고 있다. 논란을 잠재우는 길은 현충원 안장 자격 기준 관련 법령을 개정하는 일이다. 관련 법의 개정은 시급히 처리돼야 한다. 불필요한 소모적 논쟁할 필요가 없게 해야 한다. 바른 현대사 교육으로 민족의 중요성을 각인하게 해야 한다. 우린 현대사를 너무 모른다. 우리 민족에 대해서도 너무 모른다.

간부와 임원, 무엇이 다르냐고?

2020년 06월 11일 금강일보

어문계열 전공자라서 너무 민감한 걸까? 세상 사람이 거리낌 없이 일상적으로 사용하는 용어가 아주 불편하게 느껴질 때가 많다. 그냥 넘어갈 수도 있는 일인데 그냥 넘어가지 못한다. 내가 불편을 느끼는 말은 적재적소에 사용되지 않는 용어를 비롯해 발음이나 철자가 틀린 경우이다. 그냥 넘기지 못하고 용어 사용의 오류를 지적하는 일이 생긴다. 그러다 보면 "옳은 지적을 해줘서 고맙다."라는 말을 듣기보다는 "대충 서로 알아들으면 됐지, 뭘 그렇게 신경을 쓰고, 따지느냐."는 핀잔을 듣는 경우가 더 많다. 그래도 시대에 맞지 않는 불편한 용어는 시대에 맞는 용어로 바꿔 사용할 수 있게 최대한 노력해야 한다는 게 내 생각이다.

아들이 다니는 학교에 방문해 교직원들과 회의를 한 일이 있었다. 회의 중에 반복적으로 '간부' '간부수련회' 등의 용어를 사용하는 것이 들렸다. 그냥 흘려들어도 될 일이지만 계속 귀에 거슬렸다. 그래서 발언권을 달라고 요청한 후 적절한 용어를 사용해 달라고 당부했다. 간부는 한자 '줄기 간幹'과 '나눌 부部'를 합해 만든 말로, 직역하면 '줄기 부분'이란 뜻이 된다. 사전은 '어떤 단체나 기관 등에서 지도적인 위치에서 중요한 책임을 맡은 사람'이라고 정의하고 있다. 일상적으로 별 거리낌 없이 광범위하게 사용하는 용어이다. 하지만 나는 그 용어가 좀처럼 받아들여지지 않는다.

"줄기^{몸통} 부분이라는 뜻을 가진 간부라는 말은 전근대적 용어로 들립니다. 특정 학생을 간부라고 부른다면 나머지 학생들은 곁가지 같은 존재로 받아들여질 수 있습니다. 모두에게 평등의식을 심어주어야 할 학교 현장에서 사용하기에 적절하지 않은 표현 같습니다. 학교는 말할 나위 없고, 군대와 같은 수직 문화 조직에서도 사용하기에도 적절하지 않은 용어 같습니다. 그냥 무언가 역할을 맡은 사람이라는 의미에서 '임원'이라는 말을 대체해 사용하면 좋겠습니다." 조심스럽게 내 의견을 제시했더니, 회의에 참석한 다수의 교직원과 학부모들이 동의해주었다.

그리고 몇 개월 후 학교에 가서 다시 회의할 일이 있었는데, 회의 자료에 또다시 간부라는 용어가 기록돼 있었고, 교직원들이 그 용어를 거리낌 없이 사용하고 있었다. 그래서 다시 한번 용어의 순화를 당부했다. 학교 측은 수용 의사를 밝혔다. 이밖에 안내판에 장애인의 반대말로 '일반인'이라는 표현을 사용한 것도 부적절하다며 시정을 요구했고, 이 또한 즉시 받아들여졌다. 아주 오랜 시간 별다른 제재 없이 사용한 용어이다 보니 쉽게 고쳐지지 않는 것 같다. 하지만 교육현장인 학교에서 수평적 평등의식이 확산하고 올바른 용어가 정착되어야 하는 것은 당연하다.

일상을 살펴보면 우리는 권위적이고 관료적인 용어를 아주 많이 사용하고 있음을 안다. 사회 곳곳에서 이런 현상이 나타나지만, 자유와 평등의식을 키워야 할 학생이 생활하는 공간인 학교가 가장 먼저 부적절한 용어들을 청산해야 한다. 예를 들어 시대와 전혀 맞지 않는 '훈육'과 같은 용어는 교육현장에서 사라져야 한다. 남용되고 있는 '금지'라는 권위주의적 말도 '자제' 또는 '제한' 등의 순화된 용어로 바꿔야 한다. 아주 심각한 차별을 드러내는 '특수반'이라는 용어가 학교 현장에서 사라진 것은 그나마 다행스러운 일이다.

　일상의 용어는 사회의식을 반영한다. 과거에 아주 자연스럽게 사용하던 말도 시대가 변하면 어색하게 들려야 맞다. 구시대적 언어를 사용하면 스스로 불편함을 느껴야 한다. 문민정부를 탄생시킨 김영삼 대통령이 처음 한 일 중 하나가 '각하'라는 아주 권위적인 호칭을 없앤 것이다. 처음엔 다들 어색해 어쩔 줄 몰라 했지만, 지금은 누구도 그런 용어를 사용하지 않는다. 시대에 맞지 않기 때문이다. 언어는 사회성을 가진다. 자꾸 사용하면 익숙해지지만, 사용하지 않으면 저절로 소멸한다. 교육현장에서 권위주의적 용어를 몰아내고 자유와 평등의 이념에 걸맞은 용어들이 뿌리내려야 한다.

국가와 국민, 권리와 의무

2020년 05월 25일 충청신문

　인류의 역사는 5000년이라고 한다. 인류가 지구상에 출현한 것은 학자마다 견해가 다르지만 대략 390만 년 전으로 추정한다. 390만 년과 5000년을 비교하면 그야말로 조족지혈이다. 그 오랜 세월 인류는 짐승과 별반 다를 게 없는 생활을 하며 지구환경에 적응했다. 우리가 5000년 인류 역사를 말하는 것은, 5000년 전부터 인류가 어떤 방식으로 살아왔는지가 기록으로 남아있기 때문이다. 그래서 이 시대를 '역사시대'라고 부르고 이전 시대를 '선사시대'라고 부른다.

　역사시대가 시작되고 인류는 씨족사회, 부족사회를 거치며 국가 형태로 발전했다. 국가는 초기 부족국가 형태에서 시작해 중앙집권적 왕권 국가로 발전했다. 왕권 국가가 이어진 시기를 우리는 왕조시대라고 부른다. 아주 오랜 왕조시대를 거쳐 시민혁명을 통해 국가는 공화정 시대를 맞았다. 왕정 시대는 왕족의 자손이 대대로 왕위를 이어가며 통치하는 형태지만, 공화정 시대는 시민 가운데 유능한 인물을 선출로 가려내고, 그에게 한시적으로 정치를 맡기는 형태이다. 오늘날 지구상의 대부분 국가는 공화정 국가이다. 일부지만 왕정국가를 유지하는 나라도 있고, 종교지도자가 국가를 통치하는 신권국가도 있다.

왕정 시대 국민은 국가의 소유물에 불과했다. 의무만 잔뜩 지어지고 권리는 취약했다. 국왕은 어버이 같은 존재였다. 국왕은 전권을 휘둘러 국민을 함부로 대할 수 있었고, 심지어는 법률에 근거하지 않고 목숨을 거둘 수도 있었다. 국민은 대개 백성이라는 이름으로 불렸다. 백성은 세금을 내고, 노역을 제공하고, 국방을 책임지기도 하며 의무를 수행했지만, 그들에게 별다른 권리는 없었다. 그러던 중 근대사회로 넘어와 세계 각국에서 왕정을 무너뜨리고 공화정을 쟁취해내며 국민이 주인인 세상이 열리기 시작했다. 이때부터 국민의 권리의식이 강화되기 시작했다.

물론 예나 지금이나 국민은 국가에 대한 의무를 다해야 한다. 세금을 내야 하고, 국방도 담당해야 한다. 교육을 받아야 하고, 능력에 맞는 근로를 해야 한다. 이러한 의무를 다했을 때 국민은 국가에 권리를 주장할 수 있다. 그 권리는 대단히 포괄적이지만, 아주 간단하게 정리하면 '안전'과 '행복'을 보장받을 권리이다. 역으로 국가는 국민이 안전하게 살 수 있도록 국방·치안·재난대비 시스템을 확충해야 하고, 나아가 국민 삶의 질을 높이는 데 최선의 노력을 기울여야 한다. 그런 노력을 기울이지 않고 국민에게 의무만 강요할 때 국민은 국가의 통제를 외면한다. 심지어는 그 국가를 떠나 버린다.

독일의 사회학자 퇴니에스는 사회를 공동사회와 이익사회로 구분했다. 가족·친족·민족처럼 혈연을 앞세워 비 타산성에 근거해 이루어지는 집단을 공동집단이라 했고, 회사·정당·조합 등과 같이 타산적 이해관계에 의해 이루어진 집단을 이익사회라고 했다. 국가는 공동사회처럼 느껴지지만, 이익사회로 구분된다. 하지만 상당수 국민은 국가를 공동사회로 분류하는 경우가 많다. 특히 유교적 사회질서에 길든 다수의 대한민국 국민은 국가를 공동사회로 인식하려는 경향이 강하다. 그러다 보니 국가에 대한 의무는 충실히 수행하면서 좀처럼 권리를 앞세우지 않으려 한다. 권리를 주장하는 것을 어색해하고, 소극적으로 대처하는 편이다.

코로나19 사태를 겪으며 국가 경제가 바닥으로 곤두박질하며 위기에 빠지자 대한민국 정부는 꺼져가는 경제의 불씨를 살리기 위해 국가재난지원금이란 이름으로 전 국민에게 현금성 자금을 지원했다. 개국 이래 처음 시행한 일이다. 국민은 실제 지급된 지원금을 가지고 소비 활동을 하며 위로를 받았다. 위로보다 더 큰 소득은 '대한민국이란 국가가 국민인 나를 지켜주고 있구나.'라는 믿음을 갖게 됐다는 사실이다.

의무에 충실하며 소극적 권리에만 익숙했던 다수의 국민은 적극적 권리를 행사하며 국가에 대한 인식을 달리하고 있다. 스스로 대한민국 국민임을 아주 자랑스럽게 여기고 있다. 국가재정지원금은 경제의 불씨를 살려냈을 뿐 아니라 국가에 대한 국민의 신뢰를 한껏 끌어올리는 아주 중대한 역할을 했다. 이래저래 국가재난지원금 배포는 아주 적절했다.

엄벌을 요구하는 사회

2020년 05월 07일 금강일보

잊을 만하면 한 번씩 사회 전체를 깜짝 놀라게 하는 극악한 범죄가 발생한다. 일반적 상식을 가진 이들이 도저히 용납할 수 없는 끔찍한 사건이 터져 공분을 자아내는 일이 수시로 터진다. 방송과 신문의 뉴스는 사건의 잔악성을 앞다퉈 보도하고 국민적 분개를 자극한다. 이런 일이 발생할 때마다 엄벌을 요구하는 목소리가 하늘을 찌른다. 언제부터인가 가장 빠르게 국민의 정서를 표출하는 창구가 된 청와대 게시판에는 약속이나 한 듯 극악범죄를 저지른 이들에 대한 처벌 수위를 높여달라는 국민 청원이 폭주한다. 단 며칠 만에 수십만 건의 청원이 접수된다.

청와대 '국민청원 게시판'에 접수되는 청원은 흉악범에 대한 처벌을 요구하는 일에 국한되지 않는다. 특정 정당이나 종교집단을 해산시켜 달라는 청원이 올라오는가 하면 법률의 제정이나 파기 등의 내용이 등장하기도 한다. 헌법에서 보장하고 있는 국민의 기본권에 해당하는 누군가의 권리를 묵살해 달라는 청원도 한두 건이 아니다. 이성적이고 논리적인 내용의 청원도 많지만, 앞뒤 가리지 않고 마구잡이식으로 누군가를 공격하는 내용의 청원이 특히 많다. 벌떼 같이 달려들어 마녀사냥식 분풀이를 하는 사례가 넘쳐난다.

극악한 범죄가 발생하면 처벌 수위를 극대화해 엄히 처벌해달라는 내용의 청원이 폭발적으로 증가한다. 억울하게 피해를 본 이들을 대신해 분한 마음을 표출하고 사회악을 발본색원하자는 의미를 이해 못 하는 바는 아니다. 하지만 근본적인 문제를 해결할 생각은 하지 않고 무조건 처벌의 수위를 높이자는 주장만 하늘을 찌르는 것이, 이성적이고 합리적인지 생각해볼 문제이다. 다수의 생각대로 온 국민을 분노로 몰고 가는 흉악범죄는 처벌이 미약해서 발생하는 것일까. 처벌의 수위만 높이면 그것이 무서워서 유사한 범죄가 다시는 고개를 들지 못하고 수그러들까.

사회적 공분을 자아내는 극악한 사건이 터질 때마다 끓어오르는 감정을 억제하지 못하고 처벌을 극대화하자는 여론이 비등하지만, 이는 문제를 근본적으로 해결하는 방법이 못 된다. 사회적 비용과 시간을 투입해서라도 사건의 재발을 막기 위한 보다 근본적인 대책을 마련하는 일에 관심을 두는 이들은 극소수에 머문다. 비용과 시간이 들지 않고 효과는 빠를 것 같은 관련법 제정과 양형 가중의 주장이 대세를 이룬다. 그러나 곰곰이 생각해보면 형법을 강화하는 방법만으로는 흉악범죄의 재발을 막을 수 있다는 생각은 오산이다. 일벌백계는 일시적 처방은 될지 몰라도, 사회적 병폐를 치유하는 근본적 처방이 못 된다.

범죄에 대한 대책 마련은 전방위적이어야 한다. 사회구성원 전체를 대상으로 하는 의식개선 프로그램이 가동돼야 하고, 생계를 이유로 범죄에 나서는 이들이 발생하지 않도록 복지를 강화해야 한다. 교육을 통해 사회 부적응자를 교화하는 방법도 강구돼야 한다. 병이 나면 그 대책으로 수술을 하고, 환부를 도려내는 방법을 통해 건강을 회복하는 것이 능사라고 생각한다. 하지만 그에 앞서 병이 발생하지 않도록 면역력을 높이고, 기초체력을 강화해 병에 걸리지 않게 하는 방법이 더 중요할 수 있다. 사회도 마찬가지여서 공공의 면역력을 키우고 구성원들의 정서를 순화시키려는 노력이 반드시 수반 돼야 한다. 그런데 우리는 비용과 시간을 들여 사회적 면역을 키울 생각을 좀처럼 하지 않고 있다.

세계 10위권을 넘보는 경제 대국이고, 세계에서 가장 높은 교육열을 지향하는 국가지만, 우리는 여전히 사회의 병리를 제대로 진단하고 장기적인 치유 프로그램을 개발하기에 앞서 엄벌주의가 유일한 해법이란 생각 속에 살아가고 있다. 범죄뿐 아니라 모든 사회문제에 접근할 때 그런 시각에서 벗어나지 못하고 있다. 구성원 모두가 인간의 존엄성에 최우선의 가치를 두고 살아가는 사회를 만들어야 한다. 나와 다른 이를 무차별 혐오하고 엄벌로 다스려야 한다는 의식을 탈피해야 할 시점이다. 큰 비용이 들고 오랜 시간이 소요되더라도 악의 씨가 발아하지 못하게 하는 사회적 치유법에 관심을 가져야 할 시점이다.

코로나 이후의 세상
2020년 04월 27일 충청신문

　불과 4~5개월이란 그리 길지 않은 시간, 이전에 경험해 보지 못한 코로나 19 사태를 겪었다. 나라 안팎으로 예상하지 못했던 큰 변화가 발생하고 있다. 그동안 '메르스'나 '사스' 같은 전염병이 창궐했지만 코로나 19와는 비교도 할 수 없을 만큼 큰 시련 없이 극복할 수 있었다. 하지만 이번엔 이전의 것과는 차원이 다르다. 사람들은 이번 코로나 19 사태를 잘 막아내더라도 언제 어느 때, 어떤 형태로든 더욱 파괴적인 질병이 다시 우리에게 엄습할 수 있다는 사실을 깨달았다. 또한, 그 원인은 결국 인간이 지나친 욕심으로 파괴를 일삼으며 발생한다는 사실도 알게 됐다. 인간의 탐욕을 억제하는 것이 시련을 막는 길이란 사실은 우리가 얻은 교훈이다.

　병마 앞에 인간이 무기력하기 짝이 없는 나약한 존재라는 사실을 확실히 인지하게 됐다. 병마는 잘난 사람, 못난 사람을 가리지 않고 누구에게나 기습할 수 있고, 그것을 이겨내는데 돈과 권력은 아무런 소용이 없다는 사실도 알게 됐다. 죽음에 대한 공포는 누구에게나 똑같고, 죽음이란 아주 허망하게 찾아올 수도 있으니, 하루를 살더라도 의미 있는 삶을 살다 가야 한다는 깨달음도 안겨 주었다. 죽음의 공포 앞에 누구도 의연할 수 없고, 누구의 삶도 결코 소홀할 수 없다는 사실도 확실히 인지하는 계기가 되었다.

사회의 모든 현상은 서로 얽혀있어 어느 한 분야가 무너지면 연쇄적으로 피해를 입는다는 사실도 확실하게 알았다. 우리가 국가를 이루어 사는 것은 혼자서 유지할 수 없는 안전과 행복을 보장받기 위한 것이며, 국가는 국민을 위해 할 수 있는 모든 일을 해야 한다는 사실도 확실히 깨달았다. 국가가 방향을 정해 국난극복을 위해 나설 때, 국민이 이기심을 버리고 통제에 잘 따라줄 때, 확연한 성과를 발휘할 수 있다는 사실도 알게 됐다. 학생이 학교에 가고, 직장인이 직장을 나가고, 상인이 점포에 나가서 일하는 일상이 얼마나 소중한 것인지도 깨달았다.

특히 재난 사태를 맞아 국가별로 대처하는 방법을 달리하는 것을 지켜보면서, 국가는 어떤 정책을 마련하고, 국민은 어떻게 그 정책을 따라야 성과를 낼 수 있는지도 알게 됐다. 우리가 범접할 수 없는 기술과 자본, 의식을 가졌다고 생각했던 나라들이 병마 앞에 속수무책 당하는 모습을 보면서 기존의 국제질서에 대한 새로운 재배열이 필요하다는 인식도 갖게 됐다. 200개가 넘는 지구촌 국가 중 초월적 지위를 인정받던 미국이 전략 부재 속에 폐허로 변해가는 모습을 지켜보며 그들이 누려온 패권주의에 대한 신뢰가 무너졌다. 유럽 여러 국가도 국제사회에서 위상이 떨어질 만큼 떨어졌다. 일본도 마찬가지이다.

그러면서 자연스럽게 한국의 국제적 신인도가 급상승하는 모습을 확인하고 있다. 지금까지의 상황을 돌이켜보면 한국은 전 세계 어느 국가와 비교할 수 없을 만큼 가장 민주적인 방법을 통해 실효성 있게 방역시스템을 가동했다. 국제사회에서 한국의 방역시스템은 모범답안이 되고 있다. 국가의 통제가 가장 합리적이었고, 국가가 제시한 수칙을 따르는 국민의 행동은 나무랄 데가 없었다. 그러면서 자연스럽게 한국은 새로운 리더 국가로 지목돼 세계인의 이목을 집중 받고 있다. 사태가 모두 해결되고 난 후 한국의 국격과 위상은 이전과 비교할 수 없을 만큼 상승할 것이 분명하다.

잦은 침략을 당하고, 식민 지배를 당한 트라우마 때문인지 한국인은 스스로 일류라고 생각하지 않는 면이 있다. 하지만 이번 사태를 겪으며 확인했듯이 한국은 국제사회의 리더이며 일류국가가 맞다. 코로나 사태가 종결되고 나면 국제사회의 질서가 재편될 가능성이 크다. 기존의 질서가 재편성돼 진정한 리더 국가가 급부상할 것이다. 그 중심에 한국이 서게 될 것이다. 한국은 코로나 사태를 겪으며 리더 국가로서의 자질을 만방에 과시하였다. 우리가 원하든 원하지 않든 대한민국은 모범적이고, 지혜롭고, 체계적인 선진국이라는 사실을 입증받았다. 반전의 기회를 제대로 잡은 한국은 코로나 이후 펼쳐질 새로운 국제질서에서 최상위급 리더 국가로 일어설 것이 확실하다. ✤

국토균형발전과 지역 내 균형발전

2020년 04월 02일 금강일보

'선택과 집중'을 통한 '성장과 발전'을 국가의 지상 목표로 삼았던 시절을 지내며 대한민국 수도권은 전 세계에서도 손꼽히는 비대한 도시 권역으로 성장했다. 전 인구의 절반이 수도권에 거주했고, 정치·경제·사회·문화·교육·의료·행정 등 모든 분야가 서울과 그 주변에 집중됐다. 그러다 보니 돈과 일자리도 자연스럽게 수도권으로 몰렸다. 수도권에 집중된 돈과 일자리를 찾아서 지방에서 엄청난 사람들이 서울로 올라가는 일이 수십 년 동안 이어졌다. 서울이 비대해지면서 경기지역으로 발전이 확산해 수도권 전체가 초고도 비만 지역이 됐다. 각종 부작용이 속출할 수밖에 없는 구조이다.

그러던 중 국토 균형발전을 다른 어떤 정책보다 우선시하는 노무현 정부가 집권한 이후 수도권 팽창을 막기 위한 규제가 강화되고, 행정중심복합도시와 혁신도시 건설을 통해 정부 기관 및 공공기관을 지방으로 분산 이전하는 정책이 강력하게 전개됐다. 이런 정책 추진의 결과로 일부 기관과 기업이 지방으로 이전하며 지방에도 조금씩 숨통이 트이기 시작했다. 아직 확실한 성과가 나타났다고 호언 할 처지는 못 되지만,

분명 성과가 나타나기 시작한 것은 확실하다. 더구나 지방 이전 공공기관이 지역인재를 일정 비율 의무채용하도록 관련 법률 개정이 이루어져 국토균형발전을 위한 중요한 한 걸음을 한 발 더 내디뎠다.

이런 노력의 결과로 비 수도권 지역의 낙후성을 해소할 수 있는 물꼬를 텄지만, '지역 내 불균형의 문제' 해결이라는 큰 숙제는 아직도 남아 있다. 충청권의 경우, 수도권과 인접해 있는 천안·아산·서산·당진·청주·음성·진천 등지는 인구와 일자리가 늘고 성장세를 이어가고 있지만, 그 나머지 지역은 균형발전의 온기가 전혀 전달되지 않고 있다. 국토균형발전은 걸음마를 뗐지만, 지역 내 균형발전은 여전히 요원하기만 한 상황이다. 그러니 수도권과 비교해 느끼는 불균형의 소외감보다 지역 내 불균형으로 인한 상대적 박탈감이 더 큰 상처가 되고 있다.

대도시인 대전도 사정은 비슷하다. 1904년 경부선 철도가 개통하며 도시가 성립한 대전은 이후 1950년대까지 60년 가까이 동구 중심의 대전천 시대가 펼쳐졌다. 이후 1960년대부터 1980년대까지 30여 년간 중구 중심의 유등천 시대를 맞아 도시 외연이 확장됐다. 그리고 1990년대부터 현재에 이르기까지 30여 년간 서구와 유성구가 발전과 성장을 주도하는 갑천 시대가 전개되고 있다. 여기서 주목할 점은 대덕구만 유일하게 단 한 번도 대전발전과 궤를 맞추지 못했다는 사실이다.

주민이 늘 주장하듯 대덕구는 대전 5개 구 가운데 유일하게 지하철 노선이 단 1m도 통과하지 않는다. 복합영화관이 단 1곳도 없는 유일한 자치구다. 유일하게 고속버스나 시외버스 정류장이 없고, 지속해서 인구가 감소해 5개 구 중 최소인 18만 명 미만이 거주하고 있다. 산업단지와 각종 폐기물 시설이 집중돼 있고, 상당히 넓은 지역이 상수도보호 구역으로 묶여 개발행위가 막혀있다. 아직 제대로 된 성장을 할 기회를 단 한 번도 부여받지 못한 곳이 대덕구이다. 그러니 주민들이 소외감과 박탈감을 느끼는 것은 당연하다.

대덕구에도 지역 내 균형발전의 기회가 제공돼야 한다. 이런 측면에서 최근 개정안이 통과된 국토균형발전특별법을 주목할 필요가 있다. 개정 법률에 따라 대전은 정부 공공기관을 대거 유치할 수 있는 혁신도시를 건설할 수 있게 됐다. 대전시는 원도심 중심으로 혁신도시 지정을 고려하고 있다고 밝혀 동구나 중구에 혁신도시를 건설하려는 의도를 비치고 있다. 이렇게 되면 대덕구는 또 성장과 발전의 기회를 상실하게 된다. 사람과 돈이 떠나는 낙후지역에서 벗어날 기회를 또 놓치게 된다.

부산의 경우 혁신도시를 3개 지역으로 분산 개발했다. 그러니 대전도 혁신도시를 분산 건설하는 방안을 고려해볼 필요가 있다. 철저한 소외지역인 대덕구에 발전의 기회를 안길 필요가 있다. 충남도가 도청 이전 신도시를 혁신도시로 지정하려는 것을 응용해 대덕구청 이전 예정지인 연축지구를 활용하면 좋은 답을 얻을 수 있을 것 같다. 지역 내 균형발전이 이루어져야 진정한 국토 균형발전이 완벽하게 실현된다. ✌

기본소득 논의 시작할 때 됐다

2020년 03월 30일 충청신문

우리 국민 아니 민족의 대다수에게 공통으로 깊이 각인돼있는 고정관념이 있다. 그중 하나가 "일하지 않은 자, 먹지도 말라"는 노동윤리이다. 유교 문화의 영향으로 성실과 근면을 금과옥조로 삼아 살아가고 있는 한민족에게 '일하지 않는 자'는 어떤 이유로도 용납될 수 없다. 너무도 깊이 각인된 이 의식 때문에, 우리는 복지를 도입하고 적용할 때마다, 다른 어느 나라 어느 민족보다 큰 저항감에 부딪힌다. 특히 저소득층을 대상으로 하는 선별적 복지의 경우 시행에 그나마 저항감이 덜 하지만, 모든 국민에게 공동으로 적용되는 보편적 복지를 시행할 때는 번번이 격한 논란에 휩싸이곤 했다.

코로나 19 확산사태에 따른 경기침체 장기화가 현실이 되자, 정부가 나서 다양한 구호책을 준비하고 있다. 가장 큰 피해가 있는 소상공인과 중소기업을 대상으로 하는 수혈책을 비롯해 저소득층에게 생계비를 지원하는 방안 등이 구체적으로 논의되고 있다. 이 와중에 '재난 기본소득' 집행에 대한 논의가 시작돼 다수의 지지를 얻고 있다. 재난 상황이니만큼 지원 대상을 선별하지 말로 모든 국민에게 일정액을 균등하게 배분

해 위기 극복의 마중물로 삼아야 한다는 주장이다. 그러나 전통적인 노동윤리에 사로잡혀 있는 다수 국민의 정서가 이를 용납하지 못하고 있어서, 실제 집행되기까지 더 많은 사회적 논의를 거쳐야 할 상황이다.

전 국민 누구에게나 기본적 삶을 유지하는데 필요한 비용을 국가가 제공하는 '기본소득'은 2008년 세계적 금융위기를 겪은 후 수면 위로 유럽 일부 국가를 중심으로 부상한 개념이다. 대부분 나라가 심각한 소득 불균형 상태에 빠져들면서 이에 관한 관심이 커졌다. 기본소득은 일정 소득이 보장되지 않는 다수의 저소득층을 구제하는데 가장 적합한 방법이라는 인식에서 비롯되었다. 무상으로 무언가를 베풀면 수혜자를 폐망의 길로 인도하는 것이란 신념이 유난히 강한 한국인으로서 받아들이기 쉽지 않지만, 이미 세계적 경제 분야 석학들이 적극적 지지를 보내고 있는 개념이다. 깊이 각인된 고정관념으로 인해 우리의 정서가 못 받아들이고 있을 뿐 이미 논의는 시작된 상태이다.

학교 급식 무상화 도입 초기에 극심한 반대에 부딪혔다. 부유한 가정의 아이들 식비를 국가가 지원한다는 사실을 사회적 정서가 받아들이지 못한 것이다. 교복을 무상으로 지원하기로 했을 때는 급식 때보다 저항이 덜했지만, 역시 반대의견이 비등했다. 노령연금 지급이 처음 시작될 때도 반대여론은 만만치 않았다. 이 모두가 '일하지 않는 자, 먹지도 말라'는 뿌리 깊은 신념과 무관하지 않다. 하지만 다수가 우려했던 것처럼 급식과 교복 지원으로 인해 재정이 고갈돼 나라가 망하는 일은 발생하지 않았다. 이제는 모든 국민에게 고르게 복지 혜택이 부여되는 보편적 복지 혜택도 자연스러운 일이 되었다. 누구도 급식과 교복 지원을 과거로 환원하자고 하지 않는다.

소득 불평등에 대한 대중의 분노는 좀처럼 누그러지지 않고 있다. 그 분노를 가장 합리적으로 잠재울 방법의 하나가 기본소득의 도입이다. 우리 국민 중에는 아직도 복지는 유럽 국가들이나 하는 배부른 이야기로 치부하는 이들이 다수다. 국가에 세금을 내는 것은 당연하게 여기면서 국가로부터 다수의 국민이 고르게 혜택을 받는 것을 죄악시하는 고정관념이 다수의 국민 머릿속에 깊이 각인돼있다. 그런 고정관념은 기본소득 도입을 비롯한 복지의 외연 확장을 가로막는 가장 큰 걸림돌이 되고 있다. 실상 재원 마련보다 더 큰 문제가 기본소득을 인정하지 않으려는 국민의 의식이다.

코로나 19 사태를 겪으며 우리 사회는 큰 변화를 맞고 있다. 그중 하나가 재난 기본소득에 대한 의식변화일 것이다. 일부 지자체가 모든 지역민에게 일괄적으로 재난 극복을 위한 기본소득을 지급하기로 했다. 수혜대상을 선별하면서 엄청난 시간과 행정력이 소모될 수 있고, 간발의 차이로 지급 대상에서 제외된 이들이 불만이 생기지 않게 하고자 전 국민에 고르게 재난 기본소득을 지원하기로 한 것이다. 이번 기회를 계기로 기본소득에 대한 이해의 폭이 넓어질 것으로 보인다. 재원을 마련할 확실한 방안만 있다면 기본소득이야말로 선진 복지 행정의 선구 책이라 할 수 있다. 한국이라고 늘 선진국의 뒤만 따라야 하나? 이번 기회에 한국이 기본소득 도입을 선도해 모범적 사례를 선보이는 것도 생각해볼 만한 일이다.

소통의 원칙, 맥락 전달하기

2020년 03월 02일 충청신문

　인간의 소통은 다양한 방법으로 이루어진다. 손짓과 몸짓, 표정과 눈빛을 비롯해 이루 말할 수 없이 많다. 그러나 가장 보편적이고, 가장 확실한 소통은 말과 글을 통해 이루어진다. 다른 어느 생명체에도 없는 말과 글을 가졌기에 인간은 만물의 주인이 될 수 있었고, 지속해서 발전하며 문명과 문화를 이루어 냈다. 말과 글은 지식과 정보, 감정과 사상 등을 공유할 수 있게 하고 시간과 공간을 초월해 제삼자에게 전달하는 수단이 되기도 한다. 지식과 정보, 감정과 사상을 세밀하게 전달할 수 있다는 것은 인간이 가진 탁월한 능력이다. 다른 어떤 생명체도 흉내 낼 수 없는 인간의 특징이다.
　글은 글쓴이가 적은 내용이 곡해되어 전달될 확률이 낮은 편이다. 하지만 말은 말한 이가 의도한 바와 전혀 다르게 타인을 통해 왜곡 전달되는 경우가 적지 않다. 최초로 말한 이의 뜻이 한두 단계를 거치면 전혀 다른 말이 되어 퍼져나가는 것을 누구나 한 번쯤 경험했을 것이다. 나 역시 그런 경험을 겪어 봤고, 그로 인해 답답하고 억울한 마음에 괴로워했던 기억이 있다. 아주 긴 시간 대화를 나누며 나의 진정성을 내비쳤지만, 내 생각이나 감정을 다른 이에게 옮긴 이가 전체의 긴 대화 중 지극히 일부 내용만 전달하면, 내 의도와는 전혀 다른 뜻이 전달된다. 그런 상황을 경험해 보았다면 그 억울함을 굳이 설명 안 해도 알 수 있다.

얼마 전 국무총리가 민생현장에 나갔다가 주민과 나눈 대화가 각 매체에 보도되면서 큰 파란을 일으켰다. 앞뒤 말을 자르고 특정 부분만을 기사로 보도한 것이다. 그러한 기사를 쓴 기자가 그 상황을 몰랐을 리 없다. 그는 분명 자극적인 기사를 써서 이슈 몰이를 하고 싶은 욕심을 부렸을 것이다. 그래서 일부러 앞뒤에 주고받은 대화 내용은 옮기지 않고, 뉴스를 접한 이들이 자신의 눈과 귀를 의심할만한 자극적인 내용만 옮겨 기사로 작성했다. 이성적인 사람이라면 그 기사를 읽어보고 앞뒤 상황을 이해할 수 있는 부분을 빼고 감정을 자극할만한 내용만 담아 작성한 글임을 금세 알아차릴 수 있다.

누군가의 뜻을 말이나 글로 옮길 때는 그가 한 말의 전체적인 맥락을 이해하는 일이 우선돼야 한다. 순간순간 오고 간 대화에서 특정인에게 자극적일 수 있는 부분만 뽑아내 그것을 가공해서 제삼자에게 전달하는 일은 참으로 유치한 짓이다. 아직 이성적 판단을 하지 못해 고자질을 일삼는 어린아이와 다를 게 없다. 그렇게 맥락을 전달하지 않고, 대화 내용 중 일부 자극적인 어휘만 전달하거나 앞뒤 절제하고 특정 언급만 옮기는 일은 양자에게 아무런 보탬이 못 된다. 오히려 감정을 상하게 해 다툼으로 이어지게 한다. 그러니 싸움을 부추기는 꼴이다.

상대의 말을 특정 단어나 문장만 전달하는 이들은 당초에 나쁜 의도를 가진 때도 있지만, 전달능력의 부족이 원인인 경우도 있다. 상대의 말을 체계적으로 이해하고 정리하지 못하며, 제삼자에게 옮길 때 논리적으로 전달하지 못하는 것은 전달능력이 떨어지기 때문이다. 전달능력이 떨어진다는 것은 듣기 능력, 정보의 내면화 능력, 언어의 가공능력 등이 전반적으로 결여된 상태이다. 전달능력이 떨어지는 이들은 나쁜 의도가 있지 않음에도 불구하고 맥락을 전달하지 못한다. 말을 제대로 전달하지 못해 의도치 않게 불화를 일으킨다. 듣기, 읽기, 말하기, 쓰기의 학습이 부족한 데서 원인을 찾을 수 있다.

 사악한 마음을 먹고 악의적으로 맥락을 무시하고 말을 전달하는 사람이 넘쳐난다. 덧붙여 전달능력이 부족해 남의 말을 제대로 옮기지 못하는 사람도 넘쳐난다. 그러니 사회에 불통이 넘쳐난다. 통신이 발달하며 소통의 양의 과거에 비해 몇 곱절 늘어났지만, 소통의 기술은 결코 성장하지 못했다. 그래서 이 사회는 늘 바람 잘 날 없고, 조용할 날이 없다. 원활한 소통이 중요하다. 특히 상대가 하는 말을 맥락적으로 잘 이해하는 능력이 필요하다. 또한, 가감 없이 그 의도를 타인에게 잘 전달하는 능력도 필요하다. 그래야 시끄러운 이 세상이 이해하고 포용하는 분위기가 퍼지고 너그러워진다.

1번지가 따로 있나

2020년 02월 27일 금강일보

정치시즌이 되면 참 많이 듣는 말 중 하나가 '정치 1번지'라는 수식어이다. 어느 선거구를 국내 정치 1번지라고도 하고, 어느 선거구를 특정 문화권 정치 1번지라고도 한다. 예컨대 종로를 국내 정치 1번지라 하고, 어느 지역을 충청 정치 1번지, 호남 정치 1번지, 영남 정치 1번지 등으로 표현한다. 또 광역시·도의 특정 지역 한두 곳을 정치 1번지라고 칭하기도 한다. 신도시가 들어서면 신정치 1번지라고 한다. 대전을 예로 들면 중구 선거구를 정치 1번지라고 칭하고, 서구을 선거구를 신정치 1번지라고 일컫는다. 1번지는 어느 분야에서 으뜸가는 곳을 비유적으로 이르는 말이다. 그래서인지 정치판에서 각별한 의미를 부여해 1번지라는 말을 자주 사용한다.

대개 서울은 종로 선거구를 정치 1번지라고 한다. 그래서인지 의도적으로 여야는 매 선거마다 종로에 거물급들을 배치해 빅매치를 성사시켰다. 그러다 보니 종로 선거구에서 총선의 승리를 거머쥔 선량이 대선까지 줄달음쳐 고지를 밟는 일이 생겨났다. 그래서 '종로=정치 1번지'라는 공식은 더욱 굳어졌다. 따지고 보면 그곳에 거물들이 즐비하고 그들의 빅매치가 이루어지는 곳이라 그곳을 정치 1번지로 규정한 것은 아니다. 역으로 그곳을 정치 1번지라고 규정해 그곳으로 거물들을 불러모아 판을 벌여주니 그곳이 주목을 받게 되고, 1번지라는 수식어를 받게 된 것이다. 그러니 1번지는 다분히 의도적으로 만들어진 것이라 할 수 있다.

지방에서도 권역별 거점도시의 전통 있는 도심 일대 선거구를 정치 1번지라고 칭한다. 대개는 주요 관공서가 밀집해 있고, 오랜 상권이 형성돼 있는 곳이 각 지역의 1번지로 지목되는 곳이다. 그러다가 원도심이 노후화하고 기력이 쇠약해지면 신흥개발지가 생겨난다. 그곳으로 관공서가 이전하고 그 일대에 새로운 상권이 생겨난다. 그러면 그 신흥 중심지를 신정치 1번지라고 규정한다. 그리고는 그곳에 각별한 의미를 부여하고 언론은 이곳을 집중 조명을 한다. 각 정당도 거기에 맞춰 판을 짠다. 그러나 지방의 경우, 굳이 큰 의미를 부여해야 할 정도의 빅매치가 성사되지는 않는다. 언론의 조명이 집중되니 주민은 그저 상징성 있는 선거구 정도로 받아들인다.

여기서 생각해볼 문제는 중요한 선거구가 따로 있느냐는 것이다. 빅매치가 따로 있느냐는 것이다. 세상에 중요하지 않은 선거구가 어디 있으며, 중요하지 않은 후보가 어디 있는가. 유명세가 있는 후보라고 하여 그가 반드시 민심을 대변하고, 주민들 곁에 가장 가까이 다가서는 선량이 된다고 누가 보장할 수 있는가. 1번지 선거가 가장 중요하다는 생각 자체가 모순이다. 모든 국민의 표심은 중요하고, 모든 선거구의 선거결과 역시 중요하다. 민심을 대변하는 선량을 가려내는 선거에 거물급이 따로 있을 수 없다. 따라서 정치 1번지라는 수식어도 인정할 수 없다.

해당 선거구에 아무런 연고도 없고, 평소 그곳 주민의 실정에 대해 아무런 사전 지식도 없는 인물이 느닷없이 낙하산을 타고 내려와 선거에 임하는 경우가 허다하다. 그러면서도 빅매치니, 정치 1번지 대결이니 하는 등의 엄청난 수식어를 붙여 스포트라이트를 받는다. 국회의원은 국가와 국민을 대표하는 국민 대표성도 갖지만, 지역을 대표하는 지역 대표성도 동시에 갖는다. 해당 지역의 민심을 꼼꼼히 살필 수 있는 인물을 선발하는 것이 무엇보다 중요하다. 인지도가 높은 인물을 거물급이라 하여 지역대표로 선호하는 현상은 썩 바람직하지 않다.

정치에 1번지란 따로 없다. 모두가 1번지이다. 어느 한 곳 중요하지 않은 선거구가 있으며, 어느 한 주권자의 표가 중요하지 않을 수 있겠는가. 지역 선거구의 선후先後나 우열優劣이란 있을 수 없다. 대한민국 모든 선거구가 정치 1번지이다. 내가 사는 곳이 바로 1번지이다. 정치시즌만 되면 아무 거리낌 없이 언론에서 들먹이는 '정치 1번지'라는 낡은 표현은 그만 사용해야 한다. 어느 선거구는 중요하고, 어느 선거구는 덜 중요하다는 생각은 구시대적이다. 여야도, 언론도 그런 표현을 사용하지 말아야 한다. 거듭 밝히지만 모든 선거구, 모든 표심은 중요하고 소중하다.

돈으로만 해결하려는 결혼과 출산 정책

2020년 02월 03일 충청신문

국력을 좌우하는 요소는 많다. 인구, 경제력, 군사력, 국토면적 등등 여러 요소를 통해 국력을 평가하고 비교한다. 이 많은 요소 중 으뜸이 되는 요소를 꼽으라면 당연히 인구이다. 국력을 비교할 때 인구는 다른 어떤 요소보다 중요하고 원천적이다. 노동력, 소비·구매력, 국방력 등 많은 지수가 인구에 의해 좌우되기 때문이다. 지역도 마찬가지이다. 지역의 세를 비교할 때 가장 먼저 인구를 비교한다. 그래서 지역마다 인구를 늘이기 위해 또는 인구가 유출되는 것을 차단하기 위해 안간힘을 쓴다. 인구가 받쳐줘야 어떤 정책을 마련해 시행하더라도 힘을 받기 있기 때문이다.

인구문제를 걱정하는 부류는 주로 기성세대이다. 인구 부국 환경 속에 살아온 기성세대는 인구가 줄어드는 국가 현실을 보고 냉가슴을 앓는다. 그래서 사회를 향해 젊은이를 향해 결혼하고 아이도 많이 낳아달라고 애원을 한다. 그러나 이런 사회적 분위기 속에도 아이러니가 존재한다. 사회를 향해서는 결혼과 출산을 애원하는 이들이 정작 자신의 자녀에게는 정반대되는 주문을 하는 경우가 점차 늘고 있다. 실제로 이 사회에는 언제부터인가 자녀들에게 결혼하지 말라고 말하는 부모가 늘고 있다고 한다. 혹은 결혼을 하더라도 아이는 낳지 말거나, 낳더라도 한 명만 낳으라고 주문하는 부모도 역시 늘고 있다고 한다.

불특정 젊은이에게는 결혼과 출산을 주문하면서 정작 자신의 자녀에게는 결혼하지 말고 혼자서 인생을 즐기며 살라는 주문을 하는 부모가 늘고 있다는 것은 모순이다. 특히 아들에게는 결혼하라고 주문하면서, 딸에게는 결혼하지 말라고 하는 이해 못 할 주문을 하는 부모가 늘고 있다고 한다. 그래서인지 젊은 세대를 살펴보면 남성보다 여성에게서 결혼하지 않으려는 성향이 더욱 강하게 나타나고 있다. 이런 성향이 강해지면서 해마다 외국에서 수만 명의 젊은 여성이 한국 남성과 결혼하기 위해 몰려들고 있다. 당장은 외국에서 여성이 건너와 문제를 해결해줬지만, 근본적 해결책이 될 수는 없다.

대부분 국민은 출산율이 급격히 떨어져 세계 최저수준까지 이른 데 대해 큰 불안감을 표출하고 있다. 출산율을 다시 끌어올리고 인구가 감소하는 것을 막아야 한다고 생각하고 있다. 그러나 그런 마음과 달리 정작 자신의 자녀에게는 굳이 결혼하지 않아도 되고, 출산하지 않아도 된다고 너그럽게 말하고 있다. 자식에게 매달려 청춘을 희생하며 살기보다는 시간 여유를 갖고 경제적 풍요를 누리며 사는 인생을 주문하는 것이다. 이런 주문을 하는 이들은 자식에게 노후를 의지하지 않고 자신이 직접 노후준비를 한 첫 세대이다. 자식을 많이 낳으면 그들이 자신의 노후를 책임져주리라 생각하고 자식에게 모든 것을 걸었던 그들의 윗세대와 확연히 다른 의식구조를 가졌다.

한때 심각한 사회문제로 대두됐던 이혼율의 상승에 관한 이야기가 시나브로 누그러졌다. 이혼 가족이 줄어들었다기보다는 결혼을 하지 않는 이들이 늘면서 이혼을 할 가정이 그만큼 줄어든 것이다. 한동안 심각하게 대두됐던 기러기아빠 이야기도 이제는 많이 누그러졌다. 이 또한 부인과 자녀들을 외국으로 보내는 가장이 줄어든 게 아니라 결혼하는 이들이 줄어든 것이고, 유학 갈 아이가 줄어든 것이다. 그러니 우리 사회의 비혼, 비출산 문화가 얼마나 심각해져 가고 있는지가 실감한다. 결혼하지 않고, 출산하지 않는 문제는 다른 어떤 문제보다 심각하지만, 대다수가 국가적 문제로 인식할 뿐 자신의 문제로 인식하지 않고 있다. 그래서 더욱 심각하다.

지금껏 결혼을 장려하고 출산을 장려하는 국가 정책은 젊은이에게 돈다발을 안겨 문제를 해결하고자 했다. 그래서 수조 원의 혈세를 쏟아부었지만 아무런 소득을 거두지 못했다. 당연히 그에 대한 비난도 뒤따르고 있다. 결혼과 출산의 문제는 결코 경제적 요인으로만 해결할 수 없다. 의식을 바꾸고 나아가 문화를 바꾸어야 해결될 문제다.

가정이 그 어느 무엇보다 소중하고 가족이 누구보다 소중한 존재라는 의식을 가질 때 결혼도 하고 아이도 낳게 된다. 늦었지만 의식을 바꾸는 쪽으로 정책을 선회해야 한다. 젊은이와 더불어 그들에게 결혼이나 출산을 굳이 할 필요가 없다고 말하는 부모의 의식을 바꿔주어야 한다. 세상엔 돈으로 해결할 수 없는 일이 많다는 사실을 정책 입안자들이 인정해야 한다.

유튜브와 확증편향

2020년 01월 23일 금강일보

유튜브가 대한민국을 강타하고 있다. 그 위력이 포털을 능가할 기세다. 연령대에 따라 편차는 있겠지만, 10대의 경우 유튜브가 가장 영향력 있는 매체로 자리를 굳힌 것으로 보인다. 20대나 그 이상의 연령대도 유튜브에 마력에 푹 빠져 있기는 마찬가지다. 과거에는 새로운 정보가 필요할 때 포털 검색창을 이용했던 사항을 이제는 유튜브를 통해 검색하려는 성향이 강하게 나타나고 있다. 이런 현상이 일반화하면서 유튜브의 파급력은 날로 향상되고 있다. 이런 현상에 편승해 유튜브는 대중의 사고와 인식체계 구축에 막대한 영향력을 행사하면서 제2의 언론이란 별칭까지 얻고 있다.

그러나 유튜브를 언론의 범주 내에 끌어들이기에는 상당한 위험요소가 존재한다. 이런 이유로 유튜브에서 생산되는 뉴스의 상당수가 '가짜뉴스'라고 지적하는 이들도 많다. 가짜뉴스는 '사실적 근거 없이 허위사실을 가지고 악의적으로 만들어진 뉴스' 또는 '언론사가 아닌 개인이나 집단이 고의로 뉴스형식을 차용하여 기만적으로 전파한 허위 정보'라고 규정된다. 정리해보면 '허위사실을 뉴스형식을 빌어 고의로 제작한 문장이나 영상'이라고 할 수 있다. 실제로 유튜브를 서핑하다 보면 뉴스형식의 콘텐츠가 많은데 이를 '뉴스'의 범주에 포함하기에는 결함이 많음을 느낀다.

유튜브는 알고리즘Algorithm이란 독특한 서비스를 제공한다. 알고리즘이란 컴퓨터 프로그램을 기술하는 실행명령어의 순서로 이용자가 검색을 통해 특정 영상을 선택하면, 이용자의 기호를 파악해 유사한 영상을 다수 추천하는 맞춤형 체계이다. 이는 대단히 유용하고 친절한 서비스라 할 수 있다. 그렇지만 이 선의의 서비스는 이용자들이 정보를 편식하게 만드는 역기능을 갖고 있다. 이를 일컬어 '확증편향確證偏向'이라 한다. 확증편향은 자신의 가치관이나 신념, 판단 등에 부합하는 정보에만 주목하고 그 외의 사고방식은 철저히 무시하는 사고방식이다.

확증편향을 쉽게 설명하면 '보고 싶은 뉴스만 보고, 믿고 싶은 사람의 말만 믿는 인지적 치우침'이다. 보편적 상식은 뒷전인 채 자신의 입맛에 맞는 정보만 골라 편식하는 아주 위험한 인식체계이다. 확증편향이 심화하면 나타나는 가장 심한 증세는 '다름'을 인정하지 않는 것이다. 나와 다른 것은 무조건 '틀림'으로 규정해 받아들이지 않는다. 나와 다른 생각을 하는 사람의 이야기를 경청하고 이를 극복하기 위해 토론하는 것 자체를 받아들이지 않는다. 계속해서 편향적인 사고를 심화시키며 스스로가 외골수가 돼 가는 과정을 즐긴다. 그러면서 점차 대화가 통하지 않는 사람으로 변해간다.

유튜브에 의한 확증편향이 이제는 사회문제로 심각하게 대두되는 지경이다. 특히 한국 사회에서 다른 어떤 문제보다 정치적 이슈에 대한 편향성은 날로 심각해지고 있다. 그래서 가장 많은 가짜뉴스가 쏟아지고 있는 분야가 바로 정치이다. 진보 또는 보수진영의 논리로 무장한 이들이 진행하는 영상 양자를 아무런 거리낌 없이 번갈아 시청하는 이용자가 과연 얼마나 될까. 자신이 어떤 성향을 지니고 어떤 이가 진행하는 어떤 영상을 즐겨보고 있는지, 냉철히 반성해봐야 한다. 나와 생각이 다른 이들이 제작한 영상을 끝까지 시청하기가 힘들다면 이미 확증편향에 빠진 상태라 할 수 있다.

　스마트폰이나 개인용 PC를 이용하는 이들의 대다수가 거의 매일 유튜브를 시청한다. 이들 이용자 대부분은 유튜브가 제공하는 추천 알고리즘에 의해 자신도 모르는 사이 의식의 편향에 휘말리며 확증편향이라는 헤어나지 못할 단계로 빠져들고 있다. 이용자의 이러한 심리적 약점을 이용해 가짜뉴스 생산자들은 날로 수위를 높여가며 편향적 정보를 무작위로 투하하고 있다. 이에 따라 가짜뉴스를 법으로 제재해야 한다는 목소리가 커지고 있다. 하지만 형평성을 가진 진정한 지식인이라면 사회적, 법적 규제가 아닌 스스로 경계를 통해 균형감각 있는 사고체계를 잃지 않는 것은 물론 대중을 바른길로 안내해야 한다.

제2장
2019년의 시론

용기가 필요한 이유

2019년 12월 30일 충청신문

아쉽다는 말은 '없거나 모자라서 답답하고 안타까운 상황'을 일컫는다. 그러니 아쉬울 게 없다는 것은 모자라거나 부족한 것이 없어 답답할 것도 없고, 안타까울 것도 없는 상태이다. 누군들 어떤 상황에 선들 아쉬워하고 싶겠는가. 아쉽다는 것은 상대와의 거래에서 내가 자신 있게 주도권을 잡아가지 못하는 상황이다. 내 주장을 강하게 제기하면서 얻을 수 있는 이익보다 감내해야 할 손해가 더 큰 상태를 맞아야 할 때 '아쉽다'라는 표현을 쓴다. 아쉬운 게 있으면 당차게 자기 뜻을 밀고 나갈 수 없다. 아쉬운 게 많으면 매사 양보해야 하고 끌려다녀야 한다. 그러니 아쉬운 게 많은 사람은 아쉬운 게 없는 사람이 늘 부럽다.

그래서 아쉬운 게 없는 사람에 대해 생각해보았다. 그들은 늘 주도권을 갖게 되고, 자신이 유리한 대로 협상을 이끌어갈 수 있다. 상대는 아쉬울 것이 있지만 내가 아쉬울 것이 없다면 내가 주도권을 갖고 내게 유리한 대로 상황을 이끌어 나갈 수 있다. 아쉬울 게 없는 데 굳이 불리한 조건을 받아들일 필요도 없고, 마음에 내키지 않으면 굳이 거래하지 않아도 된다. 그러니 아쉬울 게 없는 사람은 양보 없이 자신의 주장을 관철해 나가면 된다. 아쉬운 게 많은 사람으로서는 아쉬운 게 없는 사람이 너무나 부러울 수밖에 없다. 그들은 자신이 원하는 대로 일을 벌여나갈 수 있기 때문이다.

내가 마냥 끌려다닐 수밖에 없는 거래가 하나 있었다. 상대는 내게 아쉬운 게 없었다. 세상일이란 게 상대적인데 그라고 해서 내게 아쉬운 일이 없지만은 않았을 것인데, 적어도 객관적 처지로 볼 때 그는 아쉬운 일이 없는 것으로 비쳤다. 내가 항상 양보해야 하고, 내가 항상 져줘야 했다. 그와의 관계가 몹시 짜증 났지만 아쉬운 건 나니까 늘 참아야 했다. 그러던 어느 날 더는 참지 말자는 명령어가 뇌에서 떨어졌다. '그깟 손해 좀 보면 어때. 끌려다니지만 말고 하고 싶은 대로 해. 더는 자존심 접지 말고 당당히 해. 지금껏 참을 만큼 참았잖아. 뭐가 그리 두려워?'

이런 걸 용기라고 한다. 용기는 손해인 줄 알고도 선택해서 소신대로 나가는 것이다. 손해를 감수하더라도 내 소신을 지키고 자존심을 사수하자는 판단이 서니 마음이 가벼워지고 주먹에 힘이 들어갔다. 손해를 본다고 내가 곧 죽는 것도 아니고, 내 인생이 금세 망가지는 것도 아니라는 생각을 하니 한결 마음이 편해졌다. 용기가 생기니 두려울 것이 없었다. 그래서 내 소신껏 말하고 행동할 수 있었다. 내가 누리는 편의를 포기할 수 있고, 손해를 감수할 수도 있다는 뜻을 표출했다. 용기가 생기니 손해에 관한 아쉬움은 뒷전으로 밀렸다.

용기를 바탕으로 당당하게 내 견해를 밝히자 놀라운 일이 벌어졌다. 전혀 아쉬울 것이 없어 물러설 기미를 보이지 않던 상대의 얼굴빛이 변하기 시작했다. 처음엔 그저 조금 얼굴빛이 바뀌는가 싶더니 시간이 지날수록 초조함과 불안감이 얼굴에 드러나기 시작했다. 그러더니 급기야는 처지가 바뀌어 자신이 아쉬운 사람의 입장으로 돌아섰다. 그렇다고 내가 아쉬울 게 없는 사람의 입장이 된 것은 아니었지만, 대등한 관계에서 이야기할 수 있는 상황이 되었다. 분위기 반전을 눈치챈 나는 더욱 강하게 소신을 피력했고, 결국은 협상에서 내가 완승을 할 수 있었다.

　세상에 남부러울 것 없고, 아쉬울 것 없을 것 같은 사람이 많아 보여도 실상 어느 한구석 누구나 아쉬운 점은 있기 마련이다. 설령 아쉬운 게 없이 사는 사람이 있다고 해도 문제 될 건 없다. 내가 용기를 가지고 당당하게 나서면 그 역시 나를 상대로 아쉬운 일이 생기게 된다. 용기를 내지 못하고 움츠러들어 있었기 때문에 '을'의 입장을 벗어나지 못하고 살았다. 과감하게 내 목소리를 내고 손해를 감수하겠다고 으름장을 놓아 뜻밖의 소득을 얻은 경험은 나의 가치관에 큰 변화를 안겨주었다. 세상에 영원한 '갑', 완전한 '갑'은 없다. 용기가 나를 '갑'으로 만들어 준다.

지방방송 끄라고?

2019년 12월 26일 금강일보

별 뜻 없이 웃자고 하는 이야기는 많다. 그 중에도 내가 가장 싫어하는 말이 있으니 "지방방송 끄세요."이다. 여럿이 회합을 진행하는 도중 진행자에 집중하지 않고, 각자의 소리를 낼 때 이 표현을 많이 사용한다. 사람들은 무슨 소리인지 잘 안다. 진행자^{중앙방송} 말에 집중하고, 개별 발언^{지방방송}을 자중해 달라는 말을 우스갯소리로 하는 말이란 걸 잘 안다. 누구도 이 말에 별다른 신경을 쓰지 않는다. 하지만 나는 조금 다르다. 이 말이 몸서리쳐지게 싫다. 솜털이 쭈뼛쭈뼛 일어설 만큼 그 말이 싫다.

이유는 간단하다. 이것은 우리가 얼마나 지방을 무시하고 지방을 하찮게 보는지가 드러나는 말이기 때문이다. 사실 지방 아닌 곳이 어디에 있단 말인가. 모든 지역은 지방이다. 그러나 대개의 사람은 지방을 중앙의 상대적인 개념으로 받아들인다. 중앙이란 서울을 지칭한다. 서울도 하나의 지방일 뿐이다. 그러나 우리는 그곳을 중앙이라 하여 마음 한구석에 받들어 모시는 면이 있다. 그러면서 지방을 천대하고 얕잡아 생각한다. 바로 그 점이 문제이다. 지방을 천대하는 그 의식이 문제다.

그래서 지방대학을 무시하고, 지방신문을 무시하고, 지방방송을 무시하고, 지방공무원을 무시하고, 지방병원을 무시한다. '지방'이라는 말만 앞에 붙으면 뭔가 열등하고 하위인 개념으로 인식하는 경우가 많다. 반대로 중앙이란 말을 앞에 붙이면 뭔가 우등하고 상위의 개념으로 인식한다. 놀라운 것은 정작 지방에 거주하고 있는 사람들조차 그런 사고방식을 갖고 있다는 점이다. 자신이 지방에 거주하면서 스스로 지방을 열등한 대상으로 여긴다는 것은 어떤 이유로든 이해하기 어렵다. 자기학대란 말은 바로 이런 경우를 두고 쓰는 표현인가보다.

이런 의식이 있어서인지 어느 장소에서든 누군가 "지방방송 끄세요."라는 말을 들으면 순간 울화가 치밀어 오르고 분노에 가까운 감정이 솟구친다. 그냥 있는 그대로 "진행자 말에 집중해 주세요."라고 말하면 좋으련만 왜 굳이 지방방송이란 표현을 써가며 지방을 비하하는 듯한 표현을 쓰는지 이해할 수 없다. 서울이 그렇게 대단하다고 생각하면 서울에 가서 살 것이지 왜 지방에 살면서 지방을 비하한단 말인가. 대한민국의 헌법은 모든 국민의 '거주의 자유'를 보장돼 있으니 원하는 곳에 살면 된다. 자신이 사는 고장에 대해 자긍심을 갖지는 못할망정 스스로 비하하는 이런 모순이 어디 있단 말인가.

흔히들 '지방'이란 표현의 상대적 개념으로 '중앙'이란 표현을 쓴다. 중앙이란 그냥 '가운데'란 뜻이다. 그럼 그 가운데란 의미가 무엇을 뜻하는 것인가. 지리적으로 가운데란 말인가 아니면 기능적으로 가운데란 말인가. 아마도 기능적으로 중심이란 의미로 중앙이란 표현을 쓰는 것 같다. 그 또한 말이 안 된다. 뭐가 중심이고 뭐가 변두리고 가장자리란 말인가. 난 개인적으로 '중앙'이란 표현에도 강한 거부감을 느끼고 있다. 중앙과 지방을 양분시키고자 하는 개념은 상하 또는 우열의 개념을 조작하기 위한 것이 아닌가 생각된다. 난 지방에 살지만, 결코 내가 거주하는 지역으로 인해 스스로 열등하다고 생각해보지 않았다.

서울에 인재가 많고, 돈과 권력도 몰려 있는 것을 모르는 바 아니다. 그러나 서울에 거주하는 인재들도 따지고 보면 모두 각 지역에서 올라간 사람들이다. 돈과 권력도 각 지역에서 올려보낸 것이지 결코 서울에서 생성된 것이 아니다. 각 지역의 출혈을 모아 만든 도시가 서울이고, 지금도 그 과정은 계속 이어지고 있다. 생각을 바꿔야 한다. 중앙이니 지방이니 하는 말 자체가 없어져야 한다. 서울을 중앙이라 부르며 우대하는 것은 봉건적 사고방식이다. 내가 사는 곳이 세상의 중심이다. 내가 세상의 중심이다. 지역에 어찌 상하 우열의 개념이 있을 수 있단 말인가. 생각을 바꾸자. 이제 "지방방송 끄세요"라는 따위의 자기폄하 발언을 하지 말아야 한다. ❦

칼국수 거리가 필요해

2019년 12월 02일 충청신문

꽤 오래전부터 대전시는 '대전 6미'를 발표하며 대전의 대표 음식이라고 소개하고 있다. 대전시가 줄기차게 주장하는 대전 6미는 ▲삼계탕 ▲돌솥밥 ▲설렁탕 ▲매운탕 ▲도토리묵 ▲냉면이다. 대전시가 이들 음식을 대전 6미라고 발표한 것은 모르긴 해도 20년은 족히 넘었다. 긴 세월 홍보를 했으니 모든 시민이 알아야 하는 것은 물론이고 다른 지역에도 소문이 났어야 마땅하다. 하지만 실제로는 전혀 그렇지 않다. 시민들 가운데 상당수는 대전 6미가 생소할 뿐 아니라 실제 대전의 대표 음식과는 상당한 괴리가 있다고 말한다.

또, 다수의 시민은 진정한 대표 음식이라고 생각하고 있는 칼국수와 두부두루치기가 6미에 빠져 있다는 사실에 의구심을 보낸다. 그러면서 대체 6미가 정해진 배경은 무엇이며, 또한 칼국수와 두부두루치기가 빠진 이유는 무엇인지 궁금해하고 있다. 일부 시민은 이제라도 시민이 공감하는 메뉴를 대표 음식으로 다시 선정해 전 방위적인 홍보를 펼쳐야 한다고 주장한다. 특히 전국 주요 도시 가운데 유독 대전에만 대표 음식이 알려지지 않은 사실에 몹시 서운해하고 있다.

대전시민은 대전의 대표 음식 한 가지를 꼽으라면 주저 없이 칼국수라고 말한다. 하나를 덧붙이자면 두부두루치기라고 꼽는다. 그런데 왜 대전의 칼국수는 전국에 소문이 안 난 것일까. 청주 삼겹살, 춘천 닭갈비, 전주비빔밥, 광주 떡갈비, 대구 막창, 부산 밀면과 돼지국밥, 마산 아귀찜, 인천 자장면 등과 같이 주요 도시는 저마다 내로라하는 대표 음식이 있고, 전 국민이 이를 인지하고 있다. 각 도시를 방문하는 외지인은 도시별 대표 음식 체험을 필수 코스로 여긴다. 하지만 대전은 대표 음식이 없으니 식도락을 위해 방문할 곳도 없다. 칼국수 축제를 개최하며 홍보에 안간힘을 쓰지만, 여전히 소문은 미흡하다.

그 이유를 생각해봤다. 해답은 의외로 간단한 데서 찾을 수 있다. 이유는 대략 두 가지로 압축된다. 첫째는 대표 음식의 특화 거리가 조성돼 있지 않다는 점이다. 대전에 음식특화거리는 있지만, 칼국수 특화 거리는 없다. 특화 거리 자체가 자연스럽게 홍보돼야 하는데 대전은 칼국수 거리가 없다. 칼국수가 맛있는 식당은 많지만, 그 음식점들은 흩어져 있다. 집적화를 통해 홍보를 극대화해야 하는데 그 점이 안 돼 있다. 또 한 가지 이유는 각 칼국수 식당이 저마다 강한 개성과 독특한 맛을 자랑하다 보니 통일된 레시피가 없어 균일화할 수가 없다는 점이다.

마산 아귀찜은 반건조 상태의 아귀를 사용하는 것이 특징이다. 아귀찜 거리에 밀집한 모든 식당은 선어가 아닌 반건조 상태의 아귀를 사용한다. 광주의 떡갈비는 다른 지역과 비교되게 쇠고기와 돼지고기를 섞어서 만드는 것이 특징이다. 안동의 찜닭은 건조한 고추로 매콤한 맛을 내고 당면을 많이 사용하는 것이 특징이다. 이런 사례와 비교할 때 대전의 칼국수는 식당마다 각양각색이다. 어느 식당은 손반죽 면을 사용하고 어느 식당은 기계면을 사용한다. 어느 집은 사골육수를 사용하고 어느 집은 멸치육수를 사용한다. 또 어느 집은 바지락 육수를 쓴다. 어느 집은 고춧가루를 사용하지만 어떤 집은 사용하지 않는다. 개성은 넘치는데 균일화한 맛과 모양이 따로 없다.

실제로 타 도시의 대표 음식은 통일된 레시피가 있고, 음식점들이 특화 거리를 형성하고 있다. 그 덕에 홍보 효과를 극대화해 전국에 입소문이 났다. 방송사가 앞다퉈 대표 음식을 방송의 소재로 삼아 집중적으로 홍보해준 것도 효과를 봤다. 대전에도 한때 대흥동에 얼큰이칼국수 전문 골목이 형성되기도 했지만 일대에 아파트 단지가 개발되면서 식당들이 흩어져 특화 거리 조성이 무산됐다. 구즉이라고 불리는 봉산동 일대에 집적화됐던 묵마을도 역시 아파트 단지 개발로 모두가 흩어졌다. 아무리 생각해도 아쉬운 대목이다.

대한민국 5대 도시인 대전에도 대표 음식이 필요하다. 시민들의 정서를 생각하면 칼국수가 정답이다. 그러자면 먼저 통일된 레시피로 조리하는 칼국수 거리가 조성돼야 한다. 시장에 맡겨 자연스럽게 조성되는 것이 가장 바람직한 방법이겠지만, 여의치 못하다면 행정관청이 나서 칼국수 거리가 조성될 수 있도록 지원하는 방안도 생각해볼 필요가 있다. 독특한 레시피를 개발하고 특정 거리에 개업하는 식당에 대해 직·간접적인 지원책을 마련해 주는 방법이다. 신흥개발지보다는 동구나 중구의 원도심 일대가 칼국수 거리를 조성하는 데 적합해 보인다. 전략을 세워 시도해봄 직한 문화정책이다. 시민들 모두가 그걸 바라고 있다.

그들이 산으로 간 까닭은

2019년 11월 28일 금강일보

올 한해 유난히 사회복지 관련 시설을 방문할 일이 많았다. 각 시·군·구청이 운영하는 복지관을 비롯해 사설 복지법인이 운영하는 시설을 방문할 기회가 많았다. 시·군·구청이 운영하는 복지관은 장애인복지관, 노인복지관, 종합복지관 등으로 대개 접근성이 그나마 좋은 시내에 있다. 복지관을 이용하는 사회적 약자의 편의를 위해 각종 교통수단이 운영되고 있고, 프로그램도 다채롭게 진행된다. 대개의 시민은 생활 주변에서 목격되는 시설이 사회복지시설 전부인 줄 알고 있다. 누구나 눈에 보이는 것이 전부인 줄 알고 살아가기 때문이다.

하지만 실제로 엄청난 사회복지시설이 평범한 일상을 살아가는 시민의 눈에 띄지 않는 깊은 산속에 자리 잡고 있다. 대개는 시가지와 떨어진 시골 산속에 위치한다. 시골이라 해도 마을과 상당히 떨어져 있는 깊은 산속에 자리 잡고 있어 여간해 눈에 띄지 않는다. 그 수가 엄청나지만, 마을과 워낙 멀리 떨어져 있어 좀처럼 그 실체를 알지 못한다. 이 정도이다 보니 시내버스를 비롯한 대중교통시설이 닿지 않는 것은 물론이고, 도로도 제대로 개설되지 않은 경우도 많다. 해가 지고 날이 저물면

적막강산으로 변하는 그런 곳이다. 밤에 시설을 방문해본 적은 없지만 얼마나 고독하고 무서울까를 생각해보니 끔찍하다.

그렇다면 왜 그토록 많은 복지시설이 교통여건이 좋고, 생활편의가 좋은 곳이 아닌 마을과 동떨어진 깊은 산 속에 자리 잡고 있을까. 이유는 간단하다. 다들 예상하는 대로 복지시설 입지를 반대하는 집단여론에 밀려 번화한 시가지는 물론이고 시골 마을에서도 멀리 떨어진 산속에 자리를 잡게 되는 것이다. 사정이 이렇다 보니 일부러 찾아가지 않는 이상 산속 깊은 곳에 자리하고 있는 복지시설이 평범한 일상을 살아가는 다수의 시민 눈에 띌 수가 없다. 그러니 대개의 시민은 눈에 보이는 시·군·구청의 복지관이 복지시설 전부인 줄 안다. 하지만 복지관은 전체 복지시설의 지극히 일부에 지나지 않는다. 생각보다 월등히 많은 복지시설이 산속에 있다.

시·군·구청이 운영하는 복지관의 이용자는 사회적 약자이지만 여러모로 여건이 양호한 편이다. 혼자서 먹고, 이동하고, 배설하는 등의 기본적인 활동은 할 수 있는 경우가 많다. 하지만 산속에 있는 복지시설에서 생활하는 이들의 경우 사정이 다르다. 신체장애와 지적장애가 중복돼 혼자서 아무것도 할 수 없는 중증장애인이 생활인의 다수를 차지한다. 요양원에서 생활하는 노인도 누군가의 도움이 없이는 기본생활을 할 수 없는 노쇠한 분들이 다수이다. 치매 증상을 보여 본인의 생활을 제어할 수 없는 노인도 상당수에 이른다. 사회복지사와 요양복지사들의 도움으로 살아가는 이들이다.

왜 이들은 산속으로 들어가 대개의 시민과 격리돼 그들끼리 살아가고 있을까. 왜 우리 사회는 그들이 산속 격리된 공간에서 그들끼리 살아가는 것을 당연하다고 생각하는 이들이 그토록 많은 것일까. 왜 그들도 주권을 가진 당당한 대한민국의 국민이란 사실을 인정하지 못하고 그들끼리 적당히 연명하며 하루하루를 살아야 한다고 생각하는 것일까. 왜 복지시설을 혐오 시설로 규정하고 자신이 사는 공간 근처에 두지 않으려는 것일까. 인간은 누구나 불의의 사고나 질병에 의해 장애인이 될 수 있고, 누구나 나이가 들면 노인이 된다는 사실을 인정하지 못하는 것일까. 이 모든 것들은 인식 부족에서 원인을 찾을 수 있다.

연간 개인 소득이 3만 달러를 넘어서는 경제 선진국이지만 우리의 의식은 아직 여기에 미치지 못하고 있다. 나와 다르다는 이유로 혐오의 대상으로 지목하고 배척하는 것은 올바른 선진 시민의식에서 한참 뒤떨어진다. 장애인 특수학교를 짓게 해달라고 주민들 앞에 무릎을 꿇고 사정하는 어머니들의 모습이 전파를 타고 전국은 물론 전 세계에 전해졌다. 참으로 부끄러운 자화상이다. 아직도 사회 곳곳에서는 장애인시설이나 노인요양시설 등의 입지를 반대하는 격한 시위가 벌어지고 있다. 시위하는 이들도, 그 가족도 누구랄 것 없이 언제 어느 때 사고나 질병에 의해 장애인이 될 수 있는 잠재적 장애인이다. 누구나 늙어 자신을 스스로 가눌 수 없는 지경에 이르게 된다. 언제쯤 사회적 약자인 소외계층이 아무 거리낌 없이 어울려 사는 성숙한 사회가 될까. ✍

대한민국 호칭 인플레이션

2019년 11월 04일 충청신문

　과거에는 흔히 상대에 대해 잘 모를 때 '아저씨' 또는 '아줌마' 등의 호칭을 많이 사용했지만, 근래 들어 이런 말은 자취를 감추다시피 했다. '사장님'과 '사모님'이란 호칭이 그 자리를 파고들었다. 과거에는 학교에서 학생들을 가르치는 직업을 가진 이들을 부르던 '선생님'이란 호칭은 이제 누구에게나 부르는 평범하고 일상적인 호칭이 되었다. 대학에서 연구하면서 학생을 가르치는 직업을 일컫던 '교수님'이란 호칭도 어느새 학원이나 평생교육원 등에서 수업을 진행하는 이들까지 확대됐다. 언제부터인가 한국 사회에서 상대를 부르는 호칭의 격이 가파르게 수직으로 상승하고 있다.

　과거에는 '운전수'라고 부르던 사람에게 언제부터인가 '기사 아저씨', '기사 양반', '기사님'을 거쳐서 이제는 '기사 선생님'이라고 높여 부른다. 하루가 다르게 수직으로 상승하는 상대에 대한 호칭 인플레이션을 보여주는 사례라 할 수 있다. 이 같은 호칭의 상승은 언제까지, 어디까지 지속할지 모를 지경이다. 언제까지, 어디까지 지속할지 몰라도 한 가지 확실한 것은 절대 후퇴하는 일은 없을 것이란 사실이다. 한 번 오른 물가가 하락하는 일이 없듯이 호칭도 한번 높여 부르면 굳이 뒷걸음질할 이유가 없다. 더 높일 수 있는 호칭이 생겨날 뿐이다.

이처럼 호칭이 날로 상승하는 이유는 무엇일까. 추측건대 국가 전체적으로 교육수준, 의식 수준, 생활 수준, 문화 수준이 높아졌기 때문이 아닐까 싶다. 모두가 가난하고 못 배워 초라한 행색으로 살아가던 시절에는 눈에 보이는 상대가 높여 대해야 할 대상으로 보이지 않았을 것이다. 그러나 이제는 개선된 교육환경 덕에 모든 국민이 배움의 길을 걷고, 일정 수준 이상의 기본생활을 할 처지가 되었으니 제대로 된 인격체로 보이기 시작한 것이다. 그러면서 자연스럽게 그에 대한 호칭이 존경과 우대의 의미를 담은 말로 변화하기 시작했다고 할 수 있다.

즉, 호칭의 격이 상승했다는 것은 사회구성원 전반의 인격이 상승했다는 것을 의미한다. 그러니 호칭 인플레이션은 부정적으로만 볼 것이 아니라고 할 수 있다. 사회가 발전하며 삶의 질이 나아지고, 개인의 학식 수준이 올라가고 더불어 품격까지 상승하게 됐다. 누구 한 명도 만만해 보이지 않고, 저마다 인격체로서 자질을 갖춘 데다 가능성을 가진 인물로 평가되기 시작했으니, 자연스럽게 호칭의 격이 상승한 것으로 보인다. 그래서 다분히 긍정적 요인을 가진 현상이라고 할 수 있다. 우리 사회가 발전했음을 의미하기 때문이다.

대학에서 수업을 맡아 진행해봤고, 대학과 공공기관에서 운영하는 평생학습 시설에서 강의해본 경험이 있다. 그랬더니 내게도 "교수님"이라고 부르는 이들이 많아졌다. 난 직업적으로 교수가 아니지만 내가 진행하는 수업을 받은 이들은 듣기 좋아하라고 내게 "교수님"이란 호칭을 불러주기 시작했다. 민망하고 어색하기 짝이 없는 호칭이다. 진짜 대학에서 학생을 가르치는 교수라는 직업을 가진 이들이 듣기라도 하면 조롱거리가 될 것 같은 부끄러움을 느낀 적이 한두 번이 아니다.

하지만 상대가 나를 부르는 호칭을 내가 규정하여 그렇게 부르지 말고 이렇게 부르라는 식으로 말하는 것은 생각처럼 쉽지 않다. 하지만 여전히 분에 넘치는 호칭으로 불릴 때는 어색하고 면구스럽다. 그렇지만 사회 전체적인 분위기가 그렇게 흘러가고 있으니 나 또한 나와 비슷한 처지의 사람을 부를 때 "교수님"이라고 부를 때가 많다. 남들이 다 그렇게 부르는데 나 혼자만 그보다 상대적으로 낮은 호칭을 사용할 경우 불손하게 비칠 수 있다는 생각이 앞서기 때문이다. 부르긴 부르지만, 마음이 편치는 않다.

이제 '사장님' '사모님' '선생님' '교수님' 등의 호칭은 꼭 그러한 신분을 갖지 않은 이에게도 자연스럽게 불러주는 호칭이 되었다. 나 혼자 어색하다고 피해갈 수 없는 호칭이 되었다. 실제 신분이나 직위보다 한껏 높은 호칭을 상용하는 것은, 부르는 사람에게나, 불리는 사람에게나 나쁠 것은 없다. 다만 실제 직업이 사장이고 교수인 이들이 이런 대화를 들을 때는 다소 거북할 수도 있을 것 같다. 호칭 인플레이션으로 부를 수 있는 최고치 호칭까지 도달한 것 같은데 앞으로 어떤 호칭이 지금보다 더 높여 부르는 말로 사용될지 궁금하다.

일본식 동서남북 지명, 이제 바꾸자

2019년 10월 31일 금강일보

시골에 가면 유난히 동면, 서면, 남면, 북면이 많다. 남일면, 남이면도 많고 북일면, 북이면도 많다. 동일면, 동이면도 있고, 서일면, 서이면도 있다. 이뿐 아니라 군청을 기준으로 동서남북에 있다고 하여 군동면, 군서면, 군남면, 군북면이라는 이름도 많다. 이들 외에도 홍성 동쪽에 있다 하여 홍동면, 홍성 북쪽에 있다 하여 홍북읍 하는 방식으로 지어진 이름이 참으로 많다.

이 같은 지명은 대부분 일제가 1914년 창지개명創地改名을 단행하면서 생겨난 것들이다. 앞서 1896년 전국의 행정구역을 부府·군郡·면面으로 나눴지만, 일제가 이를 1914년에 다시 개편하는 과정에서 대대적인 창지개명을 단행했고, 이때 동서남북 방위 명을 딴 지명이 쏟아졌다. 시골에 동서남북이 들어간 지명이 유난히 많은 이유가 바로 여기에 있다.

1914년에 창지개명을 했다고 하니 벌써 105년의 세월이 흘렀다. 100년 넘는 세월이 지나는 동안 이들 지명은 너무도 익숙해져 불편한 줄 모르고 사용하고 있다. 그러니 이 지명의 유래에 관해 관심을 두는 이들도 없다. '남쪽에 위치해서 남면인가보다'라고는 생각할지 몰라도 누가, 언제, 왜 그런 식으로 이름을 지었을지는 별 관심이 없다.

그러던 중 3.1운동 100주년, 임시정부 수립 100주년을 맞은 올해 전국 곳곳에서 창지개명 때 바뀐 일제식 이름을 벗어던지고 새로운 이름을 짓고자 하는 움직임이 일어났다. 대구, 경북 칠곡과 구미, 경남 창원, 강원 강릉과 정선, 전남 화순 등이 그 대표적 지역이다. 화순군의 경우 행정구역 명칭 변경 주민 찬반 투표를 진행해 압도적 표 차로 찬성표를 얻어 북면을 백아면, 남면을 사평면으로 바꾸기로 했다. 앞서 정선군도 동면을 화암면, 북면을 여량면으로 변경했다. 영월군도 서면을 한반도면, 하동면을 김삿갓면으로 바꿨다.

지역 행정구역명을 바꾸려면 주민의 과반수가 투표에 참여하고, 투표 참여자의 2/3 이상이 찬성해야 한다. 이렇게 되면 지방의회 조례개정을 거쳐 시·도 또는 시·군 지명위원회의 심의를 거쳐 국토지리정보원의 고시를 통해 변경이 확정된다. 과감히 개명 결단을 내린 지역민들에게 박수를 보내고 싶다.

대도시 지역의 행정구 이름도 유난히 중구, 동구, 서구, 남구, 북구가 많다. 동남구, 서북구도 있다. 이들 행정구는 일제와 무관한 시기에 생겨났지만, 일제식 방위지명을 사용했다. 대전의 경우도 5개 구 가운데 3개 구의 명칭이 중구, 동서, 서구이다. 애초 행정구 이름을 정할 때 별생각 없이 방위대로 이름을 정한 것으로 보인다. 한때 보문구, 둔산구, 대동구 등으로 개명하자는 여론이 일기도 했지만 막대한 비용이 들고, 그냥 사용해도 불편함이 없는데 굳이 바꿀 필요가 있느냐는 의견이 많아 개명 움직임은 무위로 끝났다.

하고많은 이름 중에 일본식 동서남북 지명을 사용한 것도 못마땅하고, 그걸 고치자는데 반대여론이 높았던 것도 못마땅하다. 지금이라도 주민을 설득하고 여론을 모아 개성 없고, 일본 냄새가 물씬 나는 동서남북 지명의 행정구 명칭을 세련되고 자주적으로 바꿔야 한다. 일제가 떠난 지 수십 년이 지난 후에 굳이 새로 짓는 행정구 명칭을 일본식으로 지었다는 것은 아무래도 이해가 안 된다.

전국 각지에서 일본식 지명을 개정하려는 움직임이 활발하게 일고 있는데 유독 충청권만 그런 움직임이 없거나 소극적이라는 사실도 안타깝다. 비단 동서남북 방위지명뿐 아니라 일본식 지명은 차고 넘친다. 다수의 지명학자에 따르면 국내 지명의 30% 가까이가 일제강점기 시절 일본식으로 지은 것이라 한다. 지명뿐 아니라 산이나 물 이름도 일본 강점기에 창지개명 하면서 바뀐 경우가 허다하다. 더 늦기 전에 잘못된 지명을 바로잡아야 한다. 정부와 지자체가 학계와 손잡고 설득작업을 벌여 주민이 자발적으로 자신이 살아가는 고장의 이름을 제대로 고칠 수 있도록 동기 부여해주어야 한다.

인성교육(人性教育)과 인도주의(人道主義)

2019년 10월 07일 충청신문

　교육의 으뜸을 인성교육이라고 하는데 이론을 제기할 사람은 없다. 사람을 사람다운 사람으로 만드는 교육이 인성교육이다. 그러니 인성교육이 다른 어떤 교육 보다 우선시돼야 하는 것은 당연하다. 기본적 인성이 안 돼 있는 사람에게 어떤 지식교육이나 기술교육을 한들 무용지물이다. 그렇다면 인간다운 인간을 만드는 인성교육이란 어떤 의미일까. 남의 아픔을 내 아픔처럼, 남의 기쁨을 내 기쁨처럼 여길 줄 아는 인간으로 이끄는 것이 인성교육의 기본이 아닐까 생각해본다. 남의 아픔을 나의 기쁨으로, 남의 기쁨을 나의 아픔으로 받아들인다면 분명 인성이 올바르지 못한 사람이다.

　인성이 타인의 감정을 나의 감정처럼 받아들일 줄 아는 능력에서 시작된다면 그것은 인도주의와도 맥락을 같이 한다. 인도주의는 '사람의 평등한 인격과 존엄성을 가장 중요하게 여겨 인간애를 바탕으로 인종, 민족, 국적, 종교 등의 차이를 초월해 인류 전체의 복지를 이상으로 하는 주의'이다. 그러니 인간이 인간을 사랑하는 마음과 행동에서 모든 가치를 찾으려 하는 사고방식이다. 인간다운 인간, 바른 인간을 지향한다는 점에서 인성교육과 인도주의가 가고자 하는 방향은 같다. 폭넓게 인간을 사랑하고자 하는 마음이 양자의 핵심이다.

그런데 인성교육을 잘못 이해하고 있는 부류의 사람을 심심찮게 만나보게 된다. 그들의 공통점은 인성교육을 강조하면서도 인도주의를 부정한다는 점이다. 대화를 나누면서 그들이 주장하는 인성교육에 대해 살펴보면 내가 알고 있는 인성교육과 상당한 차이가 있음을 느낀다. 그들이 생각하는 인성교육이 '순응하고 순종하는 인간을 만드는 교육'이란 사실을 발견하게 된다. 수직적 인간관계 속에서 나이가 어리거나, 직급이 아래 이거나, 약자면 상대에게 조건 없이 복종하고 순응하는 인간이야말로 인성 좋은 인간이라는 생각하고 있음을 확인하게 된다.

제대로 된 인성교육은 오히려 약자나 소수자를 더 배려하고 아껴주는 마음을 길러주는 교육이다. 무엇이 옳은 일인지 정확히 판단하고, 정의와 불의가 맞설 때 정의를 선택하도록 가르치는 것이 인성교육이다. 하지만 잘못된 인성교육의 기준을 가진 자들은 불문곡직 강자의 논리와 지시에 따르는 인간을 만드는 것이 인성교육의 본질이라고 생각한다. 그들은 인도주의를 부정한다. 난민의 국내 정착을 반대하고, 아사국에 대한 식량 지원을 반대하고, 외국인노동자를 차별대우하는 이들이 적지 않다. 인간을 평등하게 대하고 사랑하자는 인도주의를 반대하면서 인성교육을 강조하는 것은 앞뒤가 맞지 않는다. 평등의식에 기반을 두지 않고 선별적으로 인간을 사랑한다는 의미이기 때문이다.

죽음의 위기에 몰린 사람, 극심한 차별 속에 인간다운 대접을 받지 못하고 있는 사람을 외면하면서 인성교육을 외치는 것 자체가 모순이다. 그러니 그들이 주장하는 인성교육이 결국 순응과 복종을 강조하는 교육이라는 평가를 받는 것이다. 인간을 사랑할 줄 아는 인간으로 가르치는 것이 인성교육이다. 그러니 인성교육은 인도주의와 맥락을 같이 하는 게 맞다. 약자를 외면하고 위기에 처한 사람을 외면하는 인간으로 가르치는 교육은 참된 인성교육이 아니다. 인도주의적 차원에 근거해서 불의에 맞서고, 약자의 편에서 그들을 도울 줄 아는 사람으로 성장할 수 있도록 가르치는 것이 진정한 인성교육이 아닐까 생각해본다.

아무리 흉악한 짓을 하는 사람이라도, 내게 전혀 도움이 안 되는 사람이라도, 사람인 이상 그들이 기아나 질병, 전쟁 등으로 고통받을 때 그들에게 생존을 위한 최소한의 지원을 해줄 줄 아는 인간 사랑을 가르치는 것이 인성교육의 기본이다. 자신은 음식을 마구 버려 쓰레기를 만들면서, 먹을 것이 없어서 생과 사의 문턱을 넘나드는 이들에게 구호의 손길을 내미는 일에 이유를 대고 조건을 댄다면 이미 제대로 된 인성교육을 받았다고 할 수 없다. 인간에 대한 사랑이 인성의 기본이다. 인성교육의 본질이 무엇인지 생각해봐야 한다.

그들이 스스로 할 수 있도록

금강일보 2019년 10월 03일

　한국 근현대사를 돌이켜보면 짧은 시간에도 불구하고 엄청난 변화와 성장을 겪었다. 시련과 아픔도 많았고, 번영과 영광도 많았다. 어느 민족보다 굴곡 있는 역사를 경험했다. 이 기간 두 번의 정권 퇴진이 일어났다. 4·19혁명을 통한 이승만 자유당 정권의 붕괴와 촛불혁명을 통한 박근혜의 퇴진이었다. 이 두 차례 정권 퇴진의 공통점은 국민이 부정과 불의에 항거하며 분연히 일어서 거사를 일으켰다는 점이다. 무능하고 부패한 정치 활동으로 국민의 신뢰를 잃은 정권에 저항해 민중이 일어나 부정을 단죄하고 수뇌를 내몰았다. 두 번의 거사를 통해 국민은 자신이 주권의 주체이며 이 나라 주인은 국민이라는 사실을 확실히 깨달았다.
　비단 우리뿐 아니라 세계의 역사를 되짚어보면 국민을 섬기지 않고, 국민의 뜻에 반하는 정치를 구사하는 세력은 국민의 손에 의해 단죄되었다. 그러나 국민이 정권을 단죄하고 퇴진시키는 일은 말처럼 쉽지 않다. 국민이 저항의식을 갖고 일어서기 위해서는 그만한 역량을 갖춰야 하고 대단히 많은 희생이 뒤따른다. 역량이란 역사의식과 자주의식을 비롯해 정의감, 저항정신, 희생정신, 응집력, 실행력 등을 통틀어 일컫는다. 이런 것들이 갖춰지지 않으면 국민의 힘으로 역사를 되돌린다는 것은 절대 쉽지 않다. 역사를 뒤바꿀 힘은 오로지 국민에게서 나온다.

이러한 사실을 기반으로 일본과 북한에 대한 우리의 태도를 살펴보았다. 일본은 전통적으로 보수 우익정당이 집권하고 있다. 특히 아베 정권이 들어선 이후 눈에 띄게 우클릭하고 있다. 아베는 과거의 식민통치와 전쟁 도발 등에 대해 잘못이 없다는 생각을 하는 인물이다. 그는 보편적 선악의 가치를 부정하고 오로지 군국주의적 사고에 빠져 역사를 은폐하는 것은 물론이고 동아시아의 우호 관계를 깨뜨리려 하고 있다. 이 같은 아베의 절대 지지층은 대략 20~30%로 파악되지만, 집권이 장기화하면서 정치에 무관심한 부동층의 상당수가 극우화되고 있다.

하지만 일본 내에도 바른 역사의식을 갖고 아베 정권의 우경화를 경계하는 목소리가 분명 존재한다. 이들은 한국과 중국을 비롯한 이웃 국가에 대립과 반목을 조장하는 정책을 중단하고 화해의 길을 가야 한다고 목소리를 높이고 있다. 이들을 주목해야 한다. 이들이 세력을 키워 주도적인 여론을 형성하고 다수의 일본국민이 이들에게 동조해 올바른 역사관을 가질 수 있도록 해야 한다. 어차피 일본을 개혁하고 일본인을 바른길로 이끌어야 하는 주체는 대한민국 국민이 아닌 일본국민이기 때문이다. 그러니 일본과 일본인을 비판의 대상으로 삼지 말고 일본 내 극우 군국주의자를 비판의 대상으로 삼아야 한다. 양심세력은 우리와 생각을 같이하는 이들이기 때문에 그들을 적으로 만들 필요는 없다.

북한도 마찬가지이다. 북한 주민이 핍박받으면서도 저항할 줄 모르는 무능한 존재라고 치부하기보다는 그들이 스스로 역량을 키워 부당한 정권에 저항할 수 있도록 길을 열어주고자 노력해야 한다. 우린 그들이 정의와 불의를 구분할 수 있는 능력을 키우고 자생적으로 저항정신을 싹틔울 수 있도록 독려해주는 역할을 해야 한다. 우리가 그 문제를 직접 해결해주어야 한다고 생각하면 그것은 교만이고 오산이다. 북한 주민이 의식 수준을 높여 저항의식을 키워갈 수 있도록 지원하는 것이 우리가 해야 할 일이다.

중국 정부는 일본의 일반 시민을 끌어안으며 친중파를 형성하고, 그들이 주도적으로 중일 관계를 긍정적으로 이끌도록 유도하는 전략을 구사하고 있다. 반면 우리는 서로 구분 없이 모든 일본인을 대상으로 반일감정을 드러내는 치밀하지 못한 전략을 구사하고 있다. 북한 관계도 마찬가지이다. 우리가 북한 문제를 직접 해결하려 드는 경향이 있다. 북한 주민이 일부 선각자를 중심으로 스스로 문제해결 능력을 갖추도록 그들을 독려하고 길을 열어주는 방법을 찾아야 한다. 일본이든 북한이든 우리에게 우호적인 집단까지 싸잡아 적대시할 이유가 없다. 우리에게 우호적인 양심세력이 역사를 바꾸도록 길을 터주는 전략이 필요하다. ☙

줄 세우기가 가장 공정하다는 생각

2019년 09월 09일 충청신문

　대입제도의 불공정성 논란이 또다시 불거졌다. 대입제도의 공정성 확보문제는 어제오늘의 얘기가 아니다. 학벌 중심 사회가 굳건히 자리잡은 대한민국은 다른 어느 나라보다 대입제도에 대한 관심이 많고, 그런만큼 대입제도의 공정성 실현은 전 국민의 갈망이다. 그동안 수없이 많은 대입제도의 변화를 시도했지만, 번번이 국민의 만족을 얻어내지 못했다. 그래서 역대 정권의 가장 큰 과제 중의 하나가 누구나 신뢰할 수 있는 공정한 대입제도를 정착시키는 일이었다.
　번번이 도입되는 새로운 제도가 불공정하다는 평가를 받는 것은, 다수의 국민이 시험을 통해 점수를 매기고 그 점수대로 줄을 세워 실력을 평가하는 방식이 그나마 가장 공정하다는 강한 믿음을 갖고 있기 때문이다. 근래 대입제도의 주류를 이루고 있는 학생부전형이 다수의 국민에게 불신을 받는 것은 줄 세우기를 통한 서열화와 상이한 능력평가 방식이기 때문이다. 줄 세우기가 아닌 이상 요행이 작용할 수 있다고 생각하는 것이다. 그래서 과거의 줄 세우기 방식에 대한 미련을 버리지 못하는 것이다.

그렇다면 수능시험을 통해 대입을 치르는 방식이 과연 다수의 국민이 맹신하고 있듯이 그렇게 공정한 방식일까. 좀 더 분석적으로 생각해 보면 전혀 그렇지 않다. 수능시험을 통한 대입제도야말로 공정성을 저해하는 변수가 너무 많은 불합리한 방식이라고 할 수 있다. 같은 목표를 위해 경쟁하는 사람을 줄 세우는 방식은 20세기 산업사회에 통용되던 방식이다. 다양성을 인정하지 않는 획일적 방법이라는 데서 문제점을 찾을 수 있다. 언뜻 생각하면 공정하다고 보일 수 있지만 실제로는 전혀 공정한 방식이 아니다. 그만큼 변수가 많기 때문이다.

수능이 공정하지 못하다는 이유는 대략 세 가지로 요약된다. 우선은 난이도에 따라 너무도 큰 변수가 작용한다는 점이다. 문제가 어렵게 출제되는 해는 상위권이 절대 유리할 수 있지만, 난이도 조절에 실패해 쉽게 출제되면 변별력이 상실된다. '답 찍기'라는 요행을 통해 운명이 갈릴 수 있다는 점도 문제다. 불과 1~2점으로 당락이 갈리는 대입을 찍기가 좌우한다면 그보다 공정성이 훼손될 수는 없다. 어떤 교사에게 또는 어느 학원 강사에게 배우느냐에 따라 점수 차이가 벌어질 수 있다는 점도 간과할 수 없는 수능의 문제점이다.

이런 요행을 해소하고자 마련된 제도가 학생부종합전형이다. 문제를 맞히는 실력 외에 체험 활동, 독서 활동, 동아리 활동, 진로 활동 등을 다면적으로 평가해 개인이 가진 시험 이외의 능력을 고루 평가하고자 하는 방식이기 때문이다. 학업능력은 다소 떨어지더라도 다른 분야에서 탁월한 능력을 갖춘 학생에게도 대입의 기회를 열어주겠다는 것이 학생부종합전형의 근본 취지이다. 문제 맞히기 외에 사회에서 활용할 수 있는 진정한 능력을 가려보겠다는 것이다. 심험날 하루의 요행이 아닌 평소의 꾸준한 자기관리 능력을 살피는 학생부교과전형도 같은 맥락이다.

그러나 다수의 학생과 학부모는 그 취지를 이해하지 못하고 그저 복잡하고 난해한 전형이라는 부정적 시선으로 학생부종합전형을 바라보고 있다. 조금만 신경 써 제도에 대해서 살펴보면 훨씬 공정한 제도가 될 수 있다는 것을 이해할 수 있지만, 이 방법에 대해 도무지 알려고 하지 않고 20세기에 통용되던 획일적인 줄 세우기로 되돌아가자고 주장한다. 하루나 이틀 학교에서 배포하는 전형 안내 자료만 꼼꼼히 살펴도 이해의 폭은 넓어질 수 있는데, 그런 노력은 하지 않고 과거로의 회귀만 주장한다. 오로지 수능시험 점수로 모든 학생을 학교를 한 줄로 세워서 순서대로 학교를 배정하는 것이 가장 옳다는 생각을 하기 때문이다.

학생부종합전형 도입 초기에 특수한 전형을 소수만 이해하고, 정보를 독식하고, 부모가 스펙을 만들어 주는 부작용이 있던 것은 사실이다. 하지만 이제 그런 문제점이 많이 해소돼 정착단계로 접어들었는데 아직도 학생부종합전형에 대해 이해하려고 들지 않고 폐단만 지적하며 수능으로 돌아가자고 하는 이들이 절대다수다. 수능으로 회귀하면 저소득층 학생, 지방 학생, 일반고 학생 등의 대입이 더욱 험난해지는 것은 불을 보듯 뻔하다. 그런데도 제도를 이해하려 들지 않고, 아이들만 지옥으로 몰고 가려 한다. 학교에서 배포하는 입시자료를 자세히 분석해보고 다양성의 시각으로 바라보면 왜 학생부종합전형이 그나마 더 공정한지를 이해할 수 있다. 사람의 능력을 줄 세우기로만 평가하려는 것은 구시대적 사고의 산물일 뿐이다. ✍

혐오가 넘쳐나는 세상

2019년 09월 05일 금강일보

미워하고 싫어하는 단계의 극점을 혐오嫌惡라고 부른다. 그냥 싫어하는 단계를 넘어 몸서리치게 싫어하는 단계가 혐오이다. 혐오는 참으로 위험한 감정이다. 혐오만으로도 위험한 감정인데 요즘은 혐오를 넘어 극혐極嫌이라는 말도 자주 사용된다. 누군가를 혐오한다는 것은 자신도 다른 이에게 혐오의 대상이 될 수 있음을 의미한다. 그러니 최대한 자중해야 하고 함부로 쓰지 말아야 할 표현이다. 그러나 요즘 대한민국 사회는 갖가지 이유로 별의별 혐오가 난무하고 있다. 이미 위험한 단계이다.

당연히 피해야 할 감정인데도 불구하고 혐오는 대한민국 사회에서 계속 확산하고 있다. 특히 개인 미디어를 통한 무절제한 표현의 분출이 이루어지면서 혐오의 감정이 누군가에게 유용한 수단이 되고 있다. 혐오를 자극하는 발언을 하는 이들이 사회적 주목을 받고 심지어는 인기를 누리기도 한다. 혐오를 유튜브 등의 콘텐츠로 활용해 수익을 올리는 일도 발생하고 있다. 그러니 무절제한 혐오의 감정이 날로 확산하고 있다. 온갖 자극적인 언어를 구사해 혐오를 부추기는 자들이 인기몰이하는 지금의 행태는 분명 잘못됐다.

그렇다면 혐오의 대상이 되는 것은 무엇일까. 너무도 다양해서 일일이 나열할 수도 없지만 최근 난무하는 혐오의 대상을 살펴보면 답은 쉽게 나온다. 자신과 다르면 혐오로 몰고 가고 있음을 알게 된다. 성별에 따른 혐오는 나와 다른 성을 가진 이들을 공격의 대상으로 삼는다. 남성이 여성을, 여성이 남성을 혐오하는 표현이 쏟아지고 있다. 한남(개념 없는 한국 남자) 된장녀(과시형 소비를 일삼는 여성) 맘충(벌레 같은 엄마) 등은 젊은 층 사이에서 일상 용어처럼 사용되고 있다. 서로 사랑해야 할 남성과 여성이 혐오 경쟁을 벌이고 있으니 이걸 어찌 이해해야 한단 말인가.

혐오의 표현은 대개 온라인에서 시작돼 급속히 확산하며 오프라인으로 나와 일상 용어화되는 특성을 보인다. 청소년이나 젊은 층에선 온라인에서 퍼지기 시작하는 혐오의 표현을 잘 모르거나 사용하지 않으면 시대에 뒤떨어지는 사람 취급을 받는 풍토도 있다. 그래서 이들은 아무런 자책감 없이 혐오의 표현을 사용하고 있다. 그저 단순한 유행어 정도로 인식하는 것으로 보인다. 누군가에게 비수를 날리며 쾌감을 얻는 이들이 늘고 있다. 이런 분위기 속에 대한민국은 시나브로 혐오 공화국이 돼가고 있다. 이미 위험단계에 이르렀다.

자신을 스스로 혐오하는 이는 없다. 또한, 자신과 같은 집단을 혐오하는 때도 없다. 나와 다르다는 이유로 싫어하고, 공격해서 상처를 안기고 있다. 자신과 다른 국가 출신이라는 이유로, 자신과 다른 지역의 출신이라는 이유로, 혐오의 대상으로 삼는 경우도 많다. 장애의 유무가 혐오의 대상이 되기도 하고, 성적 정체성이 다르다는 이유로 공격하기도 한다. 마치 오락을 즐기듯 온갖 험악한 표현을 사용해가며 상대의 가슴에 상처 주는 일이 한국 사회에서 만연하고 있다.

더 심각한 것은 남에게 모욕감을 안기거나 상처를 주는 말을 통해 자신의 존재감을 드러내려는 이들이 날로 늘어나고 있다는 점이다. 인간은 누구나 나이가 들면서 늙어가게 되는 것을 알면서도 노인을 혐오의 대상으로 삼기도 한다. 성 정체성의 차이를 보이는 성 소수자는 집중 공격을 받는다. 그들이 무얼 잘못해서가 아니다. 그저 자신과 다른 성 정체성을 가졌다는 이유만으로 공격받는다. 이주민도 한국 사회에서 혐오의 대상으로 공격받기 일쑤다. 외모에 대한 차별과 혐오 발언을 일삼는 것도 심각한 지경에 이르렀다.

'다름'은 '틀림'이 아니라고 배웠다. 하지만 이 사회에는 여전히 다름을 틀림으로 인식하고 자신과 다르면 무차별적으로 혐오하는 이들이 넘쳐난다. 그냥 두고 보기만 할 단계를 넘어섰다. 더 적극적인 대책이 필요하다. 우선은 교육을 통해 '다름'을 '다름'으로 인정할 줄 알게 해야 한다. 자신과 다르면 공격부터 하고 보는 문화가 젊은 세대를 중심으로 급확산하고 있는 것은 심각한 사회문제이다. 내가 누군가를 혐오하는 순간 자신도 혐오의 대상이 될 수 있음을 깨닫게 해주어야 한다. ✍

어려서 배우는 것들

2019년 08월 12일 충청신문

　사람은 한 번 배워서 신념으로 굳어진 것을 여간해 바꾸려고 하지 않는 습성이 있다. 기성세대는 그 점을 잘 알기에 학습을 시작하는 어린이에게 자신이 옳다고 여기고 있는 것들을 심어주려고 노력한다. 이는 가르침을 통해 아이가 자신과 같은 생각을 하게 하려는 것이다. 이러한 성향은 가정마다 나타나기도 하고, 특정 가문이나 지역에서 나타나는 때도 있다. 하지만 가장 보편적으로 나타나는 경우는 국가 또는 민족 단위이다. 그래서 같은 국가를 이루며 살아가고 있는 같은 민족은 비슷한 신념을 가지고 살아가게 된다.

　이러한 과정을 통해 갖게 된 신념은 성장기를 거치며 다양한 경험과 독서, 학습 등을 통해 뒤바뀌기도 하지만, 바뀌지 않고 그대로 이어지는 경우가 더 많다. 때에 따라서는 어려서 형성된 신념에 덧붙여 자신이 더 많은 학습을 하고 의지를 공고히 해서 확고한 신념으로 굳어지는 때도 있다. 어려서 형성된 굳은 믿음은 좀처럼 변하지 않는다. 그래서 어린이를 어떻게 가르치고 어떤 생각을 하게 할 것인지 아닌지는 국가 교육의 중요한 목표가 된다. 물론 국가의 교육 목표도 시대 상황에 따라 변화한다.

　내가 어렸을 때의 상황을 되돌아보면 개인보다는 집단, 특히 국가와 민족을 우선시하는 교육을 많이 받았던 것으로 기억된다. 국난이 발생했을 때 자신의 목숨을 바쳐 국가를 살려낸 위인의 이야기를 아주 많이 듣고 자랐다. 또한, 당시 냉전 시대의 체제 대립 속에서 자본주의가 사회주의보다 우월한 체제라는 인식을 심어주기 위한 반공교육도 집중적으로 받았다. 어린이뿐 아니라 모든 국민을 대상으로 생활 속 곳곳에서 반공교육은 이루어졌다. 그러다 보니 당대를 살아가는 대한민국 국민은 누구랄 것 없이 철저한 반공주의자로 살았다.

　모든 국민을 대상으로 집중적으로 교육한 또 하나의 프레임은 '권선징악勸善懲惡'이었다. 착한 일을 하면 훗날 복을 받아 좋은 일이 생기지만, 악한 일을 행하면 반드시 벌을 받게 된다는 의식이다. 이러한 권선징악 정신은 우리가 어려서 들었던 모든 옛이야기와 설화에 예외 없이 녹아 있었다. 또한, 고전 문학작품도 한결같이 권선징악을 주제로 삼았다. 수십 번, 수백 번도 더 이야기로 듣고, 책으로 읽고, 만화나 영화로 보았던 '흥부놀부전' '장화홍련전' '심청전' '춘향전' 등의 고전은 하나같이 권선징악을 주제로 삼았다.

　위인들의 살신성인殺身成仁과 멸사봉공滅私奉公, 옛이야기 속에 담긴 권선징악勸善懲惡, 국가가 국민에게 요구하는 반공反共 등이 모든 교육 활동 속에 스며있었다. 그래서 누구랄 것 없이 당시에 교육을 받고 자란 세대들은 철저한 국가주의자였고 반공주의자였다. 아울러 악행을 증오하고 선행을 동경하는 신념이 아주 강했다. 이렇듯 신념을 형성해주는 교육은 일상이었지만 언제부터인가 시나브로 사라졌다. 구조화된 신념을 가진 기성세대가 볼 때 어린이나 청소년에게 특정 가치를 주입하는 교육이 이루어지지 않는 것은 참으로 불안해 보인다. 그래서 그들은 늘 국가 교육이 자신들이 어려서 배운 것과 같은 내용이 주입식으로 이루어지기를 바란다.

　최근 들은 놀라운 이야기 한 가지를 소개하고자 한다. 듣자 하니 우리가 어려서 권선징악을 주제로 한 동화나 문학작품을 접하는 것과 비교되게 일본의 아이들은 어려서 주군의 복수를 하고 할복해 자결하는 사무라이의 이야기를 많이 접한다고 한다. '충신장'이라는 작품이 가장 유명한데 만화, 소설, 연근, 영화 등을 다양하게 제작돼 수시로 접할 수 있다고 한다. 이 작품이 전달하려고 하는 주된 메시지는 '절대복종絶對服從'이나 '유혈복수流血復讐' 등이다. 일본인이 갖는 군국주의 사고방식, 잔혹함과 포악성이 어디서 비롯되는지 짐작이 간다. 우리 민족의 심성이 유난히 착한 것도 어떤 영향 때문인지 알만하다.

　일본은 여전히 발톱을 감춘 승냥이이다. 그들의 잔악한 본성은 언제 드러날지 모른다. 우리는 찬연했던 고구려의 영광을 재현해야 한다고 생각하고 있는 것처럼 그들은 일본제국의 부활을 꿈꾸고 있다. 잠시라도 일본에 대한 경계심을 내려놓아선 안 되는 이유가 바로 여기에 있다. 그들은 여전히 극우 정치세력을 지지하고 군국주의軍國主義를 신봉한다. 그래서 세계화 시대의 흐름에 역행하면서 계속 우경화의 길을 선택하고 있다. 그들에게 군국주의와 우경화는 신념이다. 흥부처럼 착하게 살되 결코 사무라이의 기습에 대해 넋을 놓고 있으면 안 된다. 그들은 우리에게 좋은 이웃은 못 된다. ✑

아주 독특한 나라 대한민국

2019년 08월 08일 금강일보

얼마 전 서울대 사회학과 장덕진 교수가 세계문화지도를 기반으로 설명한 대한민국의 특성을 정리한 자료를 보고 많은 생각을 할 수 있었다. 세계문화지도는 각 나라에 국민이 어떤 가치관을 따르고 있는지를 조사해 도식화한 것이다. 1980년도 초반부터 시작해 5년 주기로 수십 개 국가 국민의 가치관 변화를 조사하였다. 이 조사는 국가별로 국민이 전통과 종교를 중시하는지 또는 세속과 이성을 중시하는지와, 생존을 중시하는지 또는 자기표현을 중시하는지를 x축과 y축 위에 점으로 나타낸다. 그리고는 인접한 위치에 자리한 나라들을 밴드로 묶어 내면 하나의 지도가 완성된다.

이 지도에서 살펴보면 대한민국 국민은 세속과 이성의 가치를 전통과 종교의 가치보다 중요시하는 가운데 자기표현의 가치보다는 생존의 가치를 중시하는 경향을 보인다. 일반적으로 소득이 높은 나라 국민은 자기표현의 가치를 중시하고 그 반대의 경우 생존의 가치를 중시하는 성향이 나타나지만 1인당 국민소득이 3만 달러를 넘어선 나라 가운데 유일하게 대한민국이 생존의 가치를 중시하는 성향이 강하게 나타난다.

좌표상에서 한국 주위에 포진하고 있는 나라는 경제적으로나 사회·문화적으로나 한국과 사실상 비교 자체가 어려운 나라들이다. 장 교수의 설명에 따르면 소득 2000달러 미만일 때는 전통적이고 생존적 가치를 중시하는 성향을 보이다가 5000달러를 넘어서면 자기표현의 가치가 급상승한다. 다시 1만 5000달러가 넘어서면 세속적이면서 자기표현을 중시하는 쪽으로 변화가 가속화된다.

그런데 한국은 3만 달러를 넘어선 나라라기에는 믿어지지 않게 2000달러 수준의 의식을 가진 나라 국민에게서 나타나는 생존적 가치를 중시하는 성향이 아주 높게 나타나는 것으로 조사되고 있다. 이는 경제적으로 어려웠던 시기에 겪었던 경험을 중시하고 안보와 성장에 무게중심을 두는 물질주의자가 이 사회에 비정상적으로 많다는 것을 의미한다. 개인의 발전과 자유, 시민 참여, 인권, 환경 등을 중시하는 세력은 그만큼 위축돼 있다는 것이다. 대부분 OECD 가입국은 탈 물질주의자의 비율이 45% 내외로 조사되는데 한국 사회는 이들의 비율이 15% 수준이다. 그래서 정치·사회적 성향도 대단히 보수적으로 나타난다는 것이 장덕진 교수의 설명이다. 참으로 호소력 있고 분석적인 설명이다.

장 교수의 설명에 따르면 우리 국민 중 85%에 해당하는 물질주의자는 대개 안보와 성장을 강조하는 정당에 표심을 행사한다. 반대로 15%에 해당하는 탈 물질주의자는 대개 인권과 환경 등을 지향하는 정당에 지지 의사를 보인다. 경제정책을 예로 들면 재벌과 대기업 중심의 성장을 강조하는 정책이 분배의 정의와 경제민주화를 부르짖는 정책보다 잘 먹히는 것도 이러한 이유와 무관치 않다는 것이다. 그래서인지 우리의 현대사를 되짚어보면 아주 특별한 상황이 발생하지 않는 한 보수정당이 다수의 지지를 받으며 계속 집권을 이어 온 것으로 해석할 수 있다. 일부 학자는 장남의 권위를 인정하는 전통의식과 이 문제를 연결 지어 생각하기도 한다.

세계의 문화권 지도가 우리에게 던져주는 메시지는 명확하다. 우린 아직도 경제·사회문화적 수준보다 아직도 조급중에 휘말려 있어 더 채우려고 열중하고 있다. 더 숭고한 가치에 관심을 가지려 하지 않고 아직도 전 근대적인 가치, 물질적 가치에만 의미를 두려고 한다. 여러 가지 이유가 있겠지만 어려웠던 시절의 상처가 너무 깊고 커서 아직 아물지 못하고 있기 때문으로 보인다. 상처가 아물 새도 없이 초고속 성장을 이루어 온 것에 대한 지나친 자긍심도 우리의 가치관 변화를 저해하는 요인 중 하나인 것으로 보인다.

이제 그 불안감과 조급함에서 벗어날 때도 됐으련만 국민 다수는 아직도 불안해하고 조급해한다. 우리가 잠시 숨을 고르는 사이 누군가 쫓아와 우리가 일구어 놓은 것을 바로 낚아채 가버릴 수 있다는 불안감에서 헤어나지 못하고 있다. 소득 3만 달러 국가의 국민이 아직도 자기표현보다 생존에 큰 가치를 둔다는 조사결과는 충격적이다. 전 세계 200개가 넘는 국가 가운데 유일하게 대한민국에서 나타나는 독특한 결과이다. 인권, 참여, 환경, 복지 등의 가치에 주목할 줄 알아야 우리 소득수준에 맞는 가치관을 갖는 나라가 된다는 사실을 인지해야 한다. ✌

인문학을 바라보는 시선

2019년 07월 15일 충청신문

　본격적 산업화 이전의 시대에는 법이나 행정 등의 분야를 공부해 관료가 되는 것을 출세라고 표현했다. 고시라는 관문을 통과해 고위직 관료가 되면 가문의 영광이요, 본인 인생에 탄탄대로가 열린다고 믿던 시절이다. 그래서 어느 집이든 자식에게 법이나 행정을 공부해서 벼슬길에 오르라고 귀에 딱지가 앉도록 주문했다. 산업화 시대가 도래한 이후에는 경영과 경제 등 상경계열 학문의 인기가 부상했다. 더불어 공학도 인기몰이를 시작해 엔지니어가 되라고 꿈을 주문하는 시대가 되었다. 벼슬도 좋지만, 돈이 좋더라는 새로운 가치관이 생기기 시작했다고 해석할 수 있다.

　이제 먹고 사는 문제가 해결돼 누구라도 배를 곯는 이는 없다. 기본적 생활은 보장받는 시대가 됐다. 그러니 이제 뭇 사람의 관심은 품위와 품격으로 옮겨가고 있다. 보다 품격 있는 언어를 구사하며 교양 있는 삶을 살고 싶은 욕구가 강하게 일고 있다. 그러면서 역사나 철학, 문화인류학 등 인문 분야와 더불어 예술 분야에 관한 관심이 급상승하고 있고 관련 교양강좌가 성황이다. 하지만 웬일인지 거기서 한 발짝 더 나가지는 못하고 있다. 인문이나 예술 분야 학문은 교양의 도구로만 여기는 풍토가 여전하다. 인문, 예술 분야를 전공으로 선택하려는 이들은 대단히 제한적이다.

박식하면서 품위 있는 삶을 지향하지만, 인문학을 전공으로 선택하지 않는다는 것은 아주 직설적으로 말해 돈에 대한 미련을 버리지 못했다는 것을 의미한다. 글을 쓰고 역사나 철학 따위를 공부해서는 남들만큼 풍요롭게 살 수 없다는 생각을 하고 있으니 인문 분야를 전공하려는 이는 제한적일 수밖에 없다. 의학이나 첨단과학을 전공해 호의호식할 수 있는 기반을 마련해 놓고 삶을 치장하는 수단으로 인문학을 교양 선택하고 싶은 것이 현대인들의 계산법이다. 인문학을 자기치장의 수단으로만 여기고 있을 뿐 생업과 연관지으려 하지 않고 있는 것이다.

기업도 같은 생각을 하고 있다. 인문학의 무궁무진한 상상력을 기술에 접목하고 소비 대중의 입맛을 사로잡는 데 활용하고 싶다는 생각은 하지만 생산적이지 못한 인문 분야 전공자를 사원으로 채용하기에는 리스크가 너무 크다고 생각한다. 그래서 여전히 직접적인 관련 분야의 인력을 채용하려 하고 있다. 하지만 박식하면서도 품격 있고 상상력과 감수성도 풍성한 직원에 대한 미련은 버리지 못하고 있다. 그러다 보니 자연스럽게 첨단과학 분야 전공자에게 풍부한 인문학적 지식을 갖추라고 주문하고 있다. 인문학은 교양 수준에서 조금만 공부하면 된다고 생각하고 있다. 인문학은 교양 학문이지 부가가치를 창출하는 학문이 아니라고 여기기 때문이다.

인문학의 융성 시대라고는 하지만 여전히 인문학 전공자는 오라는 곳도, 갈 곳도 없는 상황이 이어지는 이유이다. 기업은 아직도 초기 산업화 시대의 사고를 벗어던지지 못하고 있다. 세계 경제를 쥐락펴락하는 초우량 기업이 인문학 전공자를 우대하는 것과 비교하면 한국기업은 여전히 엔지니어와 상경계열 전공자만이 돈을 벌어올 것이라는 생각에 머물러 있다. 이런 풍토 속에 여전히 대학에서는 인문학이 취업률을 끌어내리는 천덕꾸러기 학문 취급을 당하고 있고, 기업의 인문학 전공자 천대도 여전하다. 인문학의 사회적 열풍 속에서 학문적 천대가 중첩되는 아이러니가 연출되고 있다.

한국은 서구사회로부터 자본주의를 받아들였지만, 그들보다 극심한 배금주의 사회를 만들었다. 모든 가치를 금전적 척도로 측정하려는 사고가 온 국민의 머릿속에 깊이 박혔다. 역사를 해석하는 것도 돈을 기준으로 삼고, 종교를 평가하는 것도 기준은 돈이다. 문학도 돈벌이의 수단으로만 인식한다. 인문학이 추구하는 본질인 진선미眞善美의 가치를 배금주의자는 한낱 사람을 꾸미고 치장하는 장식으로만 생각한다. 3만 달러 시대를 맞아 이제 인문학이 제 가치를 인정받을 때도 됐는데 여전히 온 국민이 배금주의적 사고에서 벗어나지 못하며 인문학을 천대하고 있다. 인문학은 인문주의적 사고와 시선으로 바라보아야 진정한 가치를 찾을 수 있다. 그러니 진짜 인문학 열풍은 아직 불지 않고 있다고 봐야 한다.

경기가 나쁜 게 아니라 소비패턴이 변한 것이다

2019년 07월 11일 금강일보

호경기란 말을 들어보지 못했다. 늘 불경기란다. 그것도 최악의 불경기란다. '외환위기 때보다 더한 불경기'라고 하는 말도 귀에 딱지가 앉을 정도로 많이 들었다. 그런데 이런 상황에 대해 자신의 잘못을 이야기하는 사람은 없다. 모두가 나라를 원망하고 대통령을 탓하고 정치판을 욕한다. 이런 상황도 예나 지금이나 변함이 없다. 늘 그렇게 불경기인데 어쩌다 우리는 개인 소득 3만 달러 시대에 이르렀고, 해외여행 수요가 해마다 기하급수적으로 늘고 있으며, 거리에는 고급 외제 차가 즐비한 걸까.

전문가가 아닌 일반인은 눈에 비치는 소비형태로 경기를 측정하려는 경향이 강하다. 뭔가 가시적으로 소비가 질펀하게 이루어져야 호경기라고 느낀다. 하지만 소비는 단순 경제 현상이 아니라 사회 및 문화 현상이 반영된다. 소득에 따라 사회를 바라보는 국민의 인식이 달라지고, 문화를 향유하는 방식도 확연히 달라진다. 1인당 소득이 1만 달러이면 그에 맞는 의식 수준을 갖고 소비도 거기에 맞게 한다. 2만 달러 시대에는 2만 달러에 맞는 소비형태로 옮겨간다. 지금은 3만 달러 시대이니 3만 달러에 맞는 소비가 이루어지는 것은 당연하다. 그 점을 염두에 두고 소비문화를 관찰할 필요가 있다.

지금껏 우리 사회는 앞만 보고 달렸다. 근로 지상주의와 조직우선주의 속에 살았다. 하루가 멀다고 야근을 했고, 휴일과 휴가를 반납하며 출근해 조직을 위해 일하는 것이 최고의 선으로 여겼다. 그 시대의 회식문화는 다 같이 고기를 굽고 소주를 질펀하게 마시는 형태가 주류를 이루었다. 노래방 또는 유흥주점 등으로 자리를 옮겨 몸이 망가지도록 맥주나 양주를 마시는 2차도 당연한 코스였다. 그러다 보니 심야할증 택시를 이용하거나 대리운전을 이용하는 일도 다반사였다. 그렇게 노는 문화는 적어도 눈에 보이는 호경기를 연출했다.

그러나 3만 달러 시대를 맞은 지금은 먹고 마시는 문화가 눈에 띄게 달라졌다. 유흥주점은 하루가 다르게 폐업하고 있고, 골목마다 들어섰던 노래방도 종적을 감춰가고 있다. 술로 시작해 술로 끝나던 회식문화도 차분하게 별미를 즐기는 쪽으로 옮겨가고 있다. 식사 자리를 마치면 대개 커피점으로 자리를 옮겨 담소를 나누다가 집으로 가는 경우가 많다. 그러니 유흥업소나 노래방을 설 자리를 잃는 것이다. 택시 영업도 이전만 못 하고 대리운전도 더는 호황 업종이 아니다.

2014년 세월호 침몰사고는 이 사회의 소비문화를 뒤바꾼 결정적 계기가 됐다. 전 국민을 충격에 빠뜨린 세월호 침몰사고는 애도의 분위기 속에 이 나라 모든 향락문화를 모두 중지시켰다. '몇 달 이러다 말겠지'라고 생각했을지 몰라도, 세월호 사고 이후 바닥을 찍은 유흥문화는 소비문화의 방향을 틀어놓았다. 세월호 사건 발생 시점은 때마침 소비문화의 변곡점이 되는 3만 달러 고지를 목전에 두고 있던 때이기도 하다. 3만 달러 시대를 맞으며 소비문화의 트렌드가 변화할 무렵에 세월호 침몰사고라는 변수를 맞은 것이다.

3만 달러 시대가 열리며 고부가가치 서비스산업의 비중이 급격히 성장했고, 놀고 어울리는 대상도 종전의 직장 중심에서 가족 중심 또는 개인 중심으로 변해가고 있다. 반려동물을 키우는 가정이 급증하고 간편식 시장이 확대되는 것도 3만 달러와 연관된 소비 변화이다. 결혼을 피하고, 출산을 꺼리는 의식구조를 갖는 것도 소득수준의 변화와 밀접한 관계가 있다. 종전까지 호황을 누리던 업종은 뒷걸음질하고 새로운 소비 트렌드에 맞는 업종이 부상하고 있다. 이렇듯 소비의 변화는 경제 및 사회 현상과 밀접하게 연관돼 있지만 우리는 아직도 모든 것을 정치 탓으로만 돌리는 구태에서 벗어나지 못하고 있다.

늦은 시간까지 술 마시고 유흥을 즐기는 사람이 안 보인다고 해서 불경기라고 단정해 혀를 찰 필요는 없다. 온라인 쇼핑문화가 확산하면서 오프라인 매장의 매출이 떨어지는 것은 당연하다. 술을 마시던 돈은 애완견 용품을 사거나 새로운 레포츠를 즐기는 비용으로 옮겨갔다. 내 눈에 그런 돈이 안 보인다고 정치 탓하며 불경기라고 불평할 필요는 없다. '그때가 좋았다'라며 과거를 그리워하는 사이 누군가는 새로운 트렌드에 맞는 업종으로 옮겨 타 신나게 호경기를 누리고 있음을 알아야 한다.

연예인 고액 몸값은 모두의 합작품

2019년 06월 28일 금강일보

한동안 연예인의 고액 출연료, 강연료가 세인들의 입방아를 탔다. 사실 연예인의 고약 몸값 시비는 어제오늘의 이야기가 아니다. 일반 대중에게 알려지지 않았을 뿐이지 문제점은 오래전부터 지적됐다. 연예인의 몸값은 상식선을 크게 벗어난다. 일반인이 받는 노임과는 비교 자체가 안 되는 수준이다. 그래서 그 많은 사람이 스타가 되기 위해 몸부림치는지 모르겠다. 모든 연예인이 다 상상 밖의 큰돈을 보장받지는 못한다. 인기가 높은 연예인이 높은 몸값을 받는다. 그만큼 부르는 곳이 많기 때문이다.

인기연예인이 많은 부름을 받고 높은 몸값을 받는 것은 그들이 가진 관객동원능력 때문이다. 어느 행사든 준비하는 처지에서 가장 신경 쓰이고, 가장 성패를 좌우하는 요소로 평가하는 부분이 관중동원이다. 관중이 동원되면 시끌벅적 성공한 행사가 되지만 아무리 행사 내용이 좋아도 동원된 관중 수가 적으면 실패한 행사로 평가된다. 그것이 강연회일 경우도 그렇고, 문화예술 행사여도 그렇다. 특히 정부나 지자체 등 공공기관이 주최하는 행사의 경우, 관중동원이 얼마나 잘 됐는지 아닌지로 성공한 행사인지 실패한 행사인지를 구분하는 경향이 강하다.

그러나 관중을 동원하는 일은 말처럼 쉽지 않다. 온라인과 오프라인을 망라해 홍보물을 만들어 행사를 알려도 주민의 반응을 끌어내기란 그리 녹록지 않다. 하지만 유명 연예인을 동원하면 얘기는 달라진다. 그들이 온다는 사실만으로 관중동원은 간단히 해결할 수 있다. 행사를 담당하는 실무자 처지에서 가장 쉽게 가장 확실하게 인원동원이란 가장 골치 아픈 과제를 해결해주는 연예인 출연이란 카드를 포기하기란 쉽지 않은 결정이다. 이런 고민을 하는 실무자가 많아질수록 연예인의 몸값은 계속 오르게 된다. 수요와 공급의 법칙이 작용하는 것이다.

이런 상황 탓에 유명 연예인이 출연하는 행사는 주객이 뒤바뀌는 경우도 많다. 행사의 본질은 가려진 채 연예인이 주인공이 되는 경우가 다반사란 얘기다. 연예인 공연이나 강연이 끝나면 썰물처럼 관중이 빠져나가는 사례도 있다. 그래서 행사를 준비하는 실무자는 어떻게 시간표를 짜야 가장 동원된 인원수가 많을 때 최대의 효과를 누릴 수 있을까를 고심하게 된다. 그러나 그들이 생각하는 최대의 효과는 주민에 포커스가 맞춰져 있지 않다. 자신이 속한 집단의 단체장이나 행사를 빛내주기 위해 참석한 정치인에게 그 포커스는 맞춰진다. 가장 많은 사람이 모여 가장 즐거워하는 타이밍에 맞춰 주민의 표심을 얻고 싶어 하는 이들에게 자신을 홍보할 수 있게 마이크를 넘겨주는 일에 온통 관심이 쏠려있다.

연예인은 많은 돈을 받아서 좋고, 행사장을 찾은 주민들은 연예인을 만나서 좋고, 정치인은 대중 앞에서 인사할 기회를 가져 좋고, 업무 담당자는 관중동원의 그 어려운 과제를 해결해서 좋고…… 이런 구조 속에 각종 주민 행사에 연예인이 동원되고, 그들의 몸값은 나날이 치솟는다. 전국의 지자체가 경쟁적으로 진행하고 있는 주민아카데미도 처음 시작할 때 의도는 좋았으나 지금은 연예인이나 기타 유명인의 용돈 챙겨주는 창구로 전락했다는 평가를 받고 있다. 의식을 바꾸고 성숙한 사회를 만드는 강연 주제는 점차 사라지고 연예인의 말장난만 늘어간다. 전국 지자체마다 초청되는 강연자의 면면이 비슷하다. 한심한 수준의 강연자가 날로 늘어가고 있고 참여하는 주민의 실망도 커지고 있다.

문제는 실무 담당자가 너무 쉽게 일을 하려는 마음을 갖는 데서 출발한다. 그보다 앞서 자신이 사는 고장에서 이루어지는 행사의 본질에는 관심이 없고 연예인 얼굴 보고 그들과 기념촬영 하는 데만 관심을 두는 주민의 태도가 문제의 원천이다. 주민은 연예인에게 지급되는 막대한 몸값이 자신의 주머니에서 나간 돈이란 사실을 망각한다. 실무자는 어차피 주민이 즐거워하는 일에 비용을 지출했다고 자기합리화를 하며 혈세를 펑펑 지출한다. 대중 앞에서 마이크 넘겨받아 인사할 기회를 얻게 된다는 점에서 단체장이나 정치인은 연예인 출연 행사를 마다할 이유가 없다. 이런 구조 속에 혈세는 연예인과 유명인의 주머니 속으로 쭉쭉 빨려 들어가고 있다.

교육열은 낮추고, 학구열은 높여야

2019년 06월 17일 충청신문

한국사회의 가장 눈에 띄는 점 중 하나는 교육열이다. 주지하다시피 한국의 교육열은 이미 전 세계에 소문이 났다. 더불어 한국 사회가 교육열을 밑거름 삼아 인류역사상 최단기간에 경제성장과 의식성장을 통해 '물질적 충족'과 '민주주의 정착'이라는 양자를 동시에 이루어 낸 유일한 나라임을 세계인이 알고 있다. 버락 오바마 전 미국 대통령도 현직 재임 시에 공개석상에서 한국의 교육열을 본받아야 한다고 여러 차례 말하기도 했다.

우리는 분명 남다른 교육열을 기반으로 지금의 경제성장을 일으켰고 서구사회가 200년 넘게 시행착오를 겪어가며 이룩한 민주주의란 제도도 반백 년 만에 정착시켰다. 그래서 우리 스스로는 교육열에 대해 대단히 자부심을 느끼고 있고, 교육이 모든 것을 해결해주는 열쇠라는 다소 지나친 맹신을 하게 됐다. 이런 이유로 우리의 교육열은 국민적 열병이 돼 날로 정도가 심해지고 있다. 그래서 이제는 지나친 교육열로 인해 국민 삶이 피폐해지고 국가경쟁력도 상실될 위기에 처하는 지경에 이르렀다. 우리의 지나친 교육열은 우리 삶에서 너무 많은 것을 앗아가고 있다.

　적당한 교육열은 긍정적이지만 지나친 교육열은 개인과 가정에 심각한 문제를 일으킬 수 있을 뿐 아니라 사회와 국가의 경쟁력을 떨어뜨릴 수 있다. 지금 우리가 그런 문제를 심각하게 받아들여야 할 단계이다. 아니 벌써 그 단계를 넘어섰다. 지구상의 국가 중 최저수준의 출산율을 보이지만 여전히 자녀의 출산을 꺼리는 사회적 분위기도 지나친 교육열과 결코 떨어뜨려 생각할 수 없다. 공동체가 무너지고, 자살과 이혼 등 사회문제가 심각해지는 것도 지나친 교육열과 절대로 무관하지 않다.

　학자들은 교육열을 '보다 나은 사회적 지위 획득을 목적으로 치열한 학력 경쟁이 벌어지는 가운데 우리 사회에 나타나는 과도한 자녀 진학열'이라고 정의하고 있다. 이 정의대로라면 교육열은 우리가 자랑스럽게 여길 만큼 그렇게 긍정적인 요소만 가진 것은 아니다. 흔히 부모가 자식에게 공부의 목적에 관해 설명할 때는 '훌륭한 사람이 되기 위해 하는 것'이라고 말한다. 하지만 실상은 '높은 학벌을 성취해 남과 비교해 뒤지지 않는 지위와 물질적 부를 누리며 고생하지 말고 살기를 바라며 마음'이 이면에 깔려 있다.

　흔히 교육열과 의미를 구분하지 못하고 혼돈해 사용하는 '학구열'이란 용어의 의미를 살펴볼 필요가 있다. 학자들은 학구열을 '학습자가 학습에 대해 갖는 궁극적 태도나 궁금한 것을 참지 못하고 원인이나 이유 등을 기어이 알아내고자 하는 공부의 열정'이라고 정의하고 있다. 교육열과는 확연히 구분되는 개념이다. 어느 한구석 부정적 의미가 깔려 있지 않고 온전히 긍정적으로 해석했다. 교육열은 전반적으로 부정적 의미를 담고 있지만, 학구열은 부정적 어감이 전혀 없이 긍정적 의미로 가득하다. 그러니 우리가 지향해야 할 바는 교육열이 아닌 학구열임을 알 수 있다.

　학자들이 정의한 교육열은 일종의 열병^{fever}이라 할 수 있지만 학구열은 열정^{passion}이라고 할 수 있다. 우리는 지나친 교육열을 가라앉힐 필요가 있다. 지나친 교육열 경쟁으로 인해 아이의 몸은 망가지고 있고, 부모의 경제적, 심리적 고통은 심각해지고 있다. 이제는 국가를 비롯한 모든 사회가 나서 망국병으로 치닫고 있는 교육열을 가라앉혀 정상화할 방안을 찾아야 한다. 성인 독서량은 세계 최하위권이면서 자녀교육열만 높은 비정상적인 나라가 대한민국이다.

부모는 1년에 책 한 권도 제대로 읽지 않으면서 한 달에 수십, 수백만 원의 학원비와 과외비를 부담하면 그것으로 부모의 도리를 다했다고 생각하면 오산이다. 부모가 솔선해 학구열을 불태워 공부하고 탐구하는 모습을 보여주는 것만으로도 자녀는 스스로 학구열을 일으킬 자세를 갖게 된다. '부모는 자식의 거울'이란 말은 백번 옳다. 심각한 지경에 이른 교육열을 낮추고, 우리의 삶을 풍요롭고 가치 있게 만들어 줄 학구열을 좀 더 끌어올려야 하지 않을까? ✑

말은 무섭고, 글은 더 무섭다

2019년 05월 31일 금강일보

'되는대로 함부로 하거나 속되게 하는 말'을 막말이라고 한다. 막말 한 마디에 호되게 낭패를 보는 사례를 부지기수로 보았다. 근래 들어 정치인이 막말 파문에 휩싸여 곤욕을 치르는 일이 빈발했다. 뒤늦게 궁색한 변명을 하지만 이미 엎지른 물을 다시 담을 수는 없다. 그런데도 정치권에서 막말이 끊이지 않는 것은 '실失'이 있는 만큼 '득得'이 있다는 계산을 하기 때문이 아닐까 생각해본다. 긍정적이든 부정적이든 언론에 주목을 받아 명성을 얻고 보는 것이 정치인의 생리인 것을 생각하면 그들은 막말을 통한 노이즈마케팅noise marketing을 하는 것인지도 모른다.

실제로 우리가 잘 알고 있는 정치인 가운데는 막말의 수위를 점점 높여가며 자신의 정체성을 구축해 가는 인물도 있다. 그들은 국민 정서는 아랑곳하지 않고 여과 없이 말을 함부로 해 많은 이에게 상처를 안겼다. 하지만 그들은 그런 행위를 지금도 계속하고 있다. 그만큼 막말로 자신의 존재감을 강하게 드러내고 있다. 막말은 대중의 공분을 유발하지만, 일부는 막말에 환호하고 지지를 보내기도 한다. 그래서인지 누군가에게 깊은 상처를 주는 막말 퍼레이드는 이어지고 있다. 막말은 누군가에게 모욕을 안겨주지만, 누군가의 지지를 끌어안을 수 있는 아주 후진적인 정치형태라고 할 수 있다.

말이 무섭다는 것은 만고의 진리이다. 그래서 혀를 잘 놀려야 한다는 내용의 속담과 격언은 차고 넘친다. 말 한마디의 실수로 수십 년 공든 탑을 무너뜨린 사례는 많다. 말을 조심해야 한다는 것은 누구나 잘 알고 있는 사실이지만 알고 있는 것과 실천하는 것은 별개이다. 충분히 알만한 인물이 설화舌禍를 자초하는 일을 자주 본다. 특히 설화가 입에서 입으로 퍼져나가기 시작하면 걷잡을 수 없다. 따지고 보면 인간관계란 모두 혀에서 시작해 혀로 끝난다. 자고로 혀를 놀릴 때는 조심, 조심, 또 조심해야 한다.

말은 참으로 무섭다. 그런데 말보다 무서운 것이 있으니 그것이 글이다. 말은 휘발성이 있어 그대로 재현되지 못하지만 한번 쓴 글은 그 기록성 때문에 변명을 불허한다. 그러나 대개의 사람은 글이 얼마나 무서운 것인지를 잘 알지 못한다. 당해보고 겪어봐야 비로소 무섭다는 사실을 알게 된다. 흔히 '펜이 칼보다 무섭다'라는 말을 하지만 직접 겪어보지 못한 이는 이 말을 제대로 실감하지 못한다. 나는 아주 여러 번 아주 다양한 형태로 글이 가진 무서운 힘을 실감했다. 그래서 함부로 펜을 놀리지 않으려고 애쓴다. 특히 누군가를 공격하는 글은 가능하면 쓰지 않고, 부득이 쓰더라도 수십 수백 번을 생각하고 실행에 옮긴다.

현직 기자로 왕성하게 활동하던 시절, 갖가지 형태의 제보를 받아 취재하면서 다양한 경험을 했다. A가 B를 천하에 파렴치한 인물로 몰아붙이며 기사를 써서 혼내 달라고 요구하는 경우가 많다. 하지만 주변의 상황을 면밀하게 취재해보고 상대의 변명을 들어보면 대개는 상대성이 있거나 그럴만한 이유가 있다. 만약 A의 말만 듣고 기사를 썼더라면 감당할 수 없는 일을 저지를 뻔한 경우가 한두 번이 아니다. 누군가에게 서운한 일이 생기면 신문에 보도해 혼쭐을 내주고 싶다는 생각을 하고 기자를 찾는다.

　제보자는 상대가 언론을 통해 공개적인 망신을 당하는 모습을 상상하면서 그 통쾌함을 맛보고 싶어 한다. 하지만 그것은 정말 위험한 생각이다. 정확한 사실이 아니라면 인격살해이기 때문이다. 힘으로 누군가를 제압한 사람은 훗날 힘으로 공격을 받게 되고, 혀로 누군가를 공격한 사람은 훗날 혀로 공격을 받게 된다. 마찬가지로 펜으로 누군가를 공격하면 펜으로 복수를 당하게 마련이다. 어린아이가 불장난하는 것은 불이 얼마나 무서운 것인지를 잘 모르기 때문이다.

　불특정 다수를 향한 글이라면 모를까 특정인을 지목해 공개적으로 글을 쓴다는 것은 폭발물 앞에서 불장난하는 것만큼이나 위험한 짓이다. 작은 불장난을 하다 보면 점점 대범해져 큰 불장난을 하게 마련이다. 온라인상에서 댓글 몇 번 달다가 통쾌함과 짜릿함을 맛보면 과감해지게 되고 그러다가 큰일을 저지른다. 불에 데어봐야 화상이 치명적이란 사실을 안다면 어리석음의 극치이다. 글을 다루는 사람이라면 주먹보다 말이 무섭고, 말보다 글이 몇 곱절 무섭다는 사실을 반드시 유념해야 한다. ✍

보헤미안 지수가 높은 도시 만들기

충청신문 2019년 05월 20일

'보헤미안 지수'라는 지표가 있다. 일정 지역 내에 거주하는 전체 인구 대비 작가, 디자이너, 음악가, 배우, 감독, 화가, 조각가, 사진가, 무용수의 숫자를 지수화한 것이다. 보헤미안 지수가 높은 도시라 하면 창의적 예술 활동을 하는 작가가 많이 거주해 늘 공연과 전시가 이어지고 시민 다수가 그것을 향유하는 도시를 일컫는다. 관련 분야의 연구에 따르면 보헤미안 지수가 높은 도시는 첨단 산업이 발달한 도시와 매우 높은 상관관계를 보인다고 한다. 자유로운 사고방식을 가진 사람이 자신의 자유로운 상상력과 창의성을 발휘해 삶의 질이 높은 도시를 구현하기 때문이다.

관용성의 척도로 활용되는 '게이 지수'라는 지표도 있다. 게이의 밀집도를 나타내는 게이 지수가 높다는 것은 사회적으로 차별받는 게이 공동체가 기꺼이 받아들여질 만큼 공동체의 개방성이 높다는 것을 의미한다. 개방성은 창조성을 자극하는 요소가 되고 한 도시의 성장을 이끄는 원동력이 된다는 것이다. 보헤미안 지수나 게이 지수 모두 첨단 분야의 산업과 전혀 상관이 없을 듯한 지표인데 직접적인 상관관계가 있다고 하니 정말 그럴까 싶은 의구심이 든다. 한편으로는 세상의 조화가 참으로 오묘하다는 생각을 하게 된다.

보헤미안 지수와 게이 지수에 대해 알게 된 후 내가 사는 대전이란 도시의 보헤미안 지수와 게이 지수에 대해 생각해보았다. 게이 지수야 수치상으로 정확한 통계를 잡기 어려운 면이 있을 수 있지만, 보헤미안 지수는 공식적 통계가 없더라도 측정할 수 있어 보인다. 구미 국가를 여행하다 보면 자연스럽게 만나게 되는 문화 중 하나가 '거리의 악사'와 '거리의 화가'이다. 아주 자연스럽게 거리나 공원에서 기타나 바이올린 연주를 하거나 인물 초상화나 데생을 그려주는 이들을 접하게 된다. 중국의 공원에서도 언제나 음악과 춤을 즐기는 시민들을 만나게 된다.

30년 넘게 대전에 거주했지만, 거리나 공원에서 이루어지는 전시나 공연을 접한 것이 손으로 꼽을 정도이다. 거창한 '예술의 전당'과 '시립미술관', '연정국악원'이 있다고는 하지만 이들 공간에서 이루어지는 공연이나 전시는 대단히 제한적일 수밖에 없다. 시민 누구나 지나던 발길을 멈추고 즉석에서 접할 수 있는 예술 활동이 우리의 삶을 풍요롭게 만들고 상상력과 창의력을 일깨워 준다. 그런 면에서 볼 때 대전은 보헤미안 지수가 낮은 도시가 분명하다. 대전뿐 아니라 충청권 대부분 도시의 사정은 비슷해 보인다.

도시의 성장 잠재력을 높이기 위해서는 보헤미안 지수의 상승이 절대 필요하다. 시민 누구나 생활 속에서 자연스럽게 문화와 예술을 접할 수 있는 도시라야 시민의 창의성이 올라간다. 문학과 예술을 망라하는 인문학은 상상력을 기반으로 하는 창의적 학문이다. 상상력이 없으면 할 수 없는 활동이 예술과 문학이다. 대전은 국내 굴지의 대도시이지만 동시 외형과 비교하면 문화 인프라는 낮은 수준에 머문다. 인접한 청주나 전주와 비교하면 보헤미안 지수가 낮다는 데 이견이 없다.

기발한 상상력을 가진 사람들이 많이 배출돼야 한다. 그래야 틀에 박힌 사고에서 벗어나 창의적 사고가 싹 트고 이를 바탕으로 창조적 활동이 가능해진다. 소득 수준과 의식 수준이 낮은 단계에서는 문화와 예술에 별다른 관심을 두지 않는다. 하지만 일정 단계까지 상승하면 문화와 예술에 대한 이해도가 높아지고, 더불어 직접 향유하는 계층의 비중이 높아진다. 문화예술을 즐길 줄 아는 계층이 늘어난다는 것은 도시의 품격이 상승하고 도시민의 사고가 유연해진다는 것을 의미한다.

어느 거리, 어느 공원에서도 예술가를 만나고 그들의 공연과 전시물을 감상할 수 있는 도시문화를 기대한다. 대전뿐만 아니라 우리의 터전인 충청권 어느 지역에서도 눈길만 돌리면 거리의 악사를 만나 그가 연주하는 바이올린 곡을 들을 수 있고, 거리의 화가가 그려내는 수채화를 감상할 수 있으면 좋겠다. 생산이 성장을 주도하던 시대는 끝났다. 이제는 문화의 시대이고 개방의 시대이다. 보헤미안 지수와 게이 지수가 높은 도시 대전을 소망한다. ✦

금강(錦江) 예찬

2019년 05월 03일 금강일보

    금강의 길이는 꼭 400km로 1000리이다. 국토에 흐르는 여러 강 중에서 길이로는 한강과 낙동강에 이어 세 번째로 길다. 전북 장수의 뜸봉샘에서 발원하여 서해까지 내달린다. 금강은 발원하여 바다로 흘러갈 때까지 전북, 충북, 충남, 대전, 세종 등 모두 5개 시·도를 통과한다. 충청권 4개 시·도가 모두 통과한다. 그래서 흔히들 금강을 '충청의 젖줄'이라고 부른다. 충청인에게 생명수 역할을 하기 때문이다. 실제로 남한강을 막아 조성한 충주호와 웅천천을 막아 만든 보령호를 상수원으로 하는 일부 지역을 제외하면 충청인 대부분은 금강 물을 마시고 산다.

    그러니 금강을 충청의 젖줄이라고 부르는 것은 전혀 어색하거나 과장된 표현이 아니다. 금강은 생명수를 제공하는 역할 외에 충청인에게 너무도 많은 혜택을 안겨준다. 금강 물로 농사를 짓고, 발전을 통해 전기를 발생시키기도 한다. 수려한 경관을 제공해 마음의 여유를 갖게 하는 것도 금강이 우리에게 주는 혜택이다. 금강이 빚어내는 경관은 너무도 아름다워 '비단 금錦'에 '강 강江'을 쓴다. 비단처럼 아름다운 강이라 하여 붙여진 이름이다. 그래서 금강의 별칭은 비단강이다. 경관만큼이나 아름다운 이름이다.

　금강을 닮아 충청인에게 희망을 주고 휴식을 제공하는 신문을 만들고자 하는 젊은이가 의기투합하여 2010년에 만든 신문이 금강일보이다. 그 금강일보가 올해로 창간 9주년을 맞았다. 금강만큼이나 면면히 흘러온 세월이다. 창간 이후 금강일보가 보낸 세월은 절대 호락호락하지 않았다. 사회의 불의에 대해서는 그토록 관대하면서도 자사의 불이익을 용납하지 못하는 경쟁 매체들의 견제에 시달려야 했고, 신생 무명신문의 설움을 톡톡히 당해야 했다. 때마침 활자 신문의 몰락이 시작돼 경영난이 가중돼 하루하루 지령(紙齡)을 늘려나가는 일도 녹록지 않았다.

　그토록 가혹한 시련 속에서도 금강일보는 알찬 기사로 독자에게 보답했고, 신선한 기획과 다채로운 문화행사로 지역민과 함께 호흡했다. 그렇게 보내온 세월이 9년이다. 2010년 금강일보가 창간할 때 태어난 아이는 초등학교 2학년이 되었다. 이보다 오랜 역사를 가진 매체가 볼 때는 가소롭다고 말할 수 있을지 모르지만, 금강일보가 창간된 이후 걸어온 길을 되짚어보면 등이라도 토닥여주고 싶은 마음이 들어야 할 것이다. 그만큼 모진 환경을 극복하고 당당하게 일어섰기 때문이다. 금강일보는 이제 누가 뭐라 해도 충청권을 대표하는 정론지로 인정받고 있다.

　금강일보는 젊은 신문이다. 그래서 신선하고 정의롭다. 묵묵히 바다로 흘러가는 금강의 의연함을 그대로 닮았다. 젊은 신문답게 활자 매체에 포커스를 두지 않았다. 지면 신문은 적정 발행 부수를 유지하는 것으로 만족했고, 사이버 공간을 공략했다. 과거에는 종이신문을 많이 제작해 많이 배포하는 신문이 우량하다는 평가를 받았지만, 이제는 그 평가 기준이 바뀌어 사이버 공간에서 얼마나 많은 구독이 이루어지고 있는가가 그 신문의 영향력을 평가하는 척도가 된다. 그 기준대로라면 금강일보는 충청의 최고이고, 전국 지방일간지 중 수위이다.

　짧은 역사에도 불구하고 이러한 괄목할 성과를 거둔 것은 모든 직원이 지역에 대한 애정을 가지고 신선한 시도를 다채롭게 지속했기 때문이다. 그래서 짧은 기간에도 불구하고 지역을 대표하는 일간신문으로 자리를 잡을 수 있었다. 금강은 결코 요란스럽게 흘러가지 않는다. 묵묵히 흘러갈 뿐이다. 하지만 잠시의 순간도 흐름을 멈춰 서지 않고 수천 년을 흘렀다. 금강을 닮은 신문을 만들고자 했던 금강일보의 초심은 변하지 않았다. 묵묵히 흘러가며 충청인에게 생명수를 제공하는 금강처럼, 지역사회를 위해 말없이 소임을 다하는 그런 신문으로 발전해가고 있다.

금강은 결코 흐름을 멈추지 않을 것이다. 금강이 흐름을 멈추지 않듯 금강일보도 면면히 역사를 이어갈 것이다. 신문은 독자의 격려와 응원을 바탕 삼아 성장한다. 신문의 성장은 지역민의 의식성장을 견인한다. 금강일보를 지금까지 성장시킨 것은 독자의 관심과 애정이 있었기에 가능했다. 그래서 창간 일을 맞은 금강일보 모든 임직원은 모든 독자에게 머리 숙여 감사의 마음을 전한다. 금강일보를 여기까지 키워 준 것은 전적으로 독자의 배려이고 애정이다. 창간 9주년을 맞은 모든 금강일보 임직원은 금강처럼 충청인과 늘 함께할 것을 약속드린다.

돈에 미쳐 사는 세상, 한국형 르네상스가 필요한 시점이다

2019년 04월 15일 충청신문

혼히들 유럽의 중세를 일컬어 암흑기라고 지목한다. 세상이 온통 기독교 교리에 빠져 인간에는 관심이 없고 오로지 신만 받들고, 모든 가치를 신에게서 찾으려 했다. 신 앞에 인간은 보잘것없는 존재에 불과했다. 교회가 모든 권력을 독점했고, 국가의 통치 위에 군림했다. 혹자들은 중세 유럽에 대해 '신에 미쳤다'라는 표현을 서슴없이 사용한다. 모든 인간이 신에 미쳐 어떤 것도 올바르게 판단하거나 합리적으로 사고하지 않았고, 오로지 신의 의지에 부합한 지 여부만 생각했다. 그러니 인간은 존엄하지도 않았고, 존재의 가치도 미약했다. 그저 신의 피조물에 불과했다.

인간의 존재가 역사에서 묻힌 채로 수 세기의 시간이 흘렀다. 그러던 중 인간은 인간이 중심이 됐던 과거의 시절을 그리워하기 시작했고, 그때가 옳았다고 생각하게 됐다. 그래서 14세기 이탈리아를 시작으로 16세기까지 유럽 전역으로 고대 그리스와 로마의 학문과 지식과 부흥시켜 인간의 존엄성을 회복하자는 움직임이 퍼졌다. 이를 일컬어 '르네상스'라 했다. '르네상스'는 '재생'이라는 의미가 있다. 잃어버린 인간의 존엄성을 회복하고 재생하자는 것이 르네상스 운동의 핵심 요체이다. 신 중심의 사회를 인간 중심의 사회로 돌려놓자는 것이 르네상스 운동이다.

르네상스를 통해 중세 유럽은 실제로 인간 존엄을 회복하고 재도약의 발판을 마련했다. 아주 직설적으로 표현하자면 신에 미쳐 살던 인간이 제정신으로 돌아온 것이다. 암흑기를 탈출해 광명을 되찾은 것이다. 르네상스 운동이 일어나지 않았다면, 유럽은 여전히 어둠의 시대에서 오직 신만 받들며 신을 위한 세상으로 남아있을 것이다. 뒤늦게라도 인간 중심의 사회를 되찾은 것은 다행이다. 암흑기를 탈출해 도약의 전기를 마련했기에 유럽은 근대 이후 눈부신 발전을 이루어 내며 인류 역사의 중심세력으로 발돋움할 수 있었다. 그렇게 이룬 산업과 문화의 발달로 유럽은 근대 인류 역사를 선도했다.

중세 유럽을 생각하며 우리의 현재 모습을 돌아보았다. 중세가 신에 미쳤다면 대체 지금의 우리는 무엇에 미쳐있는 것인지 생각해보았다. 정답을 의외로 너무 쉽게 찾아낼 수 있었다. 21세기 초반의 대한민국을 살아가고 있는 우리는 모두가 '돈'에 미쳐 '돈'에 종속된 노예의 삶을 살아가고 있다. 중세 유럽인들의 관심이 온통 신이었듯이, 현재 대한민국 사람들의 관심은 온통 돈에 집중돼 있다. 돈과 시장이 모든 것을 장악하고 있다. 누구랄 것 없이 시장성을 가지고 있어 금전적 가치가 있는 것에만 관심을 가질 뿐이다. 무엇이든 가치를 돈으로 환산해 평가하려 한다. 자본주의 자체가 돈에 모든 가치를 대입하는 것이 원칙이라고 하지만 해도 너무한다는 생각이 든다.

어떤 사람을 평가할 때 그가 얼마짜리 차를 몰고 다니고, 얼마짜리 아파트에 거주하며, 얼마나 비싼 옷을 입고 다니며, 월수입은 얼마인지를 가지고 그 사람을 평가하는 것을 당연시한다. 공부하는 것도 올바른 인간이 되기 위해서가 아니라 고수익을 보장받을 수 있는 직업을 갖기 위한 수단이라고 생각한다. 친인척 간의 관계도, 친구 간의 관계도 돈으로 형성되고 돈으로 맺어진다. 심지어는 가족이나 연인 간의 사랑도 그 배경에는 돈이 숨어있다. 지구상 어느 나라, 어느 시대에서도 없던 해괴한 일이 21세기 대한민국에서 벌어지고 있다. 모두가 돈에 미쳐 살아가다 보니 그것이 전부인 줄 알고 있다. 감각이 무뎌질 대로 무뎌졌다.

중세 유럽의 암흑기를 벗어던진 르네상스가 21세기 대한민국에서 재현돼야 한다. 중세 유럽인이 신 중심의 세계관을 극복하고 세상을 인간중심으로 극복했듯이 21세기 대한민국 사회는 돈 중심의 세계관에서 탈피해 인간중심의 세상을 회복해야 한다. 지금은 모두가 돈에 눈이 멀어 세상이 잘못 돌아가고 있다는 사실 자체를 인지하지 못하고 있다. 역대 아무리 고도로 발달한 자본주의 사회라고 해도 지금 우리의 모습처럼 돈에 미친 사례는 없었다. 돈이 인간성을 앞질러가지는 못했다. 그러나 우리는 대단히 비정상적 세상을 살아가고 있음에도 그것을 자각하지 못하고 있다. 인문학 열풍이 불고 있다고 하지만 허상뿐인 겉보기 인문학이고, 돈을 위한 인문학이다. 진정한 인간 존엄의 세상으로 돌아갈 21세기 한국형 르네상스가 필요하다. ✒

지금은 행복하면 안 되나

2019년 04월 05일 금강일보

다들 기억할 것이다. 학교 다닐 때 매년 학기 초만 되면 선생님이 수업에 들어와서 똑같은 말을 한다. "지금 너희들 때가 인생에서 가장 중요한 때야. 지금 이 시각을 어떻게 보내느냐에 따라 너희들의 인생이 바뀌는 거야." 그 이야기가 초·중·고 졸업하면 끝나는 줄 알았더니 웬걸. 대학에 가도 사회에 진출해도 그 말을 늘 따라 다녔다. 반백 년을 살았지만 지금도 먼 훗날의 행복 이야기를 듣는다. 지금 아이들 잘 가르쳐 놓지 못하면 평생 고통스럽다고. 지금 노후 준비해놓지 않으면 노년이 돼서 고통스러워진다고.

돌이켜 생각해보니 평생을 그렇게 살았다. 아니 그렇게 살았기보다는 그렇게 살 것을 주문받고, 강요받았다. 우린 늘 지금은 고통스러워야 하고 그래야 미래가 달콤하다고 배웠다. 다들 그렇게 배웠고, 그렇게 알고 있다. 그러다 보니 기약도 없이 현재의 고통을 감내하면서 언제 올지 모를 행복을 기다리며 살았다. 지금의 행복은 거짓 행복이고 앞으로 다가올 행복이 진짜 행복이라고 착각하게 됐다. 그래서 행복은 크고 먼 것이란 생각을 하게 됐고, 노력하지 않고, 고생하지 않고 얻는 행복은 행복이 아니라는 생각도 하게 됐다. 이는 한국인만 갖는 독특한 행복관이다.

왜 이런 독특한 행복관이 생겨났는지 생각해보았다. 그것은 5000년간 지속한 가난에서 비롯된 것으로 보인다. 우리 민족은 5000년 역사를 이어오는 동안 가난의 굴레를 벗어던진 적이 한 번도 없다. 음식을 마음껏 먹고 따듯한 잠자리에 들 수 있게 된 것이 불과 반세기도 안 된다. 민족 역사상 처음 호의호식이란 걸 하고 있다. 수없이 많은 전쟁을 치렀고, 배고픔에 시달리며 수천 년을 살았다. 너무 어렵게 움켜잡은 물질적 풍요를 누리면서 마음 한구석은 늘 불안감에 휩싸여 있다. 언제 다시 또 춥고 배고픈 시절로 돌아갈지 모른다는 불안감을 떨치지 못하고 있다. 그래서 누굴 만나든 고삐를 죄는 충고를 하는 것이 습관이 되었다.

지금 행복하면 훗날 불행해질 수 있다는 불안감은 바로 이런 의식에서 비롯된 것으로 보인다. 우리가 근면하게 일했고, 성실하게 공부했기 때문에 지금의 이 풍요를 누리는 것이고, 방심하면 다시 과거의 춥고 배고픈 시절로 돌아갈 수 있다는 것이 불안감의 핵심이다. 그래서 누구랄 것 없이 늘 '공부하라'와 '일하라'를 입버릇처럼 주문하는 버릇이 생겼다. 부모는 아이가 잠시라도 쉬는 모습을 보면 불안해한다. 학교에 가든 학원에 가든 통제된 공간에서 책을 붙들고 있어야 안심한다. 기업의 경영자도 직원이 잠시 휴식을 하는 모습을 보면 마음이 불편하고 울화가 치민다. 뭔가 일하고 있어야 마음이 놓인다. 이런 것들은 한국인만 가진 독특한 특징이다.

한국인은 행복을 즐기기보다는 행복하면 불안해한다. 가까이 있는 소소한 행복을 즐기다 보면 뒤늦게 찾아올 정말 큰 행복을 놓칠 수 있다고 생각한다. 행복은 반드시 물질적 풍요가 동반돼야 한다고 생각한다. 물질적 풍요를 누리고 높은 지위에 오르는 것을 성공이라고 생각한다. 성공이 곧 행복이라고 생각한다. 성공하지 않고 누릴 수 있는 작은 행복은 행복이 아니라고 생각한다. 그래서 현재의 행복을 누릴 줄 모른다. 삶

속의 소소한 행복을 즐길 줄 알아야 하는데 그게 잘 안 된다. 현재의 행복이 진정한 행복이고, 현재의 행복이 이어지면 평생 행복할 수 있는 것인데 그걸 두려워한다.

다행스러운 것은 최근 '소확행^{작지만 확실한 행복}'이라는 신조어가 유행하며 한국인의 의식을 조금씩 바꿔주고 있다는 점이다. 멀지 않은 곳에서 아주 작은 행복을 느끼며 살아가자는 '소확행'이 젊은이 사이에서 확산하며 장착하고 있다. 하지만 워낙 오랜 세월을 일만 하면서 즐길 줄 모르고 살아온 기성세대는 이런 젊은이를 바라보며 불안해한다. 즐겁고 행복하면 불안감을 느끼는 버릇 때문이다. 행복의 의미를 바꿀 필요가 있다. 나중에 돈 많이 벌고 높은 자리 올라가서 행복하겠다는 생각은 착각이다. 지금 행복한 것이 진짜 행복이다. 불안감을 버리고 과감하게 행복을 찾아 나서자. ✎

세상은 분명 변하고 있다

2018년 03월 18일 충청신문

얼마 전 모 공공기관에서 경력사원 응모자 서류심사를 해달라는 요청을 받았다. 좋은 경험이 될 것 같아서 흔쾌히 응했다. 한 시간 남짓 응모자들이 제출한 서류를 심사하면서 많은 것을 깨달았다. 절대 바뀌지 않을 것 같은 세상이 이제야 서서히 변해가고 있다는 사실을 깨달았다. 변화의 바람이 태동하였으니 이제 변하는 것은 시간문제이다. 처음이 어려울 뿐이지 일단 시작하면 흐름은 이어진다. 시대의 흐름을 거역할 수는 없기 때문이다.

각 응시자가 작성해온 입사지원서와 자기소개서를 심사해 점수를 부여하는 것이 그날의 과제였다. 모두 4명이 심사를 진행한 가운데 1명은 내부 임원이었고, 나머지 3명은 외부에서 의뢰를 받고 기관을 방문한 이들이었다. 심사가 공정하게 진행되고 있는지를 점검하는 요원도 별도로 1명 배치됐다. 서류심사를 하는 동안 공정한 심사에 방해가 될 수 있는 어떤 행동이나 발언도 삼가고 자제하는 분위기가 이어졌다.

입사지원서 양식을 보고 적지 않게 놀랐다. 공공기관부터 입사지원서 양식에 사생활을 침해하거나 불필요한 편견이나 오해, 차별을 가질 수 있게 하는 모든 요인이 사라졌다는 얘기는 들었지만, 실제 접한 것은 처음이었기 때문이다. 성별, 나이, 학벌, 외모, 출생지, 병력 등을 기록해야 하는 공간이 완벽하게 사라졌다. 처음에는 개인의 신상에 대한 정보가 없는 서류가 답답하고 불편했지만 '차별을 없애기 위해 모두가 나아가야 할 길'이라는 생각을 갖고 차분히 서류를 검토하기 시작했다.

가장 먼저 눈에 들어온 변화는 사진을 부착하는 난이 사라졌다는 점이다. 그동안 어디랄 것 없이 개인의 신상과 관련된 서류에는 사진을 부착하는 일이 당연시되었다. 사진을 없앴다는 것은 그 사람의 외모를 보고 편견을 갖는 오류를 범하지 않겠다는 것을 의미한다. 우리 사회는 그동안 외모로 사람을 차별하는 아주 많이 잘못된 관행이 오랫동안 지속했다. '이왕이면 다홍치마'라느니 '보기 좋은 떡이 먹기도 좋다'느니 하는 말을 앞세워 외모로 사람을 차별하는 것을 당연시 여겼다.

주민등록번호 표기도 사라졌다. 주민등록번호가 사라졌다는 것은 출생연도와 성별을 식별할 수 없게 됐다는 것을 의미한다. 해당 업무를 수행할 수 있는지를 판단하는 근거가 되는 입사지원서에 굳이 나이가 얼마나 되고, 성별이 무엇인지를 표기할 필요가 없다는 것이다. 직무를 수행할 수 있는지를 판단하는 기준에 나이나 성별이 절대적인 요소로 작용할 수 없게 됐다는 것도 분명 시대의 변화상을 반영한 것이다.

출신학교를 표기하는 난도 입사지원서에서 사라졌다. 오랜 세월 한국사회의 고질적 병폐 중 하나가 학벌에 의한 사람 차별이었다. 출신학교나 학벌을 보고 사람의 능력을 평가하는 잘못된 관행의 뿌리는 깊다. 이제야 그 차별이 사라질 수 있는 변화의 바람이 시작된 것이다. 이전의 원서에 출신 대학이 본교인지, 지방캠퍼스인지, 주간 학교인지, 야간 학교인지까지 기록하게 하며 차별을 위한 단초를 찾으려 했던 것에 비하면 놀라운 사회의 변화이다. 대한민국 사회에서 이제 학벌 지상주의가 자취를 감출 수도 있겠다는 생각이 들었다.

과거 입사지원서는 집안의 재산 정도를 표기하도록 하는가 하면 부모와 형제까지 가족 사항을 기록하게 했다. 심지어 각 가족의 생년월일과 현 직업, 학력 사항까지 표기하도록 했다. 본적을 표기하도록 해 그 사람이 어느 지역에 기반을 두고 성장했는가를 파악하고자 했다. 이 모든 것은 사람을 차별할 수 있는 근거를 마련하는 데 필요했던 자료라고 할 수 있다. 구시대적 관점에서 보면 당연할지 몰라도 변화하는 새 시대의 관점에서 보면 철저한 차별의 씨앗이다. 없어지는 것이 마땅하다.

지원자가 해당 업무를 잘 수행할 수 있을 것인지 아닌지는 그가 제출하는 자격증을 통해 검증할 수 있다. 외모도, 성별도, 나이도, 학벌도 업무수행능력과는 직접적 연관이 없는데 그동안은 관련이 있다고 믿었다. 그런 요소가 편견과 차별을 유발하는 요인이라는 생각은 하지 않았다. 그러나 이제는 달라지고 있다. 공공부문에서 시작된 변화의 움직임이 민간부문으로 빠르게 확산해야 한다. 그래야 누구라도 외모, 학벌, 성별, 나이 등을 이유로 필요 없는 불이익을 당하지 않는 세상이 정착될 것이다. ✎

스토리가 없는 대전방문의 해

2019년 03월 15일 금강일보

대전시가 시 승격 70주년, 광역시 승격 30주년을 맞아 2019년을 '대전방문의 해'로 지정하고 대대적인 손님맞이를 하고 있다. 1000만 명 관광객 유치를 실현하겠다고 한다. 연일 대대적인 홍보와 관련 행사를 펼치고 있다. 하지만 왠지 시민이 적극적으로 나서 팔을 걷어붙이는 모양새는 보이지 않는다. 그저 소수만 요란을 떠는 잔치로 비친다. 아무래도 분위기가 뜨지 않는다. 그 이유가 무엇일지 생각해봤다. 몇 가지 이유가 손에 잡혔다. 비전문가 관점에서 단정적으로 말할 수는 없지만, 시민의 생각도 이 생각과 크게 다르지는 않을 것 같다.

첫 번째 이유는 체계적인 준비 없이 너무 갑작스럽게 기획됐다는 점이다. 지난해 하반기부터 미디어를 통해 2019년이 '대전방문의 해'라는 소식이 올라오기 시작했지만 정작 어떤 준비과정을 통해, 왜 그런 행사가 기획됐는지 시민은 알지 못했다. 그러다 보니 시민 전체가 준비하고 맞이하는 '대전방문의 해'가 못 되고 있다. 또 다른 이유는 껍데기만 잔뜩 있고 정작 알맹이가 없다는 점이다. 눈으로 보는 관광 거리만 늘어놓았지 추억 만들기에 점 하나 찍어 줄 만한 내용은 눈에 띄지 않는다.

전 국민 외국 여행 시대이다. 짬을 내 여행을 다닐 정도의 여력이 있는 국민이라면 국내는 물론 웬만한 외국 여행도 수차례씩 다녀왔다. 관광에 대한 눈높이와 기대치가 올라갈 만큼 올라간 국민의 마음을 사로잡아 발길을 잡아당기기에는 '대전방문의 해'가 차려놓은 밥상이 너무 빈약하다. 관련 사이트를 들어가 뒤져보니 먹을거리, 볼거리, 축제와 명소에 이르기까지 시선을 단번에 끌어당길 만한 아이템이 없어 보인다. 너무 순진한 상차림이란 느낌이다.

기름진 음식으로 산해진미를 차리라는 주문은 아니다. 관광자원이 부족한 대도시라서 상품이 빈곤한 것은 어쩔 수 없다. 다만 요즘 관광수요의 경향을 읽지 못해 충분히 준비할 수 있는 상품을 준비하지 못했다는 점이 아쉬울 따름이다. 현대인은 이야기를 쫓아 관광한다. 기념이 될 만한 장소에 가서 족적을 남기고 카메라에 담아 오는 것을 최고의 관광으로 여긴다. 거기에는 흔히들 스토리텔링이라고 일컫는 이야기가 따라주어야 한다.

예컨대 영화나 드라마 촬영지에서 주인공이 특별한 행동을 했던 곳, 유명인과 함께 대화를 나누거나 사진을 찍을 수 있는 곳, 맛집으로 전국에 소문이 난 곳 등을 직접 찾는 것을 최고의 여행으로 여긴다. 그 이야기 속으로 자신을 빠뜨리고 싶기 때문이다. 그런데 대전시가 내놓은 관광지와 음식, 축제 등 무엇 하나 현대인이 간절히 원하는 이야기에 대한 갈증을 풀어줄 만한 곳이 없다. 아무리 빈약한 관광지라도 이야기를 입히면 관광객이 열광한다는 평범한 사실을 기획에 담아내지 못한 것이다.

'반세기 전 유성온천을 신혼여행지로 찾았던 노부부를 초청해 그 시절의 향수에 빠지게 해주었으면 어떨까?' '장년기 이후 세대에게 여전히 인기를 구가하고 있는 가수 나훈아와 배우 김지미가 함께 살았다는 추억의 장소에 스토리를 입혀 상품으로 개발했으면 어떨까?' '2002년 월드컵 때 안정환의 쐐기 골로 이탈리아를 꺾고 8강 신화를 만들었던 대전월드컵경기장을 개방해 직접 잔디밭에서 사진을 찍게 하면 어떨까?', '젊은 세대에게 유튜브 먹방의 지존으로 전국적 지지도를 가진 방송인 밴쯔와 함께 대전의 맛집을 탐방하게 하는 프로그램을 기획했으면 어떨까?' 등등의 생각을 해봤다.

　전국 웬만한 도시에 다 있는 동물원과 수목원, 둘레길, 고택, 카페거리 등을 미끼로 관광객을 불러 모은다는 것은 기획력이 부족해 보인다. 시민조차도 향토음식으로 인정하지 않는 삼계탕, 매운탕, 설렁탕, 돌솥밥 등의 메뉴로 전국의 식도락가를 대전까지 오게 한다는 것은 설득력이 없다. 중요한 것은 스토리가 입혀지지 않았다는 점이다. '몽마르트르 언덕' '트레비 분수' '인어 동상' '오줌 누는 소년 상' 등을 가보면 시시하기 짝이 없다. 하지만 스토리가 담겨있기 때문에 전 세계에서 관광객의 발길이 연중 끊이지 않는다는 점을 곱씹어 생각하면 답을 찾을 수 있다. '대전방문의 해'를 성공시키려면 현대인은 스토리를 찾을 수 있는 곳으로 여행을 떠난다는 점을 꼭 기억해야 한다.

전체주의 사고의 무서운 그림자

2019년 03월 08일 금강일보

2차 세계대전에서 마지막까지 홀로 남아 결사 항전을 부르짖던 일본이 1945년 8월 15일 연합군에게 무조건적 항복을 선언한다. 그리고는 한 달 남짓의 시간이 흐른 9월 12일 조선총독부의 마지막 총독이던 노부유키阿部信行가 일본으로 돌아간다. 그는 저주 섞인 한마디를 던지고 유유히 사라졌다. 그가 남긴 말을 몇 번 되새겨 읽어보며 등골이 오싹해짐을 느낀다. 그가 말한 대로 우리가 놀아났다는 생각을 지울 수가 없기 때문이다.

"일본이 패했다고 해서 조선이 승리한 것은 아니다. 조선이 위대하고 찬란했던 과거의 영광을 되찾으려면 앞으로 100년도 넘게 걸릴 것이다. 우리가 총, 대포보다 무서운 식민지교육을 심어놓았기 때문이다. 조선민족은 서로 이간질하며 노예 같은 삶을 살게 될 것이다. 조선은 진정 찬란하고 위대했다. 하지만 식민교육으로 인해 노예로 전락하고 말았다. 나 아베 노부유키는 다시 돌아온다." 일제가 식민지 우민화 교육을 자행했음을 시인한 말이다.

그렇다면 일제가 우리 민족성을 말살하기 위해 시행한 식민지 우민화

교육은 무엇일까. 그것은 자주적으로 깊이 있는 사고를 할 수 없는 수동적 인간을 만드는 교육을 의미한다. 일제는 강점기 내내 우리 민족에게 스스로 생각하고 존재감을 정확히 인지하는 교육을 철저히 배제했다. 맹목적으로 복종하고 언제라도 몸을 바쳐 희생할 준비가 돼 있는 황국식민으로 만드는데 교육의 주안점을 두었다. 개성은 철저하게 말살되었다.

한 세기가 흘렀지만, 여전히 뿌리 깊은 식민교육의 잔재는 전체주의로 표출된다. 개성은 뒷전인 채 언제나 전체만을 강조하는 문화는 한국 사회 곳곳에 여전하다. 전체의 생각과 다른 생각을 인정하지 못해 적으로 간주한다. 80년대 말 일제 잔재인 교복문화를 어렵게 퇴출했지만, 전체주의 사고로 무장된 기성세대는 교복을 부활시켰다. 전체주의가 머리에 박혀 통일되지 않으면 불안하고 불편하다는 생각이 고착됐기 때문이다.

목동이 몇 마리 개를 동원해 수천 마리의 양을 몰듯이 통제와 규제 속에 일사불란하게 움직이는 형태의 통치 스타일을 선호하는 이들이 여전히 많다. 전체를 위해 소수의 희생을 묵인하는 군사독재 시절의 공포정치를 그리워하는 이들도 부지기수이다. 스스로 생각하고 결정할 기회를 주면 불안해하고 결정 내리지 못하며 누군가가 나를 통제해주기를 바라는 이들이 우리 주변에 산재해 있다. 이는 모두 일제가 세뇌한 전체주의적 사고에서 비롯된 것이다.

한 세대 전만 해도 학교는 교육기관이라기보다는 군대나 교도소에 가까웠다. 학생 개개인의 개성이나 자율성은 존재하지 않았다. 획일성과 통일성만 강조하며 사회에서 써먹기 좋은 조련된 인력을 찍어내듯 배출하는 곳이었다. 그래서 학교에는 늘 폭력이 난무했고, 무엇이든 서열화가 일상이 되었다. 학생 신분을 갖는 동안 성적이나 주먹으로 동료를 서열화하는 것을 당연하다는 인식을 각인하고 사회로 나왔다. 그때는 같은 옷을 입은 전교생이 행진곡에 맞춰 운동장을 사열하며 발맞춰 행진하도록 가르치는 것이 중요한 교육과정이었다.

전 세계 많은 국가 중 운동장에 높은 조회대를 설치해, 그곳에서 한 명이 마이크 음성과 호루라기 소리로 수백 명의 학생을 집단 통제하는 형태의 교육을 하는 나라는 한국과 일본밖에 없다. 일제의 전체주의 망령이다. 부모는 아이가 학교생활을 통해 사회가 원하는 순응형 인간으로 길들어야 명문대에 진학하고 좋은 직장에 취업할 수 있다고 착각하고 있다. 학창 시절은 즐겁고 행복하면 안 되고 모든 고통을 감내하고 고통스러워야만 하는 인내의 시간으로 인식하고 있다.

부모의 의식이 과거에 머물러 있으니 아이가 행복할 수 없다. 아이는 지금의 행복이 훗날의 불행이 될 수 있다는 부모의 엄포에 잔뜩 겁을 먹은 채 고통을 견뎌내고 있다. 부모는 아이가 자주적이고 깊은 사고를 하는 인간이 아닌 길들어 순응하는 인간으로 성장하기를 바라고 있다. 식민교육의 영향이다. 3.1운동 100주년인 해를 맞아 교육의 본질을 생각해본다. 식민문화의 잔재인 전체주의를 털어낼 수 있도록 교육방식을 전환해 아이들에게 자주성을 심어주어야 한다. 그것이 진정한 대한독립이다.

방학을 잃은 아이들

2018년 02월 18일 충청신문

방학放學은 혹서기와 혹한기 동안 아이들이 학교에 다니면서 학업에 전념하는 본연의 일을 내려놓는 것을 의미한다. 즉, 학업의 압박으로부터 해방돼 친구와 어울리고, 자연과 어울리는 시기인 것이다. 그런 의미대로라면 요즘 아이들에게 방학은 없다. 학업에서 완전히 벗어날 수 없을 뿐 아니라 자연과 접할 기회도 없기 때문이다. 그렇다고 친구와 맘껏 뛰어놀 시간이 제공되는 것도 아니다. 정해진 등교와 하교가 없을 뿐이지 학기 중일 때와 별반 다른 것이 없다.

방학이라고 해서 모든 학업을 온전히 내려놓은 아이가 과연 몇이나 될까. 전국을 다 뒤져도 손으로 헤아릴 수 있을 정도일 것이다. 대부분 아이는 방학이라도 어떤 형태로든 학업과 연관된 활동을 한다. 과외를 하거나 학원에 다닌다. 그도 아니면 학교에서 시행하는 방과 후 프로그램이라도 참여한다. 가정형편이 넉넉한 집안의 아이들은 어학연수를 떠난다. 어떤 부모는 학원 심화학습 반에 아이를 등록시켜 평소보다 심하게 채찍질을 가한다. 이래저래 아이들에게 방학은 없다.

한 세대 전으로 시곗바늘을 돌려보자. 지금의 초중고생 학부모인 40

대와 50대 성인이 지낸 방학을 돌이켜보면 그때야말로 진정한 방학이었다. 방학을 시작해 개학 때까지 한 달 넘는 기간에 책장 한쪽 넘겨보지 않고 놀기만 하다가 지내기가 일쑤였다. 그러니 방학은 꿈 같은 시간이었다. 실컷 게으름을 부려보고, 실컷 놀 수 있는 절호의 시간이었다. 개학이 임박해 밀린 방학 숙제를 몰아서 한 기억은 누구에게나 추억이다. 그렇다고 그들이 지금 사회의 낙오자가 됐고, 부적응자가 돼 있는 것은 아니다. 반대로 그 추억은 성인이 돼 살아가는데 필요한 추억의 자양분이 되었다.

과거의 방학은 세상과 통할 수 있는 유일한 시간이었다. 시골 학생은 도시 생활, 도시 학생은 시골 생활을 경험할 수 있는 아주 값진 시간이었다. 방학이 되면 친척 집에 가서 몇 주씩 기거하면서 새로운 경험을 했던 일이 당시로써는 일상이었다. 아이들은 방학을 맞아 동네를 찾아온 외지 아이들과도 너무나 자연스럽게 잘 어울렸다. 도농 간 문화교류가 방학 기간 활발하게 이루어졌다. 요즘 부모들은 친척 집에 아이를 맡기면 폐가 된다며 단 하루도 보내지 않는다. 학원 일정이 빼곡하니 어디를 갈 수도 없는 처지이다. 집을 떠나면 큰일나는 줄 알고 사는 게 요즘의 아이들이다.

방학은 이처럼 소중한 시간이었다. 친척 집을 방문하는 일 외에도 중고생쯤 되면 부모의 동반 없이 친구들끼리 캠핑이나 야영을 떠나거나 여행에 나서는 일도 많았다. 대개의 여행은 고생스러웠다. 여비가 부족해 불편한 잠을 자야 했고, 먹을 것도 풍족하지 못했다. 예기치 못한 위기상황이 수시로 찾아왔다. 그러면 친구끼리 회의를 통해 이견을 조율하면서 대책을 세워나갔다. 자연스럽게 세상 이치를 터득해나가는 과정이었다. 몸과 마음을 키워 성숙하는데 그보다 더한 공부는 없었다. 학원에서는 절대 가르쳐주지 않는 것을 여행을 통해 배웠다.

요새 아이들은 방학이 별다른 의미가 없다. 그저 학기 중일 때보다 조금 더 게을러질 수 있고, 늦잠을 잘 수 있다는 것 정도가 유일한 혜택이다. 새로운 경험을 할 어떤 기회도 없다. 부모는 춥다고, 덥다고 밖에 나가지 말고 집에 있으라고 한다. 시간 맞춰 학원이나 다녀오라고 한다. 집에 있으면서 아이들은 자연스럽게 TV, PC, 핸드폰에 집중한다. 습관이 돼 밖에 나가려 하지 않는다. 그러면서 아까운 방학 시간이 시나브로 흘러간다.

'자연보다 위대한 스승은 없다'라는 말은 만고의 진리이다. 하지만 아이의 성적이나 입시 문제는 진리마저 무릎을 꿇게 한다. 자연을 찾고, 친구를 찾는 것은 요즘 아이들에게 사치이다. 사실은 아이의 문제가 아니다. 집안에서 TV만 보면서 냉장고를 뒤지는 지금의 아이 모습은 모두 부모가 만들었다. 시간 맞춰 학원만 다녀오면 그날 할 일을 다 한 것으로 인식하는 학원돌이가 착실한 아이의 전형으로 자리 잡은 지 오래다. 부모의 기대치가 딱 거기까지이다.

집에만 있다고 아이는 공부하지 않는다. 게임이나 하고 핸드폰이나 만지작거리다가 아까운 방학 시간이 다 흘러가고 있다. 썰매 한번 못 타보고, 연 한번 못 날려보고, 모닥불 한번 못 피워보고 황금 같은 방학이 지나고 있다. 부모의 손에서 벗어나 친구들과 어울리며 무엇이든 제 손으로 해볼 기회의 시간인 방학이 지나고 있다. 이런 방학이라면 없는 것과 다를 게 없다. 아이들에게 값진 방학의 의미를 되돌려주어야 하는 것은 사회 전체가 고민하고 실천해야 할 절실한 과제이다.

성적 지상주의 종말 선언을 환영하며

2019년 02월 08일 금강일보

　TV 뉴스를 시청하다 보니 "성적 지상주의의 종말을 고하겠다"라는 표현이 나온다. 국가대표 선수촌에서 발생한 남자 지도자의 여자 선수에 대한 상습 성폭행 사건이 사회적 이슈화 된 뒤 관련부처 장관이 한 말이다. 그러면서 전국소년체육대회 폐지를 비롯해 체육계를 전면적으로 뒤엎을 만한 후속 조치를 발표했다. 다양한 조치가 발표된 가운데 한 마디로 축약하면 지금껏 국가 체육 운영의 근간이던 '성적 지상주의'를 벗어 던지겠다는 것이다.

　냉전의 시대가 종말을 고하고 데탕트^{detente}의 물결이 일렁이기 시작한 이후 구미 선진국의 국민 의식구조는 빠르게 변화해갔다. 승리를 통해 체제의 우월성을 입증하는 일에 모든 가치를 부여했던 냉전 시대의 낡은 가치를 과감히 벗어던졌다. 인간에 집중하기 시작했고, 승부보다 본질적인 가치에 기준을 두기 시작했다. 스포츠를 비롯해 모든 사회 분야가 그렇게 흘러갔다. 승부가 아닌 즐기는 마음을 앞세우니 자연스럽게 조바심이 사라지고 너그러워졌다.

　그러나 우리는 달랐다. 지구상의 유일한 분단국가인 탓인지 우리의 의식은 여전히 냉전 시대의 가치에 머물러 있다. 무엇이든 이겨야 했고, 이기기 위해 인간성이 손상되고, 누군가 패배해 쓰러져도 부축해 세울 줄도 몰랐다. 오로지 이기기 위해 못할 일이 없었다. 사회 모든 분야는 경쟁이 아닌 것이 없이 살았다. 패자는 낙오자로 낙인됐고, 오직 승리만이 가치 있는 일이고 승자만이 살아남을 것이라는 신념을 갖고 살았다.

올림픽 메달을 위해 젊은 선수들을 합숙시켜가며 혹독하게 훈련하고 지도자의 말에 절대복종하는 체계를 구축했다. 폭언이나 폭행은 성과를 위해 어쩔 수 없는 과정이라고 가르쳤고, 그것을 저항 없이 그대로 받아들이게 했다. 한 마디로 인간을 인간으로 성장시키지 않고 메달제조기로 만든 것이다. 시대의 흐름에 전혀 맞지 않는 방식이었지만 관계자는 물론 모든 국민도 그것이 옳다고 믿었다.

우리보다 인구가 곱절 이상 많고, 경제력도 월등히 앞서는 데다 시설 인프라도 비교가 안 될 정도로 앞서 있는 일본이 수십 년째 올림픽과 아시안게임 때 우리보다 뒤처지는 모습을 보고 국민은 환호했다. 그들이 왜 그런 성적을 냈는지 본질에서 생각해 보려고도 하지 않았다. 우리의 정신력이 그들보다 앞섰고, 열심히 노력한 결과라고만 생각했다. 성적지상주의라는 구시대적 산물이 안긴 선물이라고는 생각하지 않았다.

한 선수의 폭로 때문에 세상은 정신을 차리기 시작했고, 이제야 생각을 가다듬고 본질적인 문제에 관심을 가지려 하고 있다. 성적 지상주의에 빠진 것이 어디 스포츠계뿐인가. 대한민국 어디를 둘러봐도 전 분야에서 성적 지상주의는 만연해 있다. 교육계가 그러하고 문화계가 그러하고 산업계도 그러하다. 본질적 가치는 뒷전인 채 오로지 승부와 성적에 모든 가치를 부여하는 우리의 사고방식은 21세기에 우리가 지향해야 할 가치와는 너무도 거리가 멀다. 하지만 우리는 지금껏 그렇게 살아왔다.

성적을 올리고 메달을 따내기 위해서라면 어떤 부조리도 감내해야 하고 비인간적 처우도 극복해야 한다는 것이 대한민국에서 통용되는 상식이다. 훗날 찾아올 달콤한 보상을 위해 현재의 고통과 시련은 반드시 이겨내야 한다고 가르치고 있고, 대부분 사람은 그 말을 맹신하고 있다. 목적 달성을 위해서는 어떤 수단을 동원해도 상관없다고 생각하게 만든 것이다. 그것이 바로 성적 지상주의의 폐해이다.

한 선수의 용기 있는 결단을 계기로 정부가 앞장서 성적 지상주의 탈피를 선언하기에 이르렀다. 우선은 스포츠계가 개혁의 첫 대상이 됐다. 하지만 성적 지상주의는 비단 스포츠계에 국한된 문제가 아니다. 우리의 문화 전반에 아주 깊숙이 자리 잡은 고질병이다. 인간에 대한 애정과 관심은 없고 오로지 저급한 승부 근성으로만 가득한 냉혈인간을 만드는 데서 이제는 벗어나야 한다. 인간성을 회복하고 모두가 더불어 즐기며 살아가는 풍요로운 세상을 후손에게 물려주어야 한다.

1억 명 가운데 1명 나오는 사람

2019년 01월 14일 금강일보

서점에 가서 살펴보면 가장 많이 출간되는 책 종류 중 하나가 리더십 분야이다. 강연을 들어봐도 리더십 관련 내용이 다른 분야보다 월등히 많다. 그런데 막상 책을 읽어봐도, 강연을 들어봐도 제목과는 동떨어진 이야기가 많다. 진정한 리더십을 발휘하는 마음 자세나 역량, 자질 등에 관한 이야기는 좀처럼 찾아보기 어렵다. 제목은 리더십이지만 막상 읽어보고, 들어보면 막대한 부를 거머쥔 자본주의 영웅의 성공비법을 소개한다. 기업을 성공적으로 키워낸 독특한 경영기법이나 발상을 소개한다.

그래서 제목은 리더십이라고 하지만 실상은 성공학을 다루는 내용이 많다. 성공학을 다룬 책과 강연에서 빠지지 않고 등장하는 인물들이 있다. 마이크로소프트의 '빌 게이츠', 애플의 '스티브 잡스', IBM의 '토머스 J. 왓슨', 페이스북의 '마크 저커버그', 버크셔 헤서웨이의 '워런 버핏' 등 미국을 이끈 초우량 기업의 CEO들이다. 요새는 한 명 더 추가해 중국의 거부 알리바바의 '마윈'이 그 대열에 합류했다. 이밖에 몇몇 거부들이 이른바 리더십 분야 책과 강연의 소재로 등장한다.

역사적 인물을 등장시켜 그들을 독특한 사고와 행적을 예로 들어가며 리더십으로 연결하는 형태도 있다. 우리 한민족 역사의 인물로 리더십에서 가장 많이 지목되는 이는 '이순신'이다. 이 외에 '세종대왕', '김구' 등의 인물이 리더십을 운운할 때 지목된다. 한민족 이외의 인물 가운데는 '링컨', '워싱턴', '간디' 등이 주로 지목된다. '진시황', '알렉산더', '칭기즈칸', '모택동' 등의 부정적 평가가 동반되는 정복 군주가 리더십의 사례로 등장하기도 한다.

이상 열거한 인물은 고등교육을 정상적으로 받은 사람이라면 누구나 기억하고, 어떤 업적을 가졌는지 대략은 알고 있는 인물이다. 이들의 비범한 생애를 리더십을 주제로 한 책을 집필하거나 강연을 할 때 차용한다. 이들 외에 무수히 많은 역사적 인물들이 리더십의 표본으로 소개된다. 하지만 경영적 측면에서 지목되는 표본 인물은 앞서 제시한 거부들을 크게 벗어나지 않는다.

내가 읽은 꽤 여러 권의 책, 내가 들은 여러 강연을 되짚어보면 사례로 등장하는 인물이 지극히 제한적이었다. 그들을 분석한 각도가 다양하지만 그래도 결국, 전달하고자 하는 메시지는 한데로 모였다. 혁신적인 발상을 해야 성공할 수 있다는 것이다. 여기서 말하는 성공은 큰돈을 버는 행위를 지칭한다. 겉으로는 리더십을 말하지만 결국은 남들이 하지 않는 혁신적 사고를 통해 거부가 된 사람들의 성공담을 소개하는 내용이다. 그들은 한껏 미화돼 남긴 말 한마디 한마디가 금과옥조화 된다.

리더십을 말하며 지목되는 이들의 공통점은 1억 명에 1명꼴인 아주 희소한 인물이라는 점이다. 또는 1천 년에 1명 탄생하는 걸출한 인물이라는 점이다. 아주 특별한 삶을 지향한 인물이니 본받을 만한 것은 사실이다. 하지만 평범하게 살아가는 이들이 과연 1억 명에 1명, 1천 년에 1명 나오는 사람의 삶을 모방해 살 필요가 있을지 의문이 든다. 세상 사람 모두가 잡스처럼, 또는 마윈처럼 살아야 한다고 생각하지 않는다.

그저 내게 주어진 생활에 최선을 다하며 자신이 맡은 소임의 범위에 적합한 리더십을 발휘하면 된다고 생각한다. 10명의 무리를 이끌어야 하는 리더와 100명의 리더를 이끌어야 하는 리더가 굳이 1억 명을 이끄는 리더십을 실천하며 살 필요는 없다. 실제로 평범한 사람은 생활 속에서 100명을 이끌 일도 그리 흔치 않다. 어쩌면 10명을 이끌 일도 쉽게 주어지지 않는다. 그런데도 우린 늘 1억 명 중 1명 나타나는 성공한 거부의 뒤를 쫓고자 한다. 그래서 늘 극심한 스트레스 속에서 살게 된다. 그런 불필요한 리더십 공부는 그만해도 된다.

모두가 주인으로 살아가는 세상

2019년 01월 11일 금강일보

사람의 성격이나 기질은 참으로 다양하다. 수백만, 수천만 명의 사람이 저마다 다른 성격과 기질을 갖고 있다. 세상에 비슷한 성격은 있을 수 있지만 같은 성격이란 있을 수 없다. 기질도 마찬가지이다. 성격이나 기질은 비슷한 유형으로 묶어 낼 수는 있다. 그래서 심리학 관련 서적을 뒤적이다 보면 참으로 그럴듯하게 인간의 유형을 분류해 놓을 것을 발견하게 된다. 그 분류를 살펴보면 수긍이 간다. 퍽 그럴듯하게 인간의 성격이나 유형을 분리해 놓았다.

인간의 다양한 성격이나 기질을 분류하는 방법은 다양하겠다. 별별 방법으로 분류해 사람을 유형별 그룹으로 만들 수 있겠다. 그 많은 분류 방법 가운데 한 가지는 주인의식을 가지고 살아가는 사람과 누군가에게 종속된 삶을 살아가는 사람을 구분하는 것이다. 세상 사람은 모두 자신의 의지대로 살아가는 것처럼 보이지만 유심히 살펴보면 꼭 그렇지는 않다. 자신의 의지대로 살지 못하고 반드시 누군가에게 종속되는 삶을 고집하는 사람이 의외로 많다.

이러한 경우는 타고난 기질이 그러할 수도 있겠지만, 대개는 오랜 세월 종속된 삶을 강요받으면서 자아를 잃어버린 경우이다. 강요받은 바는 없지만, 특정 대상에 대한 애정이 너무 깊어 자신 스스로 누군가에게 종속되고 마는 일도 있다. 종속을 강요받아서 자아를 잃어버린 경우든, 애정이 넘쳐 스스로 그 애정을 종속으로 변환시킨 경우든 자신의 삶을 자신의 의지대로 살지 못하기는 같다. 이러한 유형은 모두를 애석하게 만들지만 정작 그들은 자신은 애석하다고 여기지 않는다.

　TV를 통해 사극을 시청하다 보면 자아를 잃어버리고 평생 주인을 위해 살아가는 사람이 등장한다. 엄격한 신분제 사회였던 과거에는 신분이 세습돼 노비로 태어난 사람은 평생 노비로 살게 된다. 어려서부터 주인을 위한 절대 충성을 세뇌당한 이들은 그런 삶에 대해 비판의식을 갖지 못한다. 주인을 위해 하나뿐인 목숨을 바치는 일도 서슴지 않는다. 사람의 의식이란 한번 세뇌되면 합리성을 잃고 맹목적으로 된다.

　자식 사랑이 지나친 어머니도 자신의 삶을 포기한 채 모든 인생의 의미와 재미, 가치를 자식에게서 찾으려 하는 경우가 있다. 자신을 위한 생활에는 좀처럼 관심이 없고 오로지 자식을 위해 모든 것을 바치려고만 한다. 진귀한 음식을 자신이 먹는 것은 아깝고, 자식이 먹으면 즐겁다고 여기는 감정이 그러한 사례라 할 수 있다. 인생의 희로애락이 오직 자식에게 맞춰져 있는 어머니를 우리는 주변에서 쉽게 발견한다.

　누군가에 또는 어떤 사상에 깊게 빠져든 사람은 좀처럼 헤어나지 못하는 것을 지켜본다. 일반적인 사고방식을 가진 사람이라면 이해하기 어렵지만 종속되고 예속된 삶이 익숙해져 그것이 머릿속에 각인된 사람은 누군가의 부속품으로 살아가는 삶이 더 행복하고 의미가 있다고 여긴다. 자신이 충성하고자 하는 주인, 사랑하는 어떤 대상, 또는 종교적 절대자, 자신이 가진 신념 등을 위해 모든 것을 바치고 때로는 목숨도 버리는 일을 마다하지 않는다.

　세상이 변했다고 하지만 기질적으로 누군가에게 종속되기를 원하는 사람은 여전히 많다. 신세대 어머니는 과거의 어머니처럼 무조건 희생하고 자식을 위해 모든 것을 포기하지 않는다고 하지만 그래도 자식의 삶에 종속돼 살아가는 어머니를 자주 목격한다. 종교적 신념이 지나치게 강하거나 특정 이데올로기에 함몰돼 세상을 그 이념의 틀로만 바라보고 해석하려는 사람도 얼마든지 많다.

자신에게 주어진 인생인데 자신의 마음대로 살아가지 못하는 것보다 더 큰 불행은 없다. 자신이 주인 되는 삶을 살 때 비로소 인간다운 삶을 살아가고 있다고 할 수 있다. 각자가 소중한 자아를 느끼고 자신이 세상에서 가장 존귀한 존재라는 의식을 가지고 살아가야 한다. 소중한 사람들이 모여 사는 세상이 가장 아름답고, 가장 공평하며, 가장 가치 있기 때문이다. 2019년 새해가 모든 사람이 주인으로 살아가는 원년이 되었으면 좋겠다.

제3장
2018년의 논단

교양과 교양교육

2018년 12월 17일 충청신문

　'교양'이란 말을 즐겨 쓰면서도 이 말의 유래나 의미 등에 대해서는 제대로 알지 못했다. 학자들의 전언에 따르면 이 말은 일본을 통해 들어왔고, '품격 있는 사람이 갖추어야 할 덕목'이란 의미로 사용되고 있다. 그래서 '교양교육'은 '품격 있는 사람을 만들기 위한 교육' 정도의 의미로 사용된다. 품격 있다는 것은 '품성과 인격이 고매高邁해서 위엄이 느껴지는 상태'를 의미한다. 교양은 이렇듯 좋은 의미가 있는 말이다. 사람은 누구나 교양 있는 삶, 존경받는 삶을 살고자 하는 강한 욕구가 있다. 교양교육은 사람들의 이 같은 욕구를 충족시켜주기 위한 길을 제시하는 교육이다.

　그러나 '교양교육'이란 말을 영어로 옮기면 다소 생소한 의미가 된다. 'Liberal Arts'라 해서 '자유로운 예술' 또는 '자유로운 학문'으로 풀이할 수 있다. 'art'는 현대어로 미술이나 예술을 지칭하는 말로 의미가 축소됐지만, 고어에서는 인공, 인조, 인위 등의 뜻으로 쓰이기도 했다. 'Liberal Arts'는 고대 그리스에서 자유민의 교양에 필요한 것으로 여겨 가르쳤던 과목이다. 그 일곱 가지는 문법文法, 수사학修辭學, 변증법辨證法, 산술算術, 기하학幾何學, 천문학天文學, 음악音樂의 7가지이다. 중세 때는 신학神學 이외의 학문을 'Liberal Arts'라고 일컬었다.

현대에 이르러 교양교육이 갖는 의미는 광범위해져 '다양한 학문을 종횡으로 오가며 수학할 수 있는 기초교육'을 의미한다. 그래서 교양교육은 전문지식 전달보다는 기초학문 분야로 편성된다. 체력으로 치면 기초체력이고, 반찬으로 치면 밑반찬이 학문에서 교양교육이다. 그래서 대학에 입학하면 저학년 때 교양과목 위주로 수강하게 되고, 고학년이 되면 비로소 전공과목에 집중하게 된다. 교양과목은 '대학교육을 받았으면 이 정도 상식은 갖고 있어야 하지 않겠나'라는 정도의 기초지식을 주문한다. 인문과 자연을 넘나들지만 아무래도 인문 위주로 편성된다.

요사이 젊은 대학생을 만나 이야기를 나누다 보면 교양 상식이 부족함을 느낀다. 나만의 생각인 줄 알았는데 그렇게 생각하는 사람이 의외로 많다. 이들의 교양과 상식이 부족한 것은 대학에서 교양과목 수강을 제대로 하지 않았거나 과목이 부실해서는 아니다. 가장 큰 원인은 불문가지 독서의 부재에서 비롯된다. 디지털 영상매체에 길든 젊은 세대는 누구랄 것 없이 책 읽기를 힘들어하고 그런 만큼 잘 읽지 않는다. 그렇다고 신문이나 교양 잡지를 읽는 것도 아니다. 교양과목을 바라보는 시각도 그저 대학을 졸업하기 위한 통과의례이며 최소의 에너지를 소모해 때우기만 하면 되는 과목 정도로 인식하고 있다.

사람의 품격은 전문지식에서 좌우되지 않는다. 기본적 소양을 얼마나 두루 갖추고 있고 사고의 수준이 얼마나 견고한가에 따라 평가된다. 더불어 얼마나 아는 만큼 실천하며 살고 있는가와 얼마나 여유를 갖고 살아가는가도 그 사람의 품격을 평가하는 기준이 된다. 한 해가 다 가도록 전시장이나 공연장 한 번 가지 않고 오로지 일만 하면서 사는 사람을 교양인이라고 칭할 수는 없다. 세상을 살아가면서 어떠한 비판의식도 없이 오로지 수용적인 태도로 일관하며 시키는 일만 하는 사람을 지식인이나 교양인이라고 부르지 않는다. 그래서 교양교육은 어떤 교육보다 중요하지만 실상 교양교육을 바라보는 젊은층의 시각은 여전히 통과의례 그 이상도 이하도 아니다.

　살아감에 있어 자신의 생계수단이 되고 자아실현의 통로가 되는 것이 전공지식이라면, 인간관계를 맺어가며 소통하고 상대를 이해하고 공통의 관심 사항을 찾아낼 수 있는 역할을 하는 것은 교양 지식이다. 전공 지식은 내가 밥을 먹고 살게 해주는 도구라면, 교양 지식은 내가 사람답게 사는 길을 일러주는 역할을 한다고 할 수 있다. 교양 지식은 중요도 면에서 전공 지식과 비교해 결코 뒤진다고 할 수 없다. 하지만 먹고사는 데 직접 영향을 끼치지 않는다는 이유로 젊은이들에게 푸대접을 받고 있다. 풍요롭게만 살면 되지 교양인으로 사는 데는 별 관심이 없다는 젊은이들의 생각이 참으로 아쉽다.

커피와 신자유주의

2018년 12월 07일 금강일보

커피를 생산하는 국가는 약속이나 한 듯 지구상의 최빈국이다. 브라질, 베트남, 인도네시아, 콜롬비아, 인도, 에티오피아, 페루, 과테말라, 멕시코, 온두라스, 우간다, 코스타리카, 엘살바도르, 필리핀, 니카라과, 볼리비아, 카메룬 등이 주요 생산국이다. 반면 커피를 소비하는 국가는 하나같이 경제 부국이다. 유럽 대부분 국가를 비롯해 미국, 일본, 러시아, 캐나다, 한국, 호주, 사우디아라비아 등이 주요 소비국이다. 한국은 세계에서 손꼽히는 커피 소비의 대국 중 하나이다.

커피는 가장 가난한 나라 사람이 가장 저임금으로 힘들게 농사지어 부유한 국가 소비자가 가장 비싸게 사 먹는 음료이다. 세상에 많은 기호품과 사치품이 그러하지만, 커피는 유독 생산원가 대비 판매가가 큰 차이를 보인다. 수십 배, 수백 배의 차이를 보이는 것이 일반적이다. 특히 커피 농사는 최빈국 아동의 노동력 착취가 심한 작물이다. 아무 생각 없이 마시면 그저 한 잔의 음료에 불과하지만, 생산되고 유통되고 소비되기까지의 과정을 생각해보면 사연이 많은 기호품이다.

대한민국 국민이 연평균 마시는 평균 커피양은 얼마나 될까. 어린이까지 모두 포함해 평균을 내면 연간 1인당 330잔을 마신다고 한다. 커피를 수시로 즐기는 사람만 따지면 하루 평균 마시는 양이 두서너 잔은 될 듯하다. 한국에 커피가 전래한 시점을 생각해보면 불과 100여 년 남짓한 시간에 이룬 폭발적인 수요 증가라 할 수 있다. 더구나 커피를 전혀 생산하지 않는 나라라는 점을 고려하면 우리의 커피 소비는 놀라울 따름이다. 소비를 그래프로 그리면 급상승 곡선이다.

커피를 마시며 보내는 시간이 적지 않을 것인데 한국인은 커피를 마시면서 대체 무엇을 할까. 모르긴 해도 누군가 대화를 나누면서 마실 때가 가장 많을 것이다. 혼자 TV를 시청하거나 영화를 보면서 마시는 경우도 많을 것이고 운전을 하면서 또는 휴식을 가지면서 커피를 마시는 경우도 적지 않을 것이다. 휴대전화를 만지작거리며 커피를 마시는 모습도 상상이 된다. 그런데 왠지 책을 읽으며 커피를 마시는 모습은 좀처럼 떠오르지 않는다.

한 통계를 살펴보니 한국인은 연평균 1인당 330잔의 커피를 마시는 것을 비롯해 120병의 맥주와 90병의 소주를 마신다고 한다. 전 국민 평균이니 놀라운 수치이다. 이 밖에 스마트폰을 사용하는 시간이 하루 평균 3시간, TV를 시청하는 시간이 3시간이라는 통계도 있다. 그러나 이에 비해 독서량은 초라하기 그지없는 수준이다. 국민 평균도 아니고 성인 1인이 1년에 읽는 독서량을 발표했는데 연간 9.2권이란다. 성인 평균이 9.2권이라면 국민 전체 평균을 내면 1/3 수준으로 떨어질 것으로 본다. 커피나 술을 마시며 보내는 시간을 생각해 보면 독서에 투자하는 시간은 보잘것없는 수준이다.

독서량이 부족하다는 것보다 더 심각한 것은 읽는 책 대부분이 출세와 돈벌이를 내용으로 하는 비 교양서란 점이다. 마음에 양식이 되는 책이 아닌 저급한 욕심과 경쟁심만 부추기는 책이 독서 대부분을 차지한다. 그런 부류의 책은 하나같이 몰인정하기 짝이 없는 '신자유주의'를 기반으로 한다. 무한경쟁을 통해 승자독식의 문화를 조장하고 합리화하는 내용이 대부분이다. 마음을 풍요롭게 하기보다는 오히려 병들게 한다. 그런 종류의 책을 읽으니 커피가 생산되고 유통되고 소비되는 동안에 이루어지는 그 엄청난 불공정에는 좀처럼 관심을 가질 수 없다.

신자유주의의 사고방식대로라면 커피는 승자들만 맛볼 수 있는 기호품 이외의 어떠한 의미도 없다. 이런 생각은 신자유주의 성향의 책 위주로 독서가 이루어진 것과 무관치 않다. 커피를 마시며 사고력과 양심을 키워주는 양질의 책을 읽고 그 지식을 기반으로 커피농장 노동자의 힘겨운 삶을 이해하고, 어떡하면 그들에게 실효적 이익을 안길 소비를 할 수 있을지 토론하는 모습은 상상만으로도 흐뭇하다. 한때 세계 각국의 지식인을 중심으로 이슈 몰이가 되면서 세상의 관심을 불러일으켜 많은 이들이 실천하고자 노력했던 '공정무역'도 이런 관심 속에서 탄생했다. 커피를 마시며 한 번쯤 생각해 볼 일이다. ✑

대한민국 학교 교육을 바라보며

2018년 11월 19일 충청신문

우리나라 학교 교육에 대해 말할 때 가장 많이 지적을 받는 부분이 주입식으로 교육이 이루어진다는 점이다. 토론하고 자기 결정을 할 수 있는 교육이 이루어지지 않고 머릿속에 일정한 지식을 구겨 넣는 방식의 교육이 이루어진다고 비난한다. 그래서 창의성이라곤 찾아볼 수 없는 규격화 된 아이를 길러내고 있다고 지적한다. 백번 옳은 지적이다. 이 지적은 내가 수십 년 전부터 들었고 개선의 당위성에 대한 공론이 형성되고 있지만, 여전히 개선되지 못하고 있다.

사회에 나와서 써먹지도 못할 영어와 수학의 비중이 전체 교과 대비 너무 높고, 대입 시험에서 그 두 과목이 성패를 좌우하는 것도 잘못된 일이라는 지적을 받아왔다. 실제로 영어나 수학은 관련 분야에 진출할 것이 아니라면 그토록 어려운 과정까지 배울 필요가 없어 보인다. 하지만 오히려 대입 시험에서 영어와 수학의 난도는 더욱 높아지고 있고, 비중도 절대 줄어들지 않고 있다. 영어도 마찬가지지만 특히 수학은 지극히 제한적인 분야 진출자를 제외하면 실생활에서 그다지 활용할 일이 없는 철저한 입시 과목일 뿐이다.

이러한 현상에 두루두루 생각해보았다. 잘못인 줄 알면서도 고치지 않은 채 모순된 교육이 지속하고 있는 것은 도대체 무엇 때문일까. 답은 아주 간단하게 찾을 수 있다. 우선 주입식 교육이 이루어지고 있는 것은 두 가지가 주요 원인이다. 첫째는 토론식, 체험식 수업을 하기에 학급당 수용 인원이 너무도 많다는 점이다. 과거 60~70명씩 수용한 교실은 생각만 해도 끔찍하다. 부단한 투자로 학급당 인원을 30명 선으로 줄였지만, 국내 모든 학급이 20명 미만으로 조정돼야 한다. 그렇지 않고는 주입식 교육이 진행될 수밖에 없다.

또 하나는 교과목 수와 교과 양을 대폭 줄여줘야 한다는 점이다. 웬 과목이 그리도 많고, 웬 교과 내용이 그리도 많은지 그걸 다 토론식으로 수업하면 정해진 교과 양의 절반도 소화할 수 없게 된다. 과목도 줄이고, 교과 양도 줄여주지 않으면 주입식 교육이 될 수밖에 없다. 교과서만 읽고 지나가기에도 시간이 모자랄 판인데 거기에다 대고 무슨 토론을 하고 체험을 한단 말인가. 지금의 교과목 수와 교과 양이 유지된다면 절대 토론식 수업, 체험형 수업은 불가능하다. 간단히 설명만 해주고 지나가기에도 과도한 분량이다.

영어와 수학의 난도가 지나치게 높고 이들 과목의 비중이 전체 교과목 대비 과하게 많다는 것은 이들 두 과목에서 변별력을 확보하고자 하기 때문이다. 각자 입학을 원하는 대학과 거기서 수용할 수 있는 학생 수는 제한적인데 가고 싶어 하는 학생의 수는 많다 보니 어디선가 변별력을 찾아야 하는데 그 방법으로 영어와 수학이라는 과목이 이용되고 있다. 그러니 온 힘을 다해 영어와 수학에 매달려야 원하는 대학에 진학할 수 있는 구조이다. 언뜻 생각하면 대단히 합리적일 수 있지만, 다른 한편으로 생각하면 이보다 불합리할 수 없다. 누구라도 대입 수험과정을 치러보고 나면 확실하게 깨닫게 된다.

극소수 관련 분야 진출자가 아니라면 사회에서 써먹지도 못할 영어와 수학을 대입 시험에서 그토록 어렵게 출제하고 높은 비중을 차지하게 하는 것은 아무리 생각해도 비효율적이다. 대개의 국민은 그렇게 생각하고 있다. 하지만 논의만 이루어질 뿐 모순적인 현재의 시스템에 대한 개선은 이루어지지 않고 있다. 현재의 시스템을 흐트러뜨리고 새로운 틀을 짜면 우리가 생각하는 이상의 큰 변화가 이루어지기 때문인 것 같다. 지금의 제도는 기득권을 형성하고 있는 상류층 집단이 그 기득권을 대물림하기에 최적화돼 있으니 그걸 함부로 재편할 수 없는 구조이다.

정상적인 학교 수업만으로는 영어와 수학의 높은 장벽을 절대 넘어설 수 없다. 대입 시험의 영어와 수학 출제 경향을 꿰뚫고 있고, 학교 내신관리를 위한 노하우까지 축적하고 있는 사교육 전문가의 도움을 받을 수 있는 계층과 그렇지 못한 계층은 이미 구분돼 있다. 자녀의 대입을 위해 정보를 독식하고 있고 얼마든지 돈을 뿌려댈 수 있는 부모가 영어와 수학을 통한 변별력 확보로 대입의 성패를 좌우하는 현재의 시스템을 선호하고 있다. 그러니 지금의 체제가 쉽게 고쳐질 리 없다. 그래서 이 나라 교육이 서글프다.

모두 행복해지기 위한 최소의 조건

2018년 10월 26일 금강일보

　최근 몇몇 중·고등학교를 방문해 학생을 대상으로 특강형태의 강의를 진행한 일이 있다. 내가 학교에 다니던 30~40년 전과 비교하면 교실에는 상전벽해의 변화가 일어났다. 시설 면에서 선진화된 것이 우선 눈에 띈다. 다음은 학급당 인원이 절반 이하로 줄었다는 점이다. 시골 학교의 경우, 한 반의 인원이 불과 수 명에 그치는 경우도 많다. 직접 수업을 진행해 보면 왜 학급당 인원을 줄여야 하는지 몸으로 느낀다. 학교로 수업을 다녀보기 전에는 학급당 인원을 줄인다는 뉴스를 들으면 잘 받아들여지지 않았다.

　우리 세대는 한 반에 65명 전후의 콩나물 교실에서 수업을 받았지만, 무리 없이 잘 자랐다는 논리에 사로잡혀 있던 것이다. 하지만 막상 수업을 해보면 학급당 적정 인원은 20명 이내라는 사실을 저절로 깨우치게 된다. 학생과 교사가 교감하면서 수업을 하려면 20명 이하의 학생이라야 한다, 그 인원을 초과하면 집중력 있게 수업을 진행하기 어렵다. 수업을 해보면 과거 65명이 한 학급에서 수업을 받은 것은 기적에 가까운 일이란 사실을 알게 된다. 대학의 교양과목 수업도 수강생이 40명을 넘어서면 원활한 진행이 어려운데 초중고생은 더 말할 나위가 없다.

과거의 학교에는 폭력이 난무했다. 한 사람의 교사가 65명 전후의 학생을 일시에 통제할 수 있던 이유 중 하나가 폭력의 허용이다. 당시에는 일제의 군국주의, 전체주의 문화가 남아있는 데다 군부정권의 군사문화가 학교에 고스란히 적용되던 시기여서 교사에 의한 학교폭력이 훈육이라는 명분으로 합법화되었다. 교사는 학생 통제의 수단으로 폭력을 사용했다. 한 명의 학생을 희생양으로 무자비한 폭력을 행사하면 다른 학생은 겁에 질려 통제에 순응했다. 교사는 물론 학부모도 그것이 대단히 교육적이라고 생각하던 시절이었다.

그러나 학교 내에서 폭력은 있을 수 없는 일이다. '꽃으로도 때리지 말라'는 말은 인간사에서 폭력이 사라져야 하는 이유를 단적으로 표현한 것이다. 학교는 물론 세상 어느 곳에서 인간이 인간을 때리는 일은 사라져야 한다. 극소수지만 일부 교사는 통제와 훈육, 폭력 등 과거의 시스템에 대한 향수가 남아있다. 폭력이 사라진 이후 학교 현장에서 발생하는 모든 문제점을 폭력이 없어진 탓, 맞지 않고 자란 아이들 탓으로만 돌리려는 교사도 있다. 폭력 없는 교육이 불가능하다는 확신이 있기 때문이다.

실제로 학교 현장에 수업을 다니며 학생이 교사의 통제에 따르지 않고 있다는 사실을 목격했다. 수업시간의 모습이 머릿속에 그려진다. 그러나 통제를 이유로 폭력이 난무하던 과거의 교실로 회귀할 수는 없는 것 아닌가. 아직 완전히 이성적이지 못한 아이들을 대상으로 폭력 없이 대화만을 이용해 수업을 잘 진행하고 생활지도를 잘하는 것은 생각만큼 쉽지 않다. 그래서 교사의 피로도가 높다는 사실도 충분히 이해한다. 어려운 임용의 과정을 거쳐 교사가 됐지만, 도무지 통제에 따르지 않는 학생을 보며 얼마나 지치고 힘든지 상상이 된다. 교단을 떠나는 교사의 심정도 헤아릴 수 있다.

폭력을 학교에서 몰아내는 과정이 절대 쉽지 않았다. 폭력이 동원되면 너무 쉽게 목표에 도달할 수 있고, 선의의 피해자 발생도 막을 수 있는데 그 방법을 사용하지 못하게 하니 교사가 얼마나 답답했을까. 그러나 우리 사회는 그 어려움을 극복하고 학교에서 폭력을 몰아내는 데 성공했고, 20여 년 전부터 비폭력 교육이 정착되고 있다. 물론 교사는 많이 힘들어졌다. 폭력이라는 간단한 방법을 두고 멀리 있는 길을 돌아서 가자니 얼마나 힘들었을지 알 것 같다. 과거로 회귀하고 싶은 유혹도 많았을 것이다.

인간이 인간을 때리는 일은 어떤 이유로도 용납될 수 없다. 학교 외에 군대나 교도소같이 다수의 인원을 일정한 공간에 수용하고 있는 시설의 경우, 폭력의 발생 가능성은 크다. 관리하고 통제하는 자의 처지에서 폭력을 사용하면 다수의 인원을 효과적으로 제어할 수 있으므로 폭력을 사용하고 싶은 유혹이 클 수밖에 없다. 하지만 폭력은 이미 과거의 용어이다. 현대사회에서는 어떤 이유로도 발붙일 수 없는 용어이다. 폭력이 사라질 때 비로소 모두가 행복해질 수 있는 최소의 조건이 완성된다는 사실에 공감해야 한다.

가짜뉴스와 사이비 기자 없는 세상

2018년 10월 22일 충청신문

인터넷 보급이 일반화하기 전에는 대중 매체란 것이 지극히 제한적이었다. 신문과 방송이 매체의 주도권을 잡고 있었다. 그러다 보니 신문과 방송이 대중을 등에 업고 호가호위하는 꼴이 벌어졌다. 실제로 신문과 방송이 대중 매체를 주무르던 시절에는 기자란 직업이 힘깨나 쓰고 다녔음을 인정한다. 더구나 당시에는 기자의 수가 지극히 제한적이었다. 그래서 신문과 방송 종사자가 무소불위의 권력을 휘두르지 않을까 경계하는 눈초리가 많았지만, 그들을 경계할 사회적 시스템은 미약했다.

인터넷 보급이 보편화한 이후 인터넷을 기반으로 한 신문사와 방송사가 생겨나기 시작했다. 인터넷을 통해 누구나 정보를 접할 수 있게 됐고, 자기 입맛에 맞는 정보를 만들어 보급할 수 있게 됐다. 모바일 시대가 열리며 인터넷 신문과 방송의 양적 팽창은 본격화했다. 자고 일어나면 새로운 이름의 신문사와 방송사가 생겨났다. 그만큼 기자 명함을 갖고 다니는 사람의 수도 급증했다. 명함은 없더라도 기사를 만들어 퍼뜨리며 여론몰이를 할 수 있는 사람의 수가 늘어났다.

늘어난 언론인 가운데는 열악한 취재 환경 속에서도 알토란같은 정보를 얻어내 알찬 소식을 대중에게 전달하는 이들도 있지만, 실상 그 반대의 경우가 훨씬 더 많다. 정보를 확보하고 공유하는 과정에서 사회정의나 국민의 알 권리 등은 무시한 채 사익 또는 개인의 재미나 만족을 우선시하는 전혀 윤리적이지 못한 부류의 사람이 급증했다. 그러나 그들도 공익을 위하고 국민의 알 권리를 충족시킨다는 허울은 늘 달고 다닌다. 딱히 그들을 제지할 방법은 없어 방치되는 게 현실이다.

자신의 사익만을 챙겨가며 공익을 뒷전으로 하는 이들에게 사이비似而非라는 수식어를 붙여 '사이비 기자' 또는 '사이비 언론'이라고 한다. 사이비는 늘 썩은 고기만을 찾아다니는 초원의 하이에나처럼 부패한 곳만 찾아다닌다. 그러나 부패를 정화해 정의로운 사회를 만들자는 생각은 아예 없다. 누군가의 약점을 건드려 괴롭히거나, 괴롭히지 않겠다는 조건으로 사익을 챙기려는 쓰레기 같은 짓을 서슴지 않는다. 그 폐해가 날로 심해지며 사회적 문제로 부상하고 있다. 사이비 소탕을 외치는 목소리는 높지만 갈 길이 험하다.

사이비가 범람한 뒤 나타난 파생 효과는 가짜뉴스의 양산이다. 가짜뉴스는 보편적 뉴스의 형태를 모방해 만들지만 실제로는 뉴스가 아니다. 가짜뉴스의 내용 자체가 사실이 아닌 거짓 정보를 담고 있기 때문이다. 제대로 된 뉴스의 형식을 모방하지만, 내용 면에서는 사실이 아니니 뉴스라고 할 수 없다. 가짜뉴스는 출처를 확인하기 어려운 소문을 뉴스화하거나 의도적으로 조작한 정보를 뉴스화한다. 가짜뉴스를 만드는 원인도 따지고 보면 누군가에게 피해를 주거나, 반대로 누군가에게 부당한 이익을 안기고자 하는 데서 비롯된다.

정보의 홍수 시대를 맞아 넘쳐나는 쓰레기 정보를 걸러내고 양질의 정보를 얻는 일이 스트레스로 다가오고 있다. 돌이켜 보면 과거에는 정보 자체의 양이 부족했지만, 전체 정보에서 쓰레기 정보가 차지하는 비중도 대단히 적었고 대중은 쓰레기 정보를 걸러내야 하는 번거로움으로

부터 자유로웠다. 하지만 지금은 상황이 다르다. 무엇이 진실이고 무엇이 거짓인지 분간하기 어려운 뉴스가 마구잡이로 쏟아져 그것을 가려내야 하는 번거로움이 개인의 몫이 됐기 때문이다.

가짜뉴스 가운데는 허무맹랑하고 황당하기 짝이 없는 내용이 많다. 하지만 그런 터무니없는 내용도 비판 없이 수용하는 이들이 적지 않다. 그들은 가짜뉴스에 대해 어떤 의심도 하지 않고, 그 내용을 액면 그대로 받아들인다. 오히려 그 내용을 재생산하고 확산하는 데 적극적이다. 사태의 심각성을 인지한 정부가 단속과 규제에 나서려 하고 있지만 만만치 않다. 국민의 알 권리를 정부가 저지하지 않는 선에서 가짜를 선별해야 하기 때문이다. 어디까지가 가짜뉴스인지 구분하기란 말처럼 쉽지 않다.

사이비 기자와 가짜언론을 몰아내는 일은 시급하지만, 섣불리 행할 일도 아니다. 그들을 어떻게 색출하고 어떻게 저지할 것인가를 아주 신중하게 고려해야 한다. 국가권력이 국민의 알 권리를 침해하는 일이 벌어져선 안 되고 국가가 헌법이 보장하는 국민의 '표현의 자유'를 함부로 침해해서도 안 된다. 사이비 기자와 가짜뉴스의 축출이 어려운 이유이다. 하지만 이대로 두어선 국민적 피해가 너무 크다. 정부는 부작용을 최소화하는 선에서 사이비 기자와 가짜뉴스를 몰아낼 최적의 묘안을 찾아내야 한다.

한국의 성장과 한글

2018년 09월 17일 충청신문

전 세계에 존재하는 언어는 대략 몇 가지일까. 기록에 의하면 지구상에서 인류가 사용하고 있는 언어는 6000가지 정도 된다고 한다. 물론 사멸된 언어도 많다. 이 가운데 100만 명 이상의 인구가 사용하고 있는 언어는 250가지 정도가 된다고 한다. 이토록 많은 언어가 존재하는 가운데 언어를 기록하는 시각적 기호체계인 문자의 수는 얼마나 될까. 이곳저곳을 뒤져 알아보았더니 지구상에 존재하는 문자는 불과 20개 남짓이다. 세계 200개가 넘는 나라 가운데 자국의 문자를 사용하는 나라는 1할인 20개국에 그친다.

그중 하나가 대한민국이다. 그러니 우리가 한글을 사용하고 있다는 사실만으로도 충분히 자긍심을 가질 만하다. 우리 문자인 한글이 없는 세상은 생각하기도 끔찍하다. 그 불편함을 어찌 감당할 수 있겠는가. 새삼 한글을 만들어 후손에게 안긴 조상의 고마움을 깊이 새기게 된다. 그래서인지 한글날이 있는 10월만 되면 세종대왕에 대한 칭송이 온 나라를 뒤덮는다. 누구도 그런 현상에 대해 불만을 표하지 않는다. 불만을 표하지 않는다는 것은 모두가 뜻을 같이한다는 의미로 볼 수 있다.

모두 알다시피 한글은 조선 초 1443년에 반포되었다. 세종대왕이 집현전 학자들과 수년간 연구에 몰입한 끝에 민족의 대업을 이루어 낸 것이다. 앞서 밝힌 대로 세계에는 20여 개 문자가 있고 이 가운데 창제자와 창제 시기가 명확하게 파악되는 것은 한글이 유일하다. 고대에 제작된 문자와 비교한다면 한글은 창제된 연차가 상대적으로 짧다. 그러니 가장 과학적이고 합리적으로 만들어질 수밖에 없다. 창제에 담긴 애민정신과 제작원리의 독창성, 과학성, 합리성 등을 인정받아 한글은 유네스코 기록유산으로 등재돼 있다.

한국 정부는 지난 1989년 유엔 유네스코에 세종대왕 문해상을 제정해 시상토록 했다. 이에 따라 1990년부터 '세계 문해의 날'인 9월 8일에 맞춰 문맹 퇴치에 이바지한 개인이나 단체를 선정해 2만 달러의 상금과 상장, 메달을 수여하고 있다. 한글은 소리를 적을 수 있는 문자로 구성이 합리적이어서 익히기 시작해 불과 며칠 만에 습득할 수 있다. 그래서 자신의 고유문자가 없는 민족이 한글을 공식 문자로 채택해 사용하는 경우가 점차 늘어나고 있다. 이는 곧 한글의 세계화를 의미하는 것이다.

대한민국은 전 세계에서 가장 **빠르게** 경제발전과 민주화를 동시에 이루어 낸 국가이다. 그 밑바탕에는 교육이 자리 잡고 있다. 그렇다면 그 교육이 바로 성과를 낼 수 있던 힘의 원천은 무엇이었을까. 많은 이유가 있겠지만 한글의 공로를 **빼놓을** 수 없다. 한글이 있었기에 우리는 정확하게 정서를 공유할 수 있었고 지식과 정보도 쉽고 빠르게 전달할 수 있었다. 그것은 학습효과의 극대화로 연결됐고, 우리는 이를 기반 삼아 세계인이 깜짝 놀라는 성장을 이루어 냈다. 단언컨대 한글이 없었다면 한국의 급성장은 불가능했다. 그러니 한글의 고마움은 뭐라 단편적으로 설명하기가 어렵다.

전 세계적으로 휴대전화 공급이 보편화 되면서 한글의 독보적 우수성은 다시금 주목을 받았다. 중국어나 일본어가 컴퓨터 자판 또는 휴대전화 자판을 통해 입력되는 과정이 얼마나 복잡한지는 대부분 익히 잘 알고 있다. 한글은 익숙하기만 하다면 눈을 감고도 완벽한 입력이 가능하다. 타이핑에 의한 문자 표현이 날로 확산하고 있다는 점을 고려하면 한글의 편리성은 앞으로 더욱 주목받을 것이다. 한글이 창제된 지는 올해로 575년째이지만 실제 사용이 보편화 된 것은 120년 남짓이다.

　한글의 우수성은 우리만 인정하는 것이 아니다. 언어와 문자를 연구하는 세계 각국의 석학도 한결같이 한글의 우수성을 극찬하고 있다. 한글이라는 아주 훌륭한 문자를 유산으로 물려받았기에 우리는 우리가 원하는 그것을 더욱 빠르고 안전하게 얻을 수 있었다. 우리의 경제발전과 민주주의 성장은 한글의 사용과 직접 연결된다. 그 사실을 누구도 부정할 수 없다. 한글날을 앞두고 한글이라는 위대한 유산을 우리에게 물려주신 조상의 고마움을 한 번쯤 곱씹어 보는 것은 어떨까.

본받기와 따라 하기

2018년 09월 14일 금강일보

'본받기'와 '따라 하기'는 언뜻 같은 말로 받아들여진다. 하지만 분명 뭔가 다른 어감의 차이가 있다. 그 차이는 뭘까? 직관적으로 받아들여지기는 이미지는 본받기의 경우 긍정적이지만 따라 하기는 다소 부정적이다. 본받기는 내면적으로 충분히 이해하고 깨달아 더 나은 나를 만들기 위해 누군가의 장점을 닮고자 노력하는 이미지가 머릿속에 그려진다. 반면 따라 하기는 겉모습만 보고 그것이 장점인지, 단점인지, 유익한지, 유해한지도 제대로 헤아리지 않고 조건 없이 흉내 내는 것이란 부정적 이미지로 인식된다. 옳은 구분인지 모르겠으나 일단 그렇게 받아들여진다.

살다 보면 분명 나보다 나은 사람을 접하게 된다. 학식도 풍부하고 인격도 고매해 가까이 가면 그가 뿜어내는 후광에 절로 기가 죽고 마는 경우가 있다. 그런 근엄한 존재가 아니더라도 주위 사람을 너무 편하게 해주고 늘 웃음으로 반겨주는 사람, 혹은 자신을 위한 일은 뒷전으로 하며 늘 남을 위해 헌신하고 봉사하는 사람도 있다. 이들 모두의 공통점은 본받고 싶다는 생각을 하게 한다는 점이다. 마음속 깊이 우러나 존경하는 마음이 생기고 그 긍정적인 모습을 배우고 싶어 하는 것을 본받는다고 표현한다.

그 내면은 알지 못한 채 그저 화려한 겉모습에 반해 모방하고 싶어 하는 것을 일컬어 따라 하기라고 한다. 따라 하는 대상의 내면적 성숙은 중요하지 않다. 다만 겉으로 드러나는 모습이 자신보다 우월하다고 느낄 때 비판 없이 흉내 내고 싶은 마음이 생긴다. 그래서 따라 하기는 그 대상은 물론 주체도 겉모습에 주목한다. 따라 하기의 주체는 따라 하는 것 자체가 즐거울 뿐 따라 하기가 주체인 자신에게 유익한지 아닌지는 중요하게 여기지 않는다. 즐거움에 주목할 뿐이다.

본받고 싶은 사람이 많은 사회는 참으로 훌륭한 사회이다. 인생의 좌표를 제시해주는 등대 같은 사람이 많을수록 사회는 밝아지고 건전해지고 성숙한다. 본받고 싶은 사람이 많은 사회는 발전지향적인 사회이고, 중심이 바로 서는 사회이다. 이에 반해 따라 하고 싶은 사람이 많은 사회는 깊이가 없고, 즉흥적인 데다 현실에만 급급해 미래지향적이지 못한 사회이다. 지금의 화려함에 현혹돼 표면적 모습만 지향하는 그런 사회는 좌표가 없어 늘 흔들리고 표류할 수밖에 없다.

우리 사회는 물질적인 가치와 겉으로 보이는 모습에만 치중해 진정한 내면의 가치를 외면하는 세태가 날로 확산해 가고 있다. 삶이 윤택해지고 생활이 편해지고 있는 것은 맞지만 왠지 좌표도 없어 보이고 표류하는 모습으로 비친다. 다수의 국민은 비싸고 좋은 옷을 입고, 고급 승용차를 타고, 호화로운 주택에서 편하게 살고, 소위 명문이라고 불리는 학교에 진학하고, 수입이 많은 직장을 갖는 것에만 지나치게 삶의 가치를 두고 살아간다. 자신에게 어떤 의미인지 생각지도 않고 무작정 그런 외형을 따라가려 한다. 따라 하지 못하고 모방하지 못하면 극심한 스트레스를 받는다.

진정 존경할 만한 사람을 찾아보기도 어렵고, 설령 주변에 그러한 분이 있어도 그런 삶을 본받으려는 이들이 별로 없다. 따라 하고 싶은 사람은 많지만, 정작 본받을 만한 사람에 대해서는 본받으려고 하지 않으니 불행하고 불안한 사회이다. 본받을 만한 사람은 우리 주변에 얼마든지 있다. 사회구성원 대부분이 그런 삶에 가치를 느끼지 못하고 본받는 일에 관심이 없다는 것이 문제이다. 온통 따라 하는 일에만 관심을 두는 사람이 눈에 띌 뿐 본받는 일에는 별 관심이 없어 보인다. 그래서 발전지향적이지 못하다. 즉흥적이고 시야가 좁다.

존경할 가치가 있는 거룩한 삶을 살아가는 이들은 의외로 많다. 하지만 대개의 사람은 누군가를 본받는 일에 관심이 없다. 내면적으로 더욱 성숙하고 이타적인 인간으로 살아가는 일에는 당최 관심을 두지 않는다. 그저 화려함만을 좇는다. 수치상으로 남을 앞서는 일에만 모든 관심을 둔다. 그래서 걱정된다. 사회가 갈수록 겉모습만 좇는다. 젊은이의 따라 하기 집착은 심각한 수준이다. 품격 있게 살아가는 것에는 도무지 관심이 없고 따라 하기에만 모든 관심이 집중돼 있다. 물질만능주의의 자화상이다. 이 가을, 내가 진정 본받아야 할 인물과 삶은 무엇인지 생각해보는 시간이 필요하다. ✍

수치 없는 목표 세우기

2018년 08월 20일 충청신문

　누구랄 것 없이 삶의 목표를 세우며 살아간다. 그 목표의 달성을 위해 매진하고 전력하는 사람이 있는가 하면 목표를 세우기만 할 뿐 실천을 하지 않는 사람도 많다. 거창한 목표를 세우고 도달하지도 못해 좌절하고 낙심하기를 반복하는 사람이 있는가 하면 작은 목표를 세워 그것을 실천하고 달성해가며 삶의 보람과 의미를 찾는 사람도 있다. 어떤 형태가 됐던 누구에게나 목표는 있다. 목표가 없는 사람은 삶을 포기한 사람이다. 목표의 의미와 형태에 대해 생각해봤다. 목표는 누구나 가진 것이고 목표가 없다면 삶은 참으로 무미해진다. 생각해 보면 목표가 없는 삶은 참으로 재미가 없을 것이 분명하다.

　인간은 크든 작든 뭔가를 성취해가는 재미에 빠져 살아간다. 무슨 일이든 노력 여부와 관계없이 도저히 이룰 수 없다면 인생은 재미가 없어 살아갈 수 없다. 반대로 모든 일이 너무 쉽게 이루어져 노력 없이 달성되면 그 또한 재미가 없을 것이다. 그래서 적당한 목표를 설정하는 일은 인생에 있어 참으로 중요하다. 나를 포함해 모든 한국인이 목표에 대해 어떤 생각을 하고 있는지 정리해보았다. 한국인이 설정하는 목표의 가장 눈에 띄는 점은 대부분 수치화하고 있다는 점이다. 실제로 누군가가 설정한 목표를 살펴보면 구체적 수치가 동반돼 있음을 발견하게 된다. 물론 수치가 없는 목표도 있지만 아주 이례적이다. 대부분 목표가 수치화하고 있다 보니 오히려 수치가 없는 목표가 이상해 보인다. 도대체 목표로 보이지가 않는다.

그러나 수치가 없는 목표는 얼마든지 있다. 예컨대 '담배를 끊는다.' '대학원에 진학한다.' '스키를 배운다.' '감정의 골이 깊은 친구와 화해한다.' 등등의 목표 설정이 가능하다. 하지만 이런 목표는 막연하게 느껴질 수 있다. 여기에 어떤 형태로든 수치를 넣어야 더 명확해 보이고 결연하게 느껴진다. '3개월 이내 담배를 끊는다.' '2년 이내에 대학원에 진학한다.' 등처럼 말이다. 수치가 삽입되면 한결 더 목표가 목표다워진다. 이런 목표가 목표다워 보이는 것은 우리가 그렇게 사는 것이 습관화됐음을 의미한다. 이 같은 현상에 대해 곰곰이 생각해보았다. 한국인들은 뭔가 수치화하고 계량화하는 것을 참으로 좋아한다.

수치화, 계량화한다는 것은 그 수치에 짓눌려 조급해짐을 의미한다. 수치화한 목표를 달성하기 위해 스스로 스트레스를 주고 지속해서 자극을 안긴다. 그렇게 해서 애써 목표를 달성했을 때 거기서 끝나는 예는 없다. 그보다 수치를 높여 더 큰 목표를 세우고 새로운 도전을 시작한다. 다시 스스로 스트레스를 주기 시작한다. 결국, 수치가 동반된 목표는 계속 본인을 압박하는 요인이 되며 끝없이 스트레스를 제공하는 역할을 한다. 그래서 수치가 동반되지 않는 맹맹한 목표를 세워보라고 권하고 싶다. 사실 기한이나 금액, 횟수 등이 없는 목표는 상상하기 힘들다. 일 중독, 공부 중독 속에 살아가는 한국인에게 수치 없는 목표는 너무 싱겁고 재미가 없다. 한국 사회에서는 인생을 즐기면서 편히 쉬어야 하는 노년들조차 구체적 수치를 곁들인 목표를 설정하고 그것에 매진한다.

수치가 없는 목표를 세워보자. 수치를 높여가며 평생 자신을 옭아매는 형태의 목표 설정에서 한 발짝 물러서 보자. 지나친 경쟁심과 조바심을 버리고 소소한 일상 속에서 즐거움을 찾아보자. 수치가 없는 작은 목표를 설정하고 달성해가면서 그동안 수치가 내게 얼마나 많은 스트레스를 안겼는지 깨달아보자. 쫓기는 인생이 아닌 즐기는 인생에 대해 생각해보고 실천으로 옮겨보자. 어느 책에서 '수치가 없는 목표는 목표가 아니다.'라고 단정하는 문구를 보았다.

그래서 꼭 그럴까 곰곰이 생각해보았다. 내 생각은 달랐다. 오히려 목표에서 수치를 빼면 삶이 한결 여유로워지고 넉넉해진다. 평생 경쟁 구도 속에서 수치에 얽매어 과도한 스트레스 속에 사는 것이, 과연 옳은가. 수치에 쫓기며 즐기지 못하고 건조하게 사는 인생이 그토록 의미 있고 행복할까. 조급함이 일상이 된 인생을 평생 살아가는 것이 옳은 삶일까. 자신이 자신을 피곤하게 만드는 일이 그토록 의미 있는 것일까. 이제는 1인당 국내총생산 3만 달러에 걸맞게 개발도상국 시절의 조급함을 버리고 삶에서 여유를 찾아야 하는 것 아닐까. ✑

"내가 위로해 달랬지 심판 봐 달라 했냐?"

2018년 08월 03일 금강일보

　　세상 살며 겪는 갖가지 어려움은 혼자서 끙끙거리기보다 전문가의 조언을 받으면 한결 쉽게 극복할 수 있다. 그러니 도움을 받는 것이 옳다. 현대인은 물질적으로는 풍요를 느끼면 살아가고 있지만, 늘 고독하고 과도한 스트레스 속에서 살아간다. 그래서 전문 상담사도 계속 늘어가는 것 같다. 벌써 몇 년이 지난 이야기이다. 개인적으로 복잡하고 힘든 일이 있어 종교단체가 운영하는 센터에 상담을 신청했다. 접수 후 며칠이 지나서 나의 상담을 맡을 전문가가 배정됐다. 그가 관련 분야 전문가인지는 알 수 없었다. 다만 그가 나를 적극적으로 도와 스트레스에서 벗어날 수 있으리라 생각하니 큰 기대감이 몰려왔다.

　　하루빨리 정신적 안정을 찾고 싶어 상담에 성실히 임하자고 스스로 다짐했다. 그런데 처음부터 상담은 제대로 돌아가지 않았다. 사생활 보호 차원에서 그 상담사의 연락처는 공개되지 않았고, 오로지 그가 출근하는 날 유선전화로 내게 전화를 걸었을 때 그와 접촉할 수 있었다. 거기서부터 불편은 시작됐다. 뭔가 바로바로 속 시원한 대화가 이루어졌으면 좋겠는데 그게 안 됐다. 특정 요일, 특정 시간에 걸려오는 전화를 받는 것 외에 그와 통화할 수 있는 길은 없었다. 원하는 때에 상담사와 바로 연락하지 못하는 상황이 큰 스트레스로 다가왔다. 어렵게 전화가 연결되더라도 서로 일정을 조율해 만나는 것이 여간 어렵지 않았다. 자원봉사자인 그는 특정 요일, 특정 시간에만 일했기 때문에 그 일정을 맞추기란 쉽지 않았다.

어렵게 시간을 맞춰 상담 일정에 착수했다. 난 그간의 울분과 억울함을 맘껏 쏟아내고 싶었지만, 그는 내가 몇 마디 하면 내 말을 끊었다. 그러면서 계속 나를 훈계하려는 태도를 보였다. 이후 몇 번의 상담이 진행되는 동안 그의 태도는 일관됐다. 나는 상담을 통해 더 많은 스트레스를 받게 됐고 결국 상담 포기를 선언하고 말았다. 가깝게 지내는 한 친구에게 고민을 이야기하는 과정에서도 똑같은 경험을 했다. 내 얘기를 충분히 들어주기도 전에 내가 겪고 있는 상황에 대해 이성적이고 논리적으로 책임 소재를 밝히려 했다. 교통사고 조사에서 가해자와 피해자의 과실이 각각 몇 %인지를 밝혀내려는 것 같은 분위기가 느껴지니 오히려 울화가 더 치밀었다.

내가 그에게 바라는 것은 내 편이 돼서 내 이야기를 들어주고 나를 이해해주고 위로해달라는 것이었다. 하지만 이 친구는 앞서 만났던 상담사와 마찬가지로 나를 위로해 줄 생각은 없고 오로지 심판 볼 궁리만 했다. 내가 내 이야기를 충분히 할 수만 있었어도 마음이 많이 누그러졌을 것이다. 그렇지만 그 친구도 내 이야기를 끝까지 들어보기도 전에 내 말을 끊고, 내 잘못을 지적하기에 바빴다. 대화를 나누면 나눌수록 답답함은 오히려 커졌다. 결국, 버럭 화를 내고 그 친구와의 대화를 중단할 수밖에 없었다.

그런데 한 친구는 달랐다. 그는 대화하며 간간이 내게 술을 따라주었고, 이야기를 듣는 동안 고개를 끄덕이거나 눈빛 교환을 하며 내 이야기를 진지하게 들어주었다. 중간에 "힘들었겠구나.", "화날 만하네.", "나같아도 힘들었겠다." 등등의 추임새를 넣어가며 내가 하는 말에 적극적으로 호응해 주었다. 그 친구에게 내 마음 깊은 응어리를 쏟아내고 나니 기분이 풀리기 시작했다. 내 마음이 풀리고 나니 친구는 그제야 자신이 하고자 했던 이야기를 하기 시작했다. 그러니 내 귀에 그 말이 들어왔다.

분명 그 친구는 상담을 전공한 전문가도 아니고, 나보다 월등히 사회 경험이 많은 것도 아닌 평범한 내 또래이다. 하지만 그의 대화법은 전문 상담사를 뛰어넘는 아주 탁월한 수준이었다. 그 친구와의 대화를 통해 많은 것을 깨달았다. 우선은 대화에 있어 듣기가 얼마나 중요한지 절감했다. 상대의 이야기를 충분히 들어주고 난 뒤에 내가 하고 싶은 이야기를 건네면 상대는 저항 없이 그 이야기를 수용하게 된다는 사실을 알게 됐다. 상담은 처음부터 정해진 답을 제공하는 것이 아니라 상대의 속이 후련하도록 충분히 들어주는 것부터 시작해야 한다는 사실을 절실히 깨달았다. ✎

이런 일이 뉴스가 되지 않는 세상 만들기

2018년 07월 16일 충청신문

　대한민국을 뜨겁게 달군 6.13지방선거가 마무리되고 사회 각 분야가 일상을 되찾았다. 선거 직후부터 월드컵 바람이 불어서인지. 너무 싱겁게 특정 정당의 완승으로 끝나서인지 선거 이후의 혼란스러운 분위기는 오래가지 않았다. 국민 대다수는 참으로 빠르게 일상생활에 적응해 갔다. 선거와 관련된 각종 이야깃거리도 이전의 선거만큼 쏟아지지는 않았다. 그래도 선거 후 이야기는 여럿 있었고, 그중 기억나는 이야기를 적고자 한다.

　선거 이튿날 운전을 하며 여느 때처럼 라디오를 들었다. 선거 관련한 재미있는 이야기가 폭포수처럼 쏟아지니 선거 직후의 뉴스 듣기는 소위 말하는 '꿀잼아주 재미있다는 속어'이다. 꽤 여러 뉴스를 들은 가운데 큰 비중을 두지 않고 지나가는 뉴스처럼 소개된 짧은 사연이 오히려 내게는 가장 흥미 있는 뉴스로 들렸다. 선거에 출마해 당선된 강석주 통영시장 당선인의 친부께서 20년째 아파트 경비원으로 일하고 있고, 선거 당일도 여느 때처럼 경비 일에 충실했다는 뉴스였다. 선거결과를 지켜본 주민들이 노인을 찾아가 "아들이 시장이 됐으니 인제 그만두셔야 할 것 아닙니까?"하고 물으니 노인은 "아들이 시장이지, 내가 시장인가?"라며 하던 일을 계속하겠다는 뜻을 분명히 밝혔다고 한다.

이 뉴스는 삽시간에 전국으로 타전돼 각종 매체에서 유사 기사를 쏟아냈다. 라디오의 경우 불과 수초에 지나지 않을 짧은 뉴스로 소개됐다. 뉴스를 들은 직후 차를 세우고 도로 한쪽에서 이 뉴스에 대해 메모를 했다. 사무실로 돌아와 인터넷을 뒤져보니 많은 기사가 있었지만, 내용은 대동소이했다. 이 건을 소재로 칼럼을 쓰겠다고 마음먹고 관련 기사를 출력했다. 막상 쓰려고 보니 순번제로 돌아오는 칼럼 일정상 너무도 묵은 뉴스가 될 수밖에 없었다. 다른 소재를 찾을까 궁리하다가 시의성이 다소 떨어지더라도 그냥 이 소재를 쓰기로 했다.

뉴스에 따르면 강석주 통영시장의 아버지 강종원 옹은 전매청에 근무했던 공무원 출신으로 정년퇴직 후 무려 20년 동안 아파트에서 경비 일을 지속했다. 시장이 된 아들과 사이도 좋아 한집에서 사는 것으로 알려졌다. 아들이 선거운동을 하고 다닐 때도, 선거결과를 개표하던 날에도 강 노인은 묵묵히 출근해서 평소와 다름없이 업무에 임했다고 한다. 사실 이런 비슷한 뉴스는 외국의 사례로 몇 번 소개된 바 있다. 하지만 아직도 우리나라 대한민국에서는 일반적이지 않은 이야기이다. 국민 정서로 볼 때 성공한 자식의 아버지가 소득이 적고 힘든 일을 하는 것을 받아들이지 못한다. 강 노인께서 하신 말씀대로 아들은 아들이고, 나는 나라고 생각하면 될 일이지만 그렇게 받아들이는 이는 많지 않다.

다소 엉뚱한 생각일지 모르지만 이런 일이 뉴스가 되지 않는 세상을 생각해봤다. 아들이 시장이지만, 그 부모는 얼마든지 다양한 자신의 직업을 가질 수 있다. 자녀도 마찬가지이다. 하지만 가족공동체 의식이 강한 우리는 가족 중 한 명이 크게 성공하면 나머지 구성원들은 저절로 그 반사이익을 누리는 것이 당연시되고 있다. 관련 기사를 읽고 또 읽어봐도 강석주 통영시장의 아버지 강종원 옹은 참으로 훌륭하신 분이다. 강석주 시장이 어떤 인물인지 도무지 알 수 없지만, 그 아버지의 인품을 보고 충분히 훌륭한 인물로 키워냈을 것이란 확신이 든다. 그 아버지에 그 아들일 것이란 생각하게 된다. 이런 생각을 하는 것은 비단 나뿐만이 아닐 것이다.

　이런 일이 뉴스가 되지 않게 하는 법은 간단하다. 대단히 특수성이 있고 희소성이 있는 일이기 때문에 뉴스가 된 것이다. 국민 누구나 그렇게 생각하고 그렇게 행동해서 상식이 되면 더는 뉴스거리가 안 된다. 뉴스는 항상 상식 밖의 일을 다루기 때문이다. 이번 건이 전국에 알려진 뉴스가 된 것은 아직도 이러한 일을 모든 국민이 아주 특수하게 받아들이고 있다는 방증이다. 민선 7기가 힘차게 닻을 올렸다. 모든 당선인은 누구보다 청렴하고 공정하게 업무를 추진하겠노라고 다짐을 하고 출발하지만, 하루하루 세월이 지나며 각오가 무뎌지고 평정심을 잃게 되는 경우가 있다. 그러다 보면 슬금슬금 가족이나 친지의 비리가 고개를 들 수 있다. 제발 이번 민선 7기가 끝날 때까지 전국에서 권력자들의 가족과 측근들에 의한 비리가 한 건도 없이 마무리되길 바란다. ✺

한국인만 모르는 부조화의 극치

2018년 06월 22일 금강일보

언젠가부터 한국에서는 결혼식장, 장례식장을 비롯해 각종 기념식장에서 남녀의 의상이 부조화의 극치를 이룬다. 쉽게 얘기해서 남자는 양복을 입고, 여자는 한복을 입는 것이 보편화 됐다. 너무 일반화되다 보니 누구 하나 어색함을 지적하지 않고 관행으로 자리를 굳혔다. 그러나 눈을 크게 뜨고 자세히 살펴보면 이는 어느 나라에서도 찾을 수 없는 어색함과 부조화의 극치이다. 결혼식장의 경우, 신랑과 신부는 양복인 턱시도와 드레스를 입는다. 혼주인 양가 부모는 각각 아버지가 양복 정장, 어머니가 한복을 입는다. 행사의 주체인 6명의 의상이 제각각이다. 6명 중 4명이 서양식 예복을 입는데 양가 어머니만 한복을 입는 것이 대단히 조화롭지 못하다.

6명이 모두 한복을 입든, 모두 양복을 입든 한 가지로 통일해야 하지 않을까 생각해 본다. 백번 양보해 신랑과 신부는 양복을 입더라도 양가 부모가 같이 한복을 입는다면 그나마 덜 어색할 것 같다. 결혼식이 진행되는 동안 어색한 부조화는 또 나타난다. 사회자가 신랑과 신부를 향해 양가 부모님을 차례로 찾아가 절을 하라고 한다. 그러면 신랑·신부가 양가 부모님을 차례로 찾아가 인사를 드린다. 이때 대부분 신랑은 바닥에 엎드려 큰절하고 신부는 허리를 숙이는 인사를 한다. 부부가 함께 예를 갖추는데 한 사람은 큰절하고 한 사람은 인사를 하는 조화롭지 못한 예법이 세상천지 어디에 또 있을까 싶다.

특히 하객들을 초청해 놓고 결혼식의 주인공인 혼주가 절을 받는 모습은 결례이다. 어찌 손님을 초대해놓고 손님 앞에서 자신이 절을 받는다는 말인가. 신랑·신부에게 절을 받는 의식은 각자의 집에서 치르고 결혼식장에서는 오히려 혼주가 자신을 축하해주기 위해 참석한 하객에게 인사를 올리는 것이 전통적 예법에 맞다. 손님을 초대해놓고 손님 앞에서 본인이 절을 받는 것은, 아무리 생각해도 결례이다. 누구도 지적하지 않아 무의식중에 관례로 자리를 잡아가고 있는 이 광경은 조속히 바로잡아야 할 예법이다.

장례식장을 가도 언밸런스의 상황은 비슷하다. 상주들이 전통적인 상복을 대신해 검은색 장례복을 입는 것이 보편화 됐다. 여기서도 남자는 양복을 입고 여자는 한복을 입는 것이 일반화돼 있다. 남자와 여자가 한복이든, 양복이든 한 가지로 맞춰 입는 것이 옳지 않을까. 대한민국 외에 세상 어느 나라에 가도 의식복으로 남녀가 자국 옷과 서양 옷을 엇갈려 입는 예는 없다. 남녀의 의상이 양복과 한복으로 엇갈리는 것이 어디 결혼식과 장례식뿐인가. 격식을 갖춰야 하는 거의 모든 자리에서 남자는 양복을 입고, 여자는 한복을 입는 것이 일반화됐다.

언제부터인지는 모르지만, 대단히 조화롭지 못한 이 의상 법이 자연스럽게 받아들여지고 있다. 심지어는 대통령이 국가 원수 자격으로 외국을 방문하거나 외국 방문단을 영접할 때도 이 같은 언밸런스 의상 착용법을 선보인다. 유심히 다른 나라의 국가 원수나 사절단 등의 의상 착용을 살펴보면 남녀가 함께 자국의 전통의상을 입든지 아니면 함께 양복과 드레스로 조화를 맞춰 입는다. 우리와 같은 동아시아문화권인 중국이나 일본도 국가 원수의 부인들이 남편의 의상에 맞춰 자국 고유 의상이 아닌 서양식 드레스를 입는 경우가 대부분이다. 유독 우리 대한민국만 엇갈려 입는다.

한국에서만 일반화돼 있는 남성 양복, 여성 한복의 독특한 행사장 의상 착용이 남녀통일 방식으로 바뀌어야 한다. 여성이 양복인 드레스를 착용하는 방식도 좋겠지만 남성이 양복 대신 한복을 입는 방식으로 바뀌면 더 좋겠다. 특히 대통령이 국내외 행사에 참석할 때 부인과 함께 한복을 갖춰 입는다면 더 말할 나위 없겠다. 그러면 국민도 각종 의식을 치를 때 행사복으로 한복을 착용하는 일이 더욱 늘어날 것이다. 세계화의 물결 속에 세계 각국은 미국 중심의 서양문화가 보편화하면서 자국의 의식주 문화가 특수문화 취급을 받고 있다. 한국의 경우 유독 그 정도가 심하다. 대통령을 비롯한 사회 지도층 인사가 선도적으로 각종 행사장에서 부인과 함께 한복을 입는 일을 일반화해서 사회에 만연한 부조화도 바로 잡고 한국 고유의 의상을 세계에 알리는 계기를 마련했으면 싶다.

아직도 구시대의 상대 비하적 언어를 쓰는가

2018년 06월 18일 충청신문

단어는 꾸준히 생성되고 소멸한다. 신조어가 생겨나는 만큼 어떤 말은 사라져 간다. 소멸어의 경우, 순 한글 말인데 대중이 사용하지 않아 사라지고 마는 아쉬운 말도 더러는 있겠지만 대개는 사회상과 맞지 않아 사용하지 않으며 없어진다. 때에 따라서는 적극적인 사회운동을 통해 소멸시켜야 하는 말도 있다. '장애자'라는 말이 '장애인'으로 바뀐 것은 그리 오래되지 않았다. 한 때 '장애우'라는 말을 사용하기도 했지만 '장애인'으로 정리됐다. '장애자', '장애우', '장애인'이 언뜻 들으면 별 차이가 없게 느껴질 수 있지만 잘 생각해보면 어감의 차이가 크다. 사회적 합의를 통해 '장애인'이라는 표현을 쓰기로 했으니 그렇게 사용하는 것이 맞다.

내가 어렸을 때는 아무렇지도 않게 '귀머거리', '소경', '봉사', '장님', '벙어리', '꼽추', '절름발이', '앉은뱅이' 등의 말이 일상어로 사용됐다. 누구하나 이런 용어의 사용에 대해 제지하지 않았고, 그런 말을 대신할 용어도 마땅하지 않았다. 그러니 그런 말을 사용하는 것에 대해 크게 잘못됐다는 생각을 하지도 않았고, 개선하려는 사회적 움직임도 없었다. 물론 지금도 위에서 나열한 용어를 사용하는 사례가 적지 않다. 하지만 빠른 속도로 사회에서 자취를 감춰가고 있다. 국민의 의식이 크게 개선된 영향도 있을 것이고, 방송을 비롯한 각종 언론매체가 순화된 용어를 사용하기 시작하면서 큰 영향을 미친 것으로 보인다.

아직도 달리 대처할 말이 없어 옳지 않은 말인 줄 알면서도 그대로 사용하는 용어도 여전히 많다. '장애인'을 일컬어 '병신'이라는 표현을 서슴지 않고 사용하던 시절도 있었다. 지금은 상상도 못 할 일이다. '지적 장애인'에는 '바보'라는 말을 사용하기도 했고, '정신지체'라는 말이 순화된 말인 줄 알고 사용하던 시설도 있다. 이제는 그런 말을 사용해선 안 된다는 것쯤은 누구라도 알고 있다. 항상 조심해서 부지불식간에 누군가를 비하하는 용어가 내 입에서 튀어나오지 않도록 조심 또 조심해야 한다. '절름발이'나 '앉은뱅이' 등의 말은 '지체장애인'이라는 말로 대체해야 한다. '꼽추'라는 표현도 '척추장애인'이라는 말로 순화시켜야 한다. '벙어리'라는 말은 '언어장애인'으로, '귀머거리'라는 말은 '청각장애인'으로, '소경' 또는 '봉사', '장님'이라는 말은 '시각장애인'으로 각각 바꿔 사용해야 한다. 어디 이뿐이겠는가. 순화시켜야 할 말은 부지기수이다.

'귀머거리', '소경', '벙어리' 등의 표현이 속담 속에서도 사용됐다는 것은 얼마나 오랜 세월 일반화했던 말인지 짐작이 가게 한다. 속담에서 사용되는 말이라 하여 비속어가 아닌 용어로 착각하는 예도 있으나, 이는 철저한 비속어이고 상대를 낮잡아 부르는 표현이다. 분명 개선해야 하고 사회에서 추방해야 할 단어이다. 속담뿐 아니라 생활용품의 이름이나 별칭에서도 순화되지 못한 용어는 사용된다. 서천 소곡주를 마실 때마다 아무런 생각 없이 '앉은뱅이 술'이라는 별칭을 사용한다. 개별 손가락 구분 없이 엄지와 주먹으로 나뉜 장갑은 '엄지장갑' 또는 '주먹장갑'으로 순화시켰지만, 여전히 '벙어리장갑'이란 이름으로 사용하는 이들이 많다.

아직 적절한 대체어를 찾지 못한 예도 있다. 예컨대 '미망인'이란 표현은 '죽은 남편을 따라 죽지 않고 아직 혼자 살아있는 여성'이란 뜻이 내포된 구시대적 용어이지만, 여전히 사회에서 통용되고 있다. 반드시 대처할 언어가 생겨나야 한다. '언청이'란 용어는 '구순구개열'이라는 순화된 용어가 있지만, 너무 어려워 사회화의 벽을 넘지 못하고 있으니 쉬운 대체어 개발이 필요하다. 언어가 가진 많은 특성 중 가장 두드러진 것은 사회성이다. 사회구성원 모두가 사용하면 그렇게 흘러간다. 방송과 각종 매체의 힘으로 구시대적 언어가 순화된 언어로 교체되는 것은 참으로 다행스러운 일이다. 하지만 아직 갈 길이 멀다. 항상 언어를 사용할 때는 이 말이 과연 누군가에게 상처가 될 말인지 거듭 생각하는 습관을 길러야 한다. ✍

추천도서, 권장도서와 내가 읽고 싶은 책

2018년 05월 28일 충청신문

우리 사회가 책을 멀리하기 시작한 것이 꽤 오래됐다. 당최 책을 읽지 않는다. 수백 년 아니 수천 년 이어온 독서 습관이 이리도 빠르게 무너질 것이라곤 생각도 못 했다. 인류가 책을 만들어 읽고 새로운 지식과 정보를 공유한 지가 5000년이다. 5000년을 이어온 독서문화가 내가 사는 이 시대에 무너지고 있다고 생각하니 안타깝기 그지없다. 각종 뉴미디어가 쏟아내는 현란한 이미지와 동영상이 사람의 시선을 빼앗더니 급기야 독서를 무너뜨렸다.

대전에서 가장 규모가 크고 상징성도 가진 향토서점의 대표를 만나 한동안 독서문화에 관한 이야기를 나눴다. 내가 자신의 말을 잘 들어주는 상대라는 확신이 생겼는지 그는 작심한 듯 평소 자신이 생각하고 있던 독서문화에 대한 다양한 이야기를 뿜어냈다. 그의 말에 따르면 책을 읽지 않는 문화의 확산이 이미 심각한 수준으로 전국에서 서점이 줄 폐업하고 있다. 설상가상 대기업 서점의 공세에 지방 서점은 설 자리를 잃어가고 있다. 충분히 수긍이 된다. 그와 나눈 많은 이야기 중 몇 가지는 충분히 수긍이 됐다. 지방서점 중에도 경쟁력이 뒤질 수밖에 없는 동네

소형서점은 중대형 서점보다 먼저 사라졌다. 이제 그 자취를 찾아보기 어려운 지경이다.

그는 우선 전집류 도서의 구매를 통해 아이에게 책 읽기를 강요하는 부모의 잘못된 선택을 지적했다. 필요한 책을 본인이 직접 골라서 구매하고 그것을 읽게 했을 때 최적의 독서 효과를 발휘할 수 있다는 것이다. 같은 판형과 형식으로 구성된 책을 수십 권 읽게 하는 것은 독서에 흥미를 느끼지 못하게 할 뿐 아니라 오히려 싫증 나게 할 수 있다고 한다. 아울러 독후감 쓰기를 강요하지 말라고 한다. 억지로 독후감 쓰기를 강요할 때 책을 지겨운 대상으로 여기게 되고 자연스럽게 책을 멀리하게 된다는 것이다. 그는 또 억지로 추천도서를 선정해 그 책을 읽게 하는 것도 독서문화를 퇴보시키는 요인이라고 지적했다.

자신이 읽고 싶은 책을 직접 고를 수 있도록 해야 책과 친해지게 된다는 것이다. 이 주장 또한 설득력 있게 들렸다. 각자의 성향이나 관심사를 무시한 채 일방적으로, 강압적으로 특정 책을 지목해 독서를 강요한다면 독서를 멀리하게 되는 것은 당연하다. 특히 어린이나 청소년의 경우 서점이나 도서관에서 본인의 의견을 존중해 직접 책을 고르도록 해야 어려서부터 책과 친해질 수 있는 계기를 마련해 줄 수 있다는 것이 그의 주장이다. 설령 고르는 책이 만화라고 해도 상관없다. 좋은 내용을 아이와 청소년의 수준에 맞춰 읽기 쉽게 만화로 제작한 책이 세상엔 너무도 많다. 만화 읽기에서 시작해 독서를 습관화한 사례도 많다. 만화라는 형식을 빌렸다고 해서 양서가 아니라는 선입견을 버려야 한다는 것이 책 전문가들의 한결같은 주장이다.

그는 외식을 다섯 번 할 때마다 단 한 번이라도 도서관 또는 서점을 들러 온 가족이 책을 고르고 책과 관련된 이야기를 나누는 시간을 가져 보라고 권한다. 실제로 외식에 사용하는 비용의 1할이라도 책을 구매하는 데 사용한다면 훌륭한 가정문화가 정착될 것이다. 사치품과 맛있는 음식에는 관심을 두고 비용을 지출하는 데 주저함이 없지만 단 한 권의 책을 구매하지도 않는 가정이 우리 주변엔 너무도 많다. 소비수준이나 학력 수준은 세계적이지만 독서량이 일천하기 짝이 없는 나라가 대한민국이다.

우리는 수십 년 동안 국가적으로 엄청난 부를 이루어냈다. 5000년 역사를 통해 이렇게 배부르게 먹고, 좋은 옷을 입으며, 좋은 주거환경 속에서 살아본 일이 없다. 하지만 물질적 풍요를 누리고 살면서도 문화의식은 아직도 빈곤에서 벗어나지 못하고 있다. 이는 독서문화의 후퇴와 절대 무관치 않다고 할 수 있다. 우리와 비슷한 수준의 국가와 비교할 때 대한민국 국민의 독서량은 창피한 수준이다. 책을 멀리하는 민족은 퇴보할 수밖에 없다. 스스로 책을 고르게 하는 작은 실천은 독서문화를 끌어올리는 초석이 된다는 서점 대표의 말이 귓가를 맴돈다.

선거, 그리고 선거중독자들

2018년 05월 11일 금강일보

주위를 살펴보면 뭔가에 심하게 중독된 사람을 발견하게 된다. 그럴 때마다 마약에 비유하며 중독 상태에서 빠져나오기가 얼마나 어려운지에 대해 이야기한다. 중독이란 용어는 예외적으로 긍정적인 표현에 사용되기도 하지만 대개는 부정적 표현에 사용된다. 중독은 '뭔가에 심하게 빠져 있어 정상적으로 사물을 판단할 수 없는 상황'을 지칭한다. 그래서 보편타당하고 합리적인 사고를 할 수 없는 지경이다. 오랜 세월 선거를 지켜보면서 선거중독자들이 의외로 많다는 사실을 알게 됐다.

당선 가능성이 없음에도 불구하고 무조건 출마하는 이들이 선거중독 첫 번째 사례이다. 이들은 출마중독자로 분류할 수 있다. 객관적으로 당선 가능성이 없는데도 당사자는 자신감을 보인다. 주변인은 그저 얼굴을 알리려고 출마하는 것으로 보지만 당사자는 당선의 확신을 갖고 출마한다. 그들은 절대 떨어질 것이란 생각을 하지 않는다. 출마중독자의 특징은 선거 종류를 가리지 않는다는 점이다. 총선이든 지방선거든 닥치는 대로 출마한다. 대체 국가정치를 하겠다는 것인지 지방정치를 하겠다는 것인지 개념이 없다. 그저 선거라면 무조건 출마부터 하고 본다.

이들에게는 소속 정당도 중요치 않다. 공천을 준다는 당이 있으면 그 당이 지향하는 이념이 보수인지 진보인지 또는 중도인지 전혀 괘념치 않는다. 당적을 자주 옮기다 보니 나중에는 불러주는 당도 없다. 그래도 그들은 꿋꿋이 출마한다. 이미 중독돼 있기 때문이다. 중독 증세가 심해지면 당적과 무관한 선거에도 출마한다. 농협이나 산림조합 등의 조합장 선거, 마을금고 이사장 선거 등을 비롯해 단체장 선거까지 기회만 생기면 얼굴을 내민다. 확실한 중독 증세이다.

출마자에게만 중독자가 있는 것은 아니다. 선거운동 중독자도 의외로 많다. 이들은 선거철만 기다리며 산다. 선거철이 되면 출마자가 자신을 핵심 참모로 당겨 가기를 학수고대한다. 이들 역시 당의 이념적 각도나 정체성 등에 대해서는 별 관심이 없다. 선거 때마다 보수와 진보 진영을 수시로 오간다. 자신을 인정해주면 사력을 다하지만, 받아주지 않으면 후보와 그 주변인들을 향해 거침없이 저주를 퍼붓는다. 이들 역시 출마 중독자와 비슷하게 선거철이 다가오면 과도한 흥분 상태에 빠져들어 과대망상 증상을 보인다. 말릴 수 없는 지경이라면 이 또한 중독이다.

지방선거를 앞두고 마찬가지 현상이 나타나고 있다. 예선 또는 본선에서 탈락한 횟수를 손가락으로 헤아리지 못할 정도로 많은 출전 경험을 가진 이들이 이번 선거에도 어김없이 얼굴을 드러냈다. 예선의 벽을 넘지 못하고 다음 선거를 기약한 이들도 벌써 부지기수이다. 선거운동 중독자도 여기저기서 일어나 자신의 존재감을 알아달라고 외치고 있다. 자신을 인정해주지 않는 후보자를 향해 온갖 독설을 뿜어대는 이들이 한둘이 아니다. 이들이 원하는 것은 꼭 금전 보상이나 감투 보상은 아닌 듯싶다. 선거에 간여하고 나서게 해주는 것만으로 만족하는 이들도 있다. 그러니 중독이라 표현할 수밖에 없다.

선거출마 중독자든 선거운동 중독자든 언뜻 생각하면 사회에 미치는 해악은 없다. 뜻한 바가 있어 출마하고 선거운동에 몸을 던지는 일은 제삼자에게 별다른 피해를 줄 일은 아니다. 하지만 한 가지 걱정되는 것은 그들의 습관적 행동이 다수 유권자에게 참신성 없는 선거라는 부정적 이미지를 안겨주고 그로 인해 투표에 참여하지 않는 현상을 부추길 수 있다는 점이다. 신선한 인물을 기대하는 이들에게 늘 같은 얼굴이 출마하고, 늘 같은 이들이 선거운동을 하는 모습은 식상함을 안길 수 있고, 나아가 정치 기피증 또는 혐오증을 안길 수도 있다.

줏대 없이 수시로 여러 정당을 넘나드는 선거중독자는 다수의 유권자가 선거를 포기하게 하는 요인을 제공하기도 한다. 모든 선거에 다 나서고, 모든 정당을 다 섭렵하는 출마자나, 지지하는 후보를 수시로 바꾸며 등 돌린 후보자에게 비수를 날리는 선거꾼은 유권자의 불신을 살 수밖에 없다. 유권자의 불신은 투표 포기로 이어지기에 십상이다. 그러니 사회에 끼치는 해악이 없다고 할 수도 없는 노릇이다. 중독자는 자신이 중독임을 알고 그 중독에서 벗어나기 위해 애써야 한다. ✑

한국인은 이해 못 하는 폴 라이언의 귀향

2018년 04월 23일 충청신문

4월 한 달간 쏟아진 무수한 뉴스 가운데 미국공화당 의회 일인자인 폴 라이언[48] 하원의장이 정계 은퇴를 선언하고, 오는 11월 예정된 선거에 출마하지 않겠다고 발표한 내용이 가장 기억에 남는다. 마침 한국 땅에서 지방선거전이 달아오르고 있는 시점이어서 그런지 그 뉴스는 신선한 충격으로 다가왔다. 사실 나는 그를 잘 모른다. 이번에 일제히 보도된 뉴스를 보면서 비로소 그의 존재에 대해 알게 됐다. 보도를 접해보니 과연 신문 1면에 소개된 이유를 알겠다.

그는 미국 공화당 40대 기수론의 선봉에 서 있는 인물로 20년간 10선을 달성해 하원의장직을 맡고 있고, 미국의 차세대 지도자로 조명 받는 인물이다. 2012년 대선 때는 롬니의 러닝메이트 부통령으로 출마했던 이력도 갖고 있다. 중간선거에 출마할 경우, 당선이 확실하다는 평가를 받고 있다. 더욱이 공화당 전체의 선거를 진두지휘할 인물로도 지목되고 있었다. 그런 그가 돌연 정계 은퇴와 함께 중간선거 불출마를 발표했다. 그가 정계 은퇴를 선언한 이유는 정치 활동을 위해 가족과 떨어져 사는 현재의 생활을 정리하기 위한 것이라고 밝혀 놀라움은 더욱 컸다.

그는 더는 주말에만 10대인 세 자녀의 아버지 역할을 하는 현재의 생활방식을 지속하고 싶지 않다고 했다. 아내 및 자녀와 가족생활에 충실하기 위해 고향으로 돌아가겠다고 했다. 자녀와 더 많은 시간을 가지며 아버지 역할에 충실하기 위해 정치를 포기하겠다고 했다. 일부 언론은 그가 같은 당 소속인 트럼프 대통령의 국정 운영에 큰 좌절감을 느껴 정계를 떠나는 것이라는 해석을 내놓았다. 물론 그럴 수도 있다. 그것이 전적인 이유가 못 되더라도 부분적 이유가 될 수도 있다.

하지만 그렇게만 해석하기에는 그를 둘러싼 환경이 너무도 긍정적이다. 트럼프야 흘러가는 인물일 수 있지만 폴 라이언은 뜨는 인물이고 이미지 관리도 잘 돼 있다. 트럼프와의 견해 차이, 트럼프에 대한 좌절감만으로 그의 정계 은퇴를 해석하기에는 아무래도 무리가 있다. 우리가 그의 귀향 결정에 대해 애써 이면의 의미를 찾으려 하는 것은 다분히 한국적 사고방식을 갖고 있기 때문이다. 굳이 다른 이유를 찾으려는 것은 그의 결단이 우리의 상식으로 납득되지 않기 때문이다.

입신과 출세를 지상의 목표로 살아가고 있는 한국인은 가족 구성원과 누리는 행복을 세속적 성공의 후순위로 생각한다. 성공할 수 있다면 가족과 떨어져 사는 것쯤은 대수롭지 않다고 생각하는 것이 일반적인 한국인의 생각이다. 성공하지 못하면 행복할 수 없다는 심한 편견도 갖고 있다. 하지만 성공하지 않고도 얼마든지 행복할 수 있다. 성공 지상주의에 사로잡혀 하염없이 높은 곳으로만 오르려 하는 한국인의 의식구조로는 승리가 확실한 선거를 목전에 두고 귀향을 택한 결단을 이해하기 어렵다. 폴 라이언은 고향으로 돌아가 아내, 자녀와 더불어 행복한 시간을 보낼 것이다. 당사자인 그는 앞으로 전개될 행복한 나날에 대한 기대감으로 가득 차 있을 것이다.

그런데 정작 한국인은 모든 권력을 내려놓고 행복을 찾아가는 그를 염려하고 있다. 어렵게 얻은 성공의 길을 단숨에 내려놓고 소시민의 길을 걷고자 하는 그를 걱정하고 있다. 권력을 움켜쥐고 있던 사람이 그것을 놓으면 큰일이 나는 줄 알고 있다. 라이언은 그의 아내, 자녀와 더불어 더없이 행복한 시간을 보내게 될 것이다. 그가 내린 결정이 이해될 때 우리는 비로소 행복의 의미를 깨우쳤다고 말할 수 있을 것이다. 저명인사인 그의 선택은 한국인을 비롯한 많은 세계시민에게 생각 전환의 기회를 제공했을 것으로 본다.

한국인은 행복하면 불안해하는 묘한 습성을 갖고 있다. 행복은 마냥 뒤로 미룬 채 힘겹고 고통스러운 나날을 보내는 것이 미래를 준비하는 의미 있는 일이란 얼토당토않은 착각 속에서 살아가고 있다. 인내와 고통은 거룩하고, 쾌락과 행복은 비천하다는 그릇된 사고의 틀에서 이제는 벗어나야 한다. 행복은 멀고, 크고, 대단한 존재라는 착각에서도 벗어나야 한다. 일상 속에서 가족과 함께 누리는 소소한 행복을 즐길 줄 알아야 한다. 가까운 행복, 소소한 행복은 행복이 아니라는 착각에서 벗어나야 우리 삶이 즐거워질 수 있다. ✍

관료주의 사고와 의전문화

2018년 03월 30일 금강일보

내가 청춘을 바친 직장인 신문사는 일반 직장과 비교하면 독특한 문화를 가진 곳이다. 상급자와 하급자 간의 예의와 격식이 참으로 수평적이다. 상사에 대해 어려워서 절절매는 모습은 찾아보기 어렵다. 입사 초년생 시절에 나이 차이, 직급 차이가 상당한 상사와 맞담배질을 하고 자유롭게 회의하는 모습을 보면서 적잖은 충격을 받았던 기억도 난다. 회의할 때나 업무를 볼 때도 경직된 자세를 보이거나 눈치를 보는 일은 없었다. 수직적이고 경직된 조직문화에 익숙한 외부인이 볼 때는 도저히 이해할 수 없는 분위기가 분명했다.

기자로 일하는 동안 수없이 많은 기관, 단체의 취재 담당자로 역할을 했다. 특히 기관이라고 불리는 관공서를 담당하는 경우가 많았다. 출입기자라는 이름으로 각 기관의 기관장과 만나는 일이 빈번했고, 하위직 직원보다는 간부 직원을 상대할 일이 많았다. 그러면서 자연스럽게 관공서의 조직문화를 접할 수 있었다. 내가 신문사에서 겪고 있는 조직문화와 너무도 다른 모습에 이해할 수 없는 부분이 많았다. 특히 관공서 특유의 의전문화는 지켜보기가 숨 막힐 정도였고, 내가 이해하기 어려운 부분이었다.

어쩌면 그리도 인간관계가 수직적인지 놀라웠다. 적정한 예의를 지키는 수준을 한참 벗어나 때로는 그 문화가 비굴하게 비치기도 했다. 내가 저런 문화 속에 생활하지 않고 있음이 다행스럽다는 생각도 많이 했다. 특히 수행비서의 역할을 보면서 놀라움을 금치 못했다. 기관장을 위해 모든 사생활을 반납하고, 모든 자아의식까지 포기하는 존재가 수행비서라는 사실을 알게 됐다. 그들의 일과를 알고, 그들이 하는 일의 범위를 알고 놀라웠다. 내가 저런 일을 하지 않고 사는 것이 천만다행이라는 생각을 혼자 여러 번 했다.

공직사회의 의전은 예의를 다하는 수준을 뛰어넘는다. 특히 기관장은 자신의 손으로 무엇 하나 할 수 없게 만든다. 차 문을 여닫는 사소한 일도 수행비서가 해준다. 신발을 신고 벗을 때 신발을 방향을 돌려놓는 것은 기본이고 옆에서 기다리고 섰다가 냉큼 구두칼을 집어준다. 신용카드를 지갑에서 꺼내 대금을 결제하는 일도 수행비서가 해준다. 땀이 나면 냉큼 손수건을 대령하고 누군가에게 전화를 걸 때 숫자를 누르는 일도 대신에 해준다. 개인이 해야 할 기본적인 일까지 해주는 것이 수행비서의 역할이다. 수행비서에게 사생활이란 없다.

이런 과도한 의전문화 때문에 기관장으로 재임하다가 자연인으로 돌아가면 무엇 하나 본인 스스로 할 수 없는 무기력한 인간이 된다. 현금인출기에서 현금을 찾을 줄도 모르고, 기사가 없이 운전하다가 사고를 당하기 일쑤인 무능력자로 전락한다. 이러한 사례를 내 눈으로 보고 내 귀로 들은 것이 한두 건이 아니다. 선출직으로 기관장에 입성한 경우 처음에는 지나친 의전에 어색해하고 불편해하지만, 얼마의 시간이 지나지 않아 뿌리 깊은 관료주의에 매료되고 마는 경우가 많다. 그러면서 차츰 과도한 의전까지도 자신의 당연한 권리로 여기는 이가 생긴다.

이 같은 관료주의 문화는 과거와 비교하면 많이 개선됐다고는 하지만 맥락은 여전하다. 안희정 전 충남도지사의 수행비서 성폭력 사건 소식을 접하며 공직사회의 관료주의 문화가 머릿속을 맴돈다. 조직 밖 관찰자 관점에서 공직사회의 관료주의 사고, 의전문화는 이번 안희정 사건과 같은 초대형 사고가 터질 수 있는 단초 역할을 했다고 생각한다. 멀쩡한 사람도 제왕적 권위를 갖게 하고 무소불위의 직권을 휘두를 수 있게 하는 마약 같은 존재가 공직사회의 관료주의와 지나친 의전이라는 생각을 해봤다.

마약은 사람을 환각 상태에 빠지게 해 구름 위를 떠다니는 기분으로 만들어 주지만 실상 그 사람을 서서히 죽음으로 몰고 간다. 처음에는 호기심으로 접해본 마약흡입이 습관이 되면 점점 헤어날 수 없는 구렁텅이로 빠져들게 한다. 45세의 젊은 도지사는 초기에 자신이 접하는 지나친 의전을 경계했을 것이다. 그러나 무려 8년의 세월 동안 마약에 빠져들 듯 관료주의 문화가 제공하는 달콤한 의전에 빠져들었을 것이다. 그러면서 결국 해서는 안 될 몹쓸 짓까지 하는 파렴치한으로 전락했을 것이다. 이참에 공직사회를 향해 구시대적 관료주의 사고와 낡은 의전문화를 바꿔보라고 권하고 싶다. ∾

내 아내, 내 동생, 내 딸이라면

2018년 03월 26일 충청신문

한국인은 명언이나 명구를 참으로 좋아한다. 그래서 마음에 새겨둘 만한 좋은 글귀를 어디서든 흔히 볼 수 있다. 교양서적에 장(章)이나 꼭지가 바뀔 때마다 유명인의 어록을 하나씩 소개한 사례도 자주 본다. 화장실 변기 앞에 명언이 붙어있기도 한다. 명언은 읽는 순간 잠시 자신의 삶을 돌이켜보게 하고 새로운 생각을 하게 작은 충격을 안긴다. 어쩌면 그리도 적절한 말을 했을까 싶어 자신의 삶에 비추어보게 한다. 그래서 잠시라도 삶을 반성하거나 마음을 정화하게 한다. 명언의 역할은 바로 그런 것이다. 한 구절의 명언이 자신이 처한 상황과 절묘하게 맞아떨어질 경우, 깊이 새기게 돼 삶의 가치관을 변화시키기도 하고 새 출발의 동기를 부여하기도 한다.

책장 사이사이나 화장실 변기 칸마다 명언을 접하지만, 그보다 강한 인상을 주는 명언은 대개의 가정이나 사무실, 연구실 등에 액자나 족자 형태로 걸려 있는 한자성어이다. 대개 유교 경전에서 따온 문구 또는 중국 고사에서 유래한 사자성어가 많다. 다양한 글귀가 많지만 '가화만사성(家和萬事成)' '일체유심조(一切唯心造)' '소문만복래(笑門萬福來)' '진인사대천명(盡人事待

天命' '고진감래苦盡甘來' '형설지공螢雪之功' '경천애인敬天愛人' '홍익인간弘益人間' 등이 인기가 가장 많은 문구가 아닐까 싶다. 이들 문구에 못지않게 자주 찾아볼 수 있는 문구가 '역지사지易地思之'이다. 어떤 일을 행할 때 처지를 바꿔 생각해보라는 의미의 '역지사지'는 최고의 인기 문구 중 하나이다.

'역지사지'는 글자도 몹시 어렵지 않고 내용도 쉬워 누구나 잘 알 수 있지만, 뜻은 참으로 심오하고 강렬하다. 어떤 중대한 결정을 내리기 직전에 한 번 곱씹어 상대의 처지를 생각해보게 하는 문구이다. '역지사지'의 마음을 보편화 하면 세상은 참으로 평화로워질 것이며 아름다워질 것이다. 그래서인지 어딜 가도 '역지사지'라는 문구가 적힌 액자나 족자를 쉽게 목격하게 된다. '역지사지'란 문구는 가정이나 학교나, 직장이나 어디서든 통용될 수 있는 내용이고 누구에게도 거부감이 없다. 누구라도 '역지사지'란 말을 싫어할 이유가 없다.

안희정 전 충남지사의 여비서 성폭행 사건이 전국을 들썩이게 했다. 실로 메가톤급 위력을 과시한 엄청난 뉴스였다. 언론매체마다 안희정 사건으로 도배질을 했고, 둘 이상의 사람이 모이면 너무도 자연스럽게 안희정 사건에 관해 이야기를 나눴다. 듣기만 해도 울화가 치밀어 오르는 내용이다. 아무리 이해하려고 해도 이해할 수 없는 사건이다. TV 뉴스를 시청하고 신문기사를 읽는 동안 계속해서 머릿속에 '역지사지'란 말이 떠올랐다. 그가 육욕에 휘말렸던 순간에 처지 바꿔 생각하는 과정을 겪었더라면 이런 엄청난 사건은 피해갈 수 있었을 텐데 싶은 아쉬움이 가시지 않았다.

내 아내가, 여동생이, 딸이 같은 피해를 보고 왔다면 어떠했을까를 생각했어야 한다. 또는 직접 내가 피해 여성이었다면 어떤 심정이었을까를 생각했어야 한다. 그게 바로 '역지사지'의 사고이다. 가해자인 그가 '역지사지'라는 단어를 가슴에 새기고 한 번만 더 신중하게 행동했더라면 이 같은 엄청난 사고는 막을 수 있었을 것이다. 사고가 처음 벌어진 그 순간에 '역지사지'를 생각하고 행동을 달리 했다면, 피해자가 평생 가슴에 담고 살아야 할 충격과 분노를 피해갈 수 있었을 것이다. 아무리 생각해봐도 아쉬움이 크다.

  인간은 우매하여서 가끔은 충동 때문에 이성이 마비되는 상황을 맞는다. 그 순간의 고비를 넘기는 것은 오로지 이성을 회복하는 능력이다. 위기의 상황에 이성적 판단을 하기 위한 좋은 방법의 하나는 평소 마음속에 새겨둔 명언 명구를 떠올리는 것이다. 안희정 그가 평소 '역지사지'를 마음에 새기고 살았다면 참담한 사고는 발생하지 않았을 것이란 생각을 해본다. 자신에게 짓밟힌 여성이 내 아내일 수 있고, 내 여동생일 수 있고, 내 딸일 수 있다는 생각을 했더라면 이처럼 비참한 상황은 없었을 것이다. 그래서 가슴이 아프다.

대(大)를 위한 소(小)의 희생

2018년 02월 26일 충청신문

사회 환경이 바뀌면서 사회구성원 의식구조의 변화가 동반된다. 그래서 세대 차이라는 것이 존재한다. 세대는 '같은 시대를 살면서 공통의 의식을 가지는 비슷한 연령층의 사람들'을 일컫는 말로 '부모가 속한 시대와 자녀가 속한 시대가 차이를 가지는 대략 30년의 기간'이라고도 정의한다. 그러나 세상이 빠르게 변하면서 세대 간의 의식 차이도 빠르게 변화해 이제는 한 세대가 30년이라고 말하기 어려운 상황이 됐다. 실제로 의식의 변화가 발생하는데 30년의 세월이 소요된다고 보는 견해는 수긍하기 어렵다. 그만큼 변화의 속도를 빨라졌다.

세대 간의 차이를 가늠해볼 수 있는 사회 현상은 너무도 많다. 하나의 사건을 바라보는 연령대별 의식의 차이는 워낙 커서 도대체 한 나라에서 한 시대를 살아가는 사람이 맞나 싶은 생각이 들 때가 많다. 우리 사회는 나와 다른 입장에 대해 상대의 처지나 환경을 이해하려 하기보다는 마음의 벽을 치는 것이 일반적이다. 이런 과정에 세대 간의 사고 차이는 더욱 극명하게 벌어지고 있다. 다른 세대의 사고를 이해하려 들지 않는 것은 모든 세대의 공통점이다.

같은 현상을 놓고도 바라보고 해석하는 차이가 세대 간 다르게 나타나는 것은 살아온 환경이 확연히 다르기 때문이다. 특히 각 세대가 학령기를 보내는 동안 사회 분위기가 어떠했으며, 국가가 국민을 대상으로 어떤 가치관을 교육하고자 주력했는가에 따라 세대의 의식은 크게 달라진다. 반공 이데올로기 교육을 집중적으로 받은 기성세대와 세계화 교육, 신자유주의 교육을 받은 젊은 세대가 세상을 보는 눈이 다른 것은 어쩔 수 없다. 아니 당연한 결과이다.

　세대 간의 차이점은 많지만, 그 중에도 가장 확연히 차이가 나는 것은 '대大를 위한 소小의 희생'을 인정하는가이다. 기성세대 대부분은 대를 위한 소의 희생을 당연하게 받아들인다. 그들이 이를 당연하게 받아들이는 것은 역시나 교육의 힘이다. 그들은 반복적으로 그렇게 배웠고 그래서 그것이 옳다는 확고한 신념을 가지고 있다. 하지만 아직 젊은 세대는 그것을 인정하지 못한다. 그들은 대도 중요하지만 그렇다고 소의 희생을 당연시할 수는 없다는 태도를 보인다. 이에 대해 기성세대는 젊은 세대가 이기적이라고 몰아붙인다.

　2018 동계올림픽을 앞두고 갑작스럽게 여자아이스하키의 남북단일팀 구성계획이 발표됐다. 기성세대는 이데올로기적 측면에서 가부에 대해 논쟁을 벌였지만 젊은 세대는 북한과의 단일팀이 구성되면 부득이하게 엔트리에서 제외되는 한국 선수가 있을 텐데 그들의 희생은 무엇으로 보상받아야 하느냐며 반대여론을 형성했다. 기성세대 가운데도 단일팀 구성에 반대하는 이들이 많았지만 반대 이유는 젊은 세대와 큰 차이를 보였다. 그들은 큰일을 도모하기 위한 개인의 희생은 당연시한다. 다만 이데올로기적 가치를 앞세워 상황을 판단하려는 면모를 보인다.

　'대를 위한 소의 희생'을 통일의 관점에서 해석해보았다. 기성세대는 조국 통일을 위해 내게 개인적 손해와 희생이 뒤따른다면 이를 감내할 용의가 있어 보인다. 다만 이데올로기적으로는 완강해 무조건적 흡수통

일을 머릿속에 담아두고 있다. 젊은 세대는 이보다 영악하다. 이데올로기는 뒷전이고 당장 누가 이익을 보고 누가 손해를 보느냐의 관점에서 통일을 바라본다. 통일大을 위해 절대 개인小의 손해를 감내하지 않겠다는 완강한 태도를 보인다.

통일에 대한 갈망이 약하고, 어떤 현상이든 이익과 손해의 관점으로 바라보려고 하는 세대가 이 나라의 주역으로 부상하고 있다. 이들은 민족의 숙원인 통일까지도 너무 개인의 득실 관점에서 바라보려 한다. 그러니 시대에 맞게 통일 교육 방법을 바꿔야 한다. '동포니까 통일해야 한다.', '형제가 떨어져 살 수 없다.' 등의 감성적 통일 교육이 더는 먹히지 않는다. 신자유주의 체제에서 성장한 젊은 세대가 이해할 수 있도록 '분단 상태의 국방비용이 통일비용보다 크다.', '통일되면 우리 민족, 우리나라의 국가경쟁력이 얼마만큼 커진다.' 등의 현실적 논리를 개발해 통일 교육을 강화해야 한다. 이마저 손 놓게 되면 통일은 점점 멀어져만 갈 것이라는 조바심이 생긴다. ✎

"배우는 법을 배워라"

2018년 02월 09일 금강일보

　인간은 평생 배운다. 그래서 '평생교육'이란 말을 한다. 평생교육이란 용어는 교육이란 용어와 동의어이다. 교육 활동이 평생에 걸쳐 이루어지기 때문이다. 유초등교육과 중등교육, 고등교육을 거쳐도 배움은 끝나지 않는다. 생을 마감하는 그날까지 배움은 계속된다. 사회구조가 복잡해지고, 수명이 연장되면서 인간의 배움에 대한 필요성 인식은 더욱 확대되고 있다. 지식에 대한 갈망도 점차 커지고 있다. 아무리 배워도 끝이 없다. 공부를 안 하면 스스로 무엇이 부족한지 알지 못한다. 그러나 배우면 배울수록 궁금증은 늘어가고 자신의 부족함을 깨닫게 된다.

　공부하면 할수록 더 많은 공부의 필요성을 느끼고 실제로 공부에 매달리게 되는 것은 음식을 많이 먹으면 위가 늘어나 더 많은 음식을 먹게 되는 것과 같은 이치이다. 음식을 많이 먹으면 부작용이 많지만, 공부를 많이 한다고 해서 겪는 부작용은 거의 없다. 삶의 질이 향상되면서 교육의 수혜 범위도 대폭 확대됐다. 국민 대다수가 겨우 초등교육만 받던 시절이 있었다. 그러다가 중등교육이 일반화됐고, 이제는 대부분 국민이 고등교육에 참여하는 시대가 됐다. 대학 진학은 물론이고 대학원에 진학하는 인구도 갈수록 늘어나고 있다. 그러다 보니 고등교육의 희소성이 없어졌다.

반세기 전만 해도 대학 졸업자는 극소수였지만 이제는 고교 졸업생의 80% 가까이 대학에 진학하는 시대이다. 돈이 없거나 마음이 없어서 선택하지 않을 뿐이지 실력이 없어 대학에 못 가는 일은 없어졌다. 사정이 이렇다 보니 대학교육의 질적 저하가 동반됐다. 대학생이라고 하지만 사회에서 기대하는 대학생다운 실력을 갖추지 못한 이들이 많다. 설상가상 공부에는 관심이 없고, 놀 궁리만 하는 '무늬만 대학생'도 참 많다. 그러니 "대학 나와 봐야 소용없다."라는 푸념이 만연하다. 대학생과 더불어 대학교육을 무시하는 풍토도 확산하고 있다. 뭔가 단단히 꼬여있는 것이 분명하다.

최근 한 대학교수의 강연을 들었다. 그는 강연 내내 "배우는 법을 배워라"라고 강조했다. 처음에는 궤변처럼 들렸지만 하나하나 사례를 들어가며 설명하자 수강하는 학생들이 고개를 끄덕이기 시작했다. 그 교수의 주장을 압축하면 공부는 학교에서만 하는 것이 아니라 평생에 거쳐서 하는 것이니 대학에서 실증적 공부를 하는 것도 중요하지만 평생 배우겠다는 각오를 다지고, 공부하는 방법을 배워서 나가는 것만도 의미가 있다는 것이다. 그러면서 그는 읽기와 쓰기 훈련을 강조했다. 지식인이란 결국 '읽기와 쓰기를 생활화할 수 있어 능숙한 자'라고 정의하고 대학 재학 중 읽기와 쓰기의 방법만 제대로 배워 나가도 큰 소득이라고 설명했다.

대학교육을 통해 완벽한 지식을 얻어나가는 것은 불가능하니 평생 공부한다는 생각을 하고 대학에서 배우는 법을 배워가라고 역설했다. 읽고 쓰는 일을 생활화하는 학자의 습관을 배워가는 것만으로도 대학교육은 의미 있다는 것이다. 대학은 과거처럼 졸업자에게 양질의 일리를 보장해 주지 못하고 있다. 대학 졸업장을 가졌다는 것만으로도 상류사회로 진입할 수 있는 길이 열리던 시대는 오래전에 끝났다. 평생 배우지 않으면 빠르게 변하는 세상을 따라갈 수 없는 구조가 됐다. 배움이 학교에서만 이루어진다고 생각하면 큰 오산이다. 살아있는 한 계속 배울 수밖에 없는 세상이 됐다. 이 같은 사실을 누구도 부정할 수 없다.

그러니 '배우는 법을 배워라'라는 말은 백번 옳다. 대학교육은 더는 완벽함을 의미하지 않는다. 평생 배우려면 배우는 법을 알아야 한다. 바로 그 '배우는 법'을 배우는 곳이 대학이다. 배우는 법을 알지 못하면 배울 수 없다. 대학은 배움을 마무리하는 곳이 아니라 오히려 배움의 시작점 같은 곳이다. 대학은 '배워야 하는 이유를 깨닫고, 배우는 법을 배우는 곳'으로 변화하고 있다. 배우는 법을 배우라는 말에 전적으로 공감한다.
෴

자영업과 최저임금에 대한 단상

2018년 02월 01일 충청신문

새해가 시작되면서 언론이 앞다퉈 최저임금 인상의 여파로 물가가 급상승하고 있다고 우려 섞인 보도를 쏟아내고 있다. 실제로 분식점 등 영세한 식당을 방문해보면 최저임금 인상으로 인해 불가피하게 음식값을 올리게 됐다고 정중히 이해를 구하는 문구가 적잖이 눈에 띈다. 역대 최고 높은 비율로 최저임금이 인상됐으니 영세 자영업자의 부담이 커진 것은 사실이다. 주위에 자영업을 운영하는 친구나 친지도 최저임금 인상에 몹시 힘겨워하는 모습을 보인다. 그래서 몹시 안타깝다.

하지만 최저임금 인상에 대해 큰 틀에서 경제 및 사회 현상을 바라보지 않고, 그저 임금이 올랐으니 물가가 오른다는 단순 논리로 여론을 몰고 가는 언론들의 보도행태는 깊이가 부족하다는 생각을 해본다. 최저임금은 평균임금이 아니다. 인간다운 삶을 영위하기 위해 보장받아야 할 말 그대로 최소한의 임금 체계이다. 언론 보도 내용을 차근히 읽다 보면 영세 자영업자가 고용하는 모든 노동자는 최저임금을 받는 게 당연하고, 최저임금이 올랐으니 영세업자는 경영압박이 불가피하다는 단순 논리를 펴고 있다.

비전문가이지만 내 눈으로 비치는 자영업 시장은 기본적으로 과당경쟁에서 문제점이 출발한다. 지금껏 다녀본 다른 어느 나라와 비교도 되지 않을 만큼 한국 사회는 자영업자의 경쟁이 치열하다. 인구수나 소비 규모와 비교하면 너무도 많은 자영업자가 영업활동을 하고 있다. 지나치게 많은 자영업의 폐해는 그 첫째가 높은 임대료이다. 경쟁적으로 점포를 운영하다 보니 점포 임대료가 치솟는다. 상가를 계속 늘려도 임대 수요는 이어진다. 자영업자를 가장 심하게 옥죄는 지출은 임금에 지나지 않는다. 임대료 지출이 너무 크다.

임금이 너무 박해서 최소한의 생활을 할 수 없는 지경이다 보니 노동자의 삶을 포기하고 대책도 없이 자영업에 뛰어드는 사람이 너무도 많다. 폐점하면 그 자리에 또 개점하기를 반복하며 점포는 계속 늘어만 간다. 자영업 수가 늘어나니 임대료는 계속 상승한다. 보증금 잠식을 막기 위해 정해진 임대료를 꼬박 납부하다 보니 자영업자는 임금 지출을 최소화해야 하는 상황으로 몰리게 된다. 이런 상황에서 최저임금을 올리라니 고통스러울 수밖에 없는 구조이다.

자영업자 수는 지금보다 대폭 줄어야 한다. 그들 중 상당수가 임금 노동자로 옮겨 가야 한다. 자영업자가 줄면 당연히 임대료는 하락할 것이고, 나아가 경쟁도 완화돼 각 점포의 매출도 상승할 것이다. 자영업자 수가 적정한 수준으로 조정되면 안정된 고용 창출이 이루어지고 노임도 상승하게 된다. 이러한 선순환 구조가 정착돼야 누이 좋고 매부 좋은 상황이 만들어진다. 지금은 불로소득인 점포 임대료만 높아 건물주만 배가 부른 구조이다. 노동임금은 바닥인 가운데 불로소득은 안정된 구조를 보이는 불평등이 가득하다.

그래서 최저임금제 인상에 대해 근시안적으로 경제와 사회를 관찰하는 일은 성급하다. 열악한 환경에 놓인 자영업자가 안정적으로 노동시장에 침투할 수 있도록 길을 열어주어야 한다. 노동임금이 너무 박하다 보니 노동시장으로 유입돼야 할 인력이 저마다 소자본을 가지고 영세 자영업에 뛰어드는 지금의 구조는 바람직하지 않다. '최저임금 받는 것보다는 낫겠지' 싶은 마음에 자영업에 뛰어들어보지만, 경쟁은 치열하고 임대료는 치솟으니 견뎌낼 대책이 없다. 이런 모순된 구조에 대한 포괄적 관찰 없이 최저임금 인상만 탓하는 언론 보도행태가 안타깝다.

노임을 받아 안정적으로 생계를 꾸려갈 수 있는 경제구조가 정착되면 무모하게 자영업 시장에 뛰어드는 이들이 대폭 줄어든다. 그러면서 과다한 경쟁은 사라지고 수익구조도 개선된다. 물론 과당경쟁이 사라지면 임대료도 안정을 찾게 된다. 이러한 선순환 구조를 정착시켜야 근로소득이 불로소득을 앞지르는 바람직한 경제구조가 짜진다. 최저임금은 앞으로 지속 상승해야 한다. 인간적 삶을 보장해 주지도 못하는 저임금에 기대 근근이 버텨가는 것을 목표로 하는 자영업자가 계속 양산되는 현 구조는 개선돼야 한다. ✍

제4장
2017년의 세평

남과 같은 소원은 인제 그만

2017년 12월 22일 금강일보

　불자는 아니지만 가끔은 사찰을 방문하게 된다. 신자가 아니니 불교와 절 문화에 대해 잘 이해하지 못한다. 그래서 본질보다는 눈에 보이는 현상에 집중하게 된다. 절을 방문할 때마다 한쪽에서 신자의 주소, 이름과 함께 각자의 소망 사항을 적은 기왓장을 모아 둔 것을 본 기억이 난다. 잘은 모르지만, 일정 금액을 기부하고 자신의 희망 사항을 기왓장에 적으면 그 기와를 사찰 내 건물을 신축하거나 기존 건물의 지붕을 개보수할 때 사용하는 것으로 짐작하고 있다. 특히 기부금을 내고 소망을 적어두면 승려가 각종 의식을 행하거나 별도의 기도를 할 때 기부자의 소원 성취를 위해 기도해주는 게 아닌가 싶다.
　절에 가면 늘 유심히 기왓장에 적힌 기부자의 소원 내용을 살펴본다. 꽤 오랫동안 유심히 살펴봤건만 내가 기대하는 별다른 내용은 아직 발견하지 못했다. 그 내용은 언제나 대동소이하다. 가장 많이 발견되는 내용은 가족 구성원의 건강과 가정의 행복이다. 그다음으로는 자녀의 대학 합격 기원 내용이 많았던 것으로 기억된다. 그 외에 사업의 성공이나 직장에서의 승진 등이 눈에 띈다. 이들 내용 외에 다른 내용을 본 기억이 없다. 사회나 국가, 인류의 안녕과 발전을 기원하는 내용은 아직 못 보았다. 기복祈福의 대상은 오로지 가족 구성원이다.

언젠가 총선을 준비하는 지인과 함께 절을 방문한 적이 있다. 평소 내가 호방하고 생각의 크기가 크다고 생각해온 인물이었다. 그가 기왓장에 소원을 적기에 유심히 지켜봤다. 국가나 민족, 인류를 대상으로 하는 뭔가 원대한 소원을 적을 것이라고 기대했다. 하지만 그 역시 가족의 건강과 행복을 비는 상투적인 내용의 글귀를 적는 데 그쳤다. 그도 어쩔 수 없는 한국인이고 더불어 평범한 한 가정의 가장이란 사실을 느꼈다. 그러면서 한국인의 소망은 왜 한결같을까에 대해 생각해봤다. 우리 사회가 당면한 남북통일 성취라든가 사회 불평등 해소, 인류 평화 등과 같은 문구는 왜 적지 않는 것일까도 생각해봤다.

물론 국가와 사회의 구성 기본 요소인 각 가정이 건강하고 행복하면 국가와 사회가 건강하고 행복하다는 논리로 설명한다면 할 말이 없다. 하지만 우리 사회가 너무 이기적으로 흘러가고 있다는 생각을 떨칠 수 없다. 그저 몸 건강하고 돈 많이 벌고, 자식이 공부 잘해서 명문대학에 입학하는 것이 행복의 전부라고 생각하며 살아가는 사람이 너무도 많다. 그들은 베푸는 삶, 정신적 여유와 품격을 즐기는 삶에는 관심이 없다. 인생의 진정한 재미가 무엇인지 고민하지 않고 맹목적으로 남과 같은 목표를 설정해 앞만 보고 달려간다.

대부분 한국인은 가족의 건강을 기본으로 물질적 풍요와 자녀의 명문대 진학이 행복의 전부라고 착각하며 살아가고 있다. 봉사하고 베푸는 삶이 주는 진정한 즐거움에 대해서는 아무런 관심을 두지 않는다. 취미생활을 통해 일상의 소소한 즐거움과 성취감을 찾는 일에도 관심을 두지 않는다. 너나없이 같은 목표를 향해 살아간다. 각자의 생각이 다르고 환경이 다른데 어찌 같은 소망을 갖고 살아가는지 납득이 안 된다. 모든 이의 소망이 같다는 것은 어쩌면 자신의 인생 목표와 희망에 대해 진지하게 고민해보지 않았기 때문이다.

　이제 새해가 밝아올 날이 며칠 남지 않았다. 막연히 새해를 맞이하기보다는 내가 원하는 삶의 목표가 무엇이고 내가 가고자 하는 방향이 어디인지에 대해 진지하게 생각해 볼 기회를 얻었으면 좋겠다. 내가 진정 좋아하는 것은 무엇이고, 내가 생을 통해 꼭 이루고 싶은 일이 무엇인지에 대해 확실한 목표의식을 갖고 새해를 맞았으면 좋겠다. 그 소원이 너무 이기적이고 세속적이지 않았으면 더욱 좋겠다. 우리는 너무 오랜 세월 동안 돈과 시간의 굴레에서 품위 있는 삶을 외면하며 살아왔다. 내가 진정 좋아하는 것이 무엇인지도 모른 채 남만 따라 하는 삶을 살아왔다. 남을 의식하지 말고 내가 가장 하고 싶은 일이 무엇이고, 가장 의미를 두는 일이 무엇인지 생각하며 새해를 맞길 바란다.

숨 바쁘게 달려온 충남 인권

2017년 12월 12일 금강일보

　2016년 말 안희정 충남도지사가 송년 기자회견 자리에서 2017년 업무 구상을 밝히면서 '인권도정'의 기틀을 다지는 원년으로 삼겠다고 말했다. 대형 SOC^{사회간접자본} 유치나 개발사업 전개 등의 굵직한 현안 발표를 기대했던 기자들은 의아스럽다는 반응을 보였다. 지금껏 관례로 송년 기자회견을 하는 자리에서는 신년 사업구상을 밝히는 데 집중했던 까닭에 전혀 예상치 못한 '인권도정 기틀 마련'이란 구상을 전해 들은 기자들은 어리둥절했다.

　나중에 파악해보니 안희정 지사가 이날 인권도정에 대해 발표한 것은 사전에 참모진과 충분히 협의가 이뤄진 사항이 아니었다. 즉흥에 가깝게 발설된 의제였다. 안 지사의 기자회견 이후 각 실·국은 부랴부랴 인권도정에 대해 검토하기 시작했다. 그러면서 각기 진행하고 있는 업무에 인권도정을 어떻게 접목할 것인지를 고민하기 시작했다. 도지사의 화두 제시는 공직사회에 빠르게 침투해갔다. 충남지역 공무원은 '소수자'와 '약자'들이 보다 안전하고 행복해질 수 있는 길이 무엇인가를 찾아내, 그것을 행정에 접목하기 시작했다.

당장 건축물을 신축할 때 여성 화장실의 면적을 늘려 설계하기로 했고, 장애인들의 이동 편의를 최대한 고려하기로 했다. 보살핌의 사각지대에 놓은 독거노인이나 소년소녀가장을 돌볼 수 있는 적극적 방안을 강구했고, 외국인 노동자가 적절한 대우를 받으며 일할 수 있는 환경을 만들어 주기 위한 길을 찾았다. 도민의 인권의식 함양을 위해 공무원을 비롯한 공공기관 종사자, 각 지역의 리더 역할을 하는 주민을 대상으로 하는 인권교육을 확대 시행하도록 했다.

1년 만에 세상이 뒤바뀌지는 않았지만, 인권도정을 펴기 위한 노력의 대가는 곳곳에서 나타나기 시작했다. 인권의식이 부지불식간에 성장해 소수자와 약자를 바라보는 시각이 개선됐고, 그들도 다 같은 대한민국 국민이고 당당한 권리의 주체라는 인식이 확산했다. 지난해 말 설립된 인권센터를 중심으로 활발한 인권증진 사업이 전개되기도 했다. 인권교육을 위한 콘텐츠와 프로그램을 개발했고, 시민의 인권역량을 강화하기 위한 다채로운 행사도 기획했다. 상담실을 운영해 인권침해 사례를 수집하고 상담과 조사를 하는 역할도 진행했다. 도내 각지에서 연중 시행된 인권교육 현장을 찾아다니며 개선점을 찾고 새로운 교육방법을 구상해내는 역할도 맡았다.

이런 복합적인 노력으로 충남은 2017년 한 해 동안 인권 행정 면에서 괄목할 성장을 이루었다. '성장이면 모든 것이 덮어진다.'라고 했던 생각이 '인간이 우선이다.'라는 쪽으로 옮겨갈 수 있도록 방향을 잡았다. 돈보다 훨씬 소중한 것이 사람이라는 생각의 틀도 제시됐다. 전국의 지자체 가운데 인권 행정 관련해서는 충남은 선두그룹에 속한다. 이제 시작 단계이니 앞으로 해가 거듭될수록 충남의 인권 행정은 뿌리를 내릴 것이고, 인권의식도 무럭무럭 성장할 것이다.

인권 행정을 펼쳐나가는 데 탄탄대로만 있던 것은 아니다. 충남인권 조례가 담고 있는 일부 조항을 문제 삼아 특정 종교단체가 정면으로 반발하며 조례 폐지 운동을 조직적으로 벌여 진땀을 흘렸다. 인권의식 신장을 위해 펼쳐나가야 할 각종 시책도 사사건건 발목을 잡히기 일쑤였다. 인권과 대치되는 주장을 펼치고 있는 종교 활동은 지금도 계속되고 있다. 충남도가 극복하고 넘어야 할 큰 산이다. 자기 생각을 절대 바꾸지 않는 것은 물론이고 종전의 생활습관이나 사고의 틀을 전혀 바꾸지 않겠다는 완강한 도민도 많았다. 그들을 설득해가는 과정은 참으로 어려웠다.

2017년 인접한 지자체와 비교할 때 충남의 인권 행정은 단연 돋보였다. 인간이 추구하는 최고의 가치는 행복이다. 인간이라면 누구나 행복하기를 바란다. 소수자라고 해서, 또는 약자라고 해서 행복을 외면당할 수는 없다. 온 국민이 행복한 나라가 진정한 선진국이다. 행복 하고자 하면 경제적으로도 안정돼야 하고 고독하거나 외롭지 않아야 한다. 이제는 그동안 무심했던 소수자와 약자의 행복을 위해 모두가 눈을 돌려야 할 시기이다. 도민의 안전과 행복을 최우선의 가치로 내걸고 숨 가쁘게 2017년을 달려온 충남도에 아낌없는 칭찬을 보낸다.

4차산업혁명 호들갑

2017년 11월 24일 금강일보

언제부터인가 '제4차산업혁명'이 대중의 관심사로 급부상하고 있다. 그 실체를 제대로 알지는 못하겠으나 근래 들어 하루라도 '제4차산업혁명'이란 말을 듣지 않는 날이 없는 것 같다. 어딜 가서 누굴 만나도 쉽게 접할 수 있는 말이 됐다. 불과 얼마 전까지만 해도 생소하던 말이었지만 이제는 일상용어처럼 자주 듣게 됐다. '제4차산업혁명'에 대해 많은 이야기를 들어보았지만, 정작 그 진정한 의미는 손에 잡히지 않는다. 그런데도 일부 전문가는 그걸 모르면 당장 큰일이 날 것처럼 떠들어 일반 대중이 불안감을 느끼게 한다.

사회생활을 하다 보면 유행어가 있어 접하게 된다. 유행어는 TV 코미디 프로나 드라마, 또는 영화 등에서 특정인이 같은 말을 반복적으로 사용해 전 국민 사이에 유행시키는 경우가 흔하다. 하지만 시대의 흐름에 따라 당대의 대중이 관심을 두고 대화의 소재로 자주 삼아 어딜 가도 쉽게 접할 수 있는 말이 진정한 유행어라고 해야 할 것 같다. 이러한 기준으로 볼 때 최근 들어 가장 유행하고 있는 말 중 하나가 '제4차산업혁명'이다. '제4의 물결'이라는 표현을 사용하기도 한다. 4차산업혁명이란 말을 제외하면 거시적 대화를 할 수 없는 지경이다.

TV 뉴스나 대담 프로그램을 볼 때, 신문을 읽을 때, 강연을 들을 때, 누군가와 대화를 나눌 때 너무도 흔하게 '4차산업혁명'이란 말을 듣는다. 최근의 유행어가 분명하다. 정부도 각 지방자치단체도 저마다 '4차산업혁명'을 운운하며 당장이라도 신대륙 발견을 위한 항해에 나서는 것 같은 비장한 각오를 비추기도 한다. 기업도 마치 '4차산업혁명'에서 뒤처지면 영원한 낙오자로 전락할 것이라는 양 부산을 떤다. 사회 곳곳에서 '4차산업혁명'이란 말을 앞세워 내일 당장 사회가 급변하고 그 시류에 편승하지 못하면 큰일이라도 당할 것처럼 불안감을 조장한다.

'4차산업혁명'을 두고 벌어지는 지금의 세태는 지나친 호들갑이요, 기우라는 생각이 든다. 전 국민이 '4차산업혁명'의 주역이 돼야 한다고 생각하지 않기 때문이다. 물론 선각자가 시대의 요구에 맞는 기술개발에 나서고 변화하는 세상에 대한 선제적 대응력을 확보하는 일은 대단히 중요하다. 그렇지만 일반 대중은 그저 따라가면 된다. 언제고 대중은 선각자의 발걸음을 따라가면 된다. 하지만 '4차산업혁명'의 시대를 맞이하는 우리의 모습은 너무도 요란하고 호들갑투성이다. '뭐 이렇게까지 호들갑을 떠나' 싶은 마음이다.

인류가 최초로 산업혁명을 일으킨 이후 2차와 3차 산업혁명을 이룩하기까지의 시간은 점차 짧아졌다. 4차산업혁명이 곧 도래할 것이란 사실은 맞다. 하지만 머지않아 4차산업혁명의 시대에 적응하기도 전에 5차, 6차 산업혁명이 엄습해 올지도 모른다. 그때는 또 얼마나 부산스러운 모습으로 새로운 시대를 맞이해야 할까. 4차산업혁명이 어떤 형태로, 얼마나 빠른 속도로 다가올지는 알 수 없다. 그러나 유난을 떨고 호들갑을 떨지 않아도 될 것을 지나치게 요란히 손님맞이를 하고 있다는 기분을 지울 수 없다.

이처럼 호들갑이 심하고 과민반응하는 것은 경험해 보지 못한 세계에 대한 불안감에서 기인한다. 조급함과 불안감을 떨치지 못하기 때문에 요란을 떠는 것이다. 4차산업혁명 분야의 전문가라고 하는 이들은 대중을 향해 '새로운 세계에 적응하지 못하면 낙오자로 전락하고 말 것'이라고 심하게 겁을 주고 있다. 하지만 다수의 일반인은 변화하는 세계에 잘 적응만 하면 된다. 모두가 전문가 집단처럼 혁명을 선도하고, 시대의 파이오니어가 될 필요는 없다. 조급함은 불안감을 키울 뿐이다. 그들이 겁을 준다고 맞장구 치고 그 논리에 빨려들어갈 필요는 없다.

더욱 너그럽고, 침착하게 새 시대를 맞아야 할 것 같다. 지금껏 우리가 살아왔던 것처럼 각자가 자기 분야에서 충실히 살면 된다. 시대의 변화에 맞게 따라가면 된다. 꼭 앞장서 변화를 이끌고 주도하겠다는 부담은 갖지 않아도 된다. 분야별 전문가가 안내해주는 대로 성실히 따라가면 된다. 우린 매사에 너무 불안해하며 살아가고 있다. '5000년 역사상 처음으로 누리는 물질적 풍요가 혹하고 날아가 버리지 않을까' 너무 겁을 먹고 있다. 그럴 것까지 없다고 생각한다. 쳐지지 않고 따라가는 것만으로도 훌륭한 4차산업혁명 시대의 일원이 될 수 있다.

한국인의 머릿수 채워주기 문화

2017년 11월 14일 충청신문

인생을 살아가면서 온전히 나 자신을 위해 배정하는 시간이 얼마나 될까 싶다. 내 정신과 내 몸은 분명 내 것이지만, 우리 대부분은 내가 아닌 남을 위해 또는 내가 속한 집단이나 공동체를 위해 많은 시간과 노력을 기울이며 살아가고 있다. 한 번 살다가는 인생인데 나 자신을 위해 변변히 시간을 내지 못하고 살아가고 있음은 서글픈 현실이다. 적어도 집단주의 의식이 강하고 더불어 집단주의 문화가 생활 깊숙이 자리 잡은 대한민국 사회에서는 개인을 위한 시간을 내서 나에게 충실한 삶을 살아가기란 더욱 어렵다.

대한민국 사회에서 오로지 나만을 위한 시간을 갖고 나만을 위해 살아가면 이기적이고 개인적이라는 비난을 받게 된다. 그래서 그 비난이 무서워 마음에 내키지도 않으면서 어울려야 하는 사례를 자주 경험하게 된다. 사회적 동물인 인간이니만큼 두루 어울려 살아야 하고 남을 배려하며 살아야 하는 것은 당연하다. 하지만 여기서 굳이 문제 삼고자 하는 것은 지나치게 집단주의 문화를 강요당하는 한국사회의 특수성 때문에 개인의 사생활이 보장되지 못하는 병폐가 발생하고 있다는 점이다. 이미 심각한 수준으로 개선을 위해 모두가 지혜를 모아야 할 단계이다.

한국인은 세계 어느 나라와 비교가 되지 않을 만큼 많은 일을 하는 것으로 알려졌다. 노동시간이 최장일뿐더러 노동의 강도도 세다. 그래서 누구보다 많은 휴식이 필요하다. 그러나 평일에는 회식과 모임에 시달려야 하고 주말이나 휴일에도 개인적 휴식시간을 갖는 것이 좀처럼 용납되지 않는다. 주말과 휴일의 휴식을 방해하는 요인은 너무도 많다. 가장 대표적인 것이 친지나 지인의 결혼식에 참석하는 일이다. 특히 봄과 가을에는 거의 매주 결혼식장을 찾아다녀야 한다. 축의금을 내는 일도 중요하지만 직접 찾아가 얼굴을 보여주는 것이 예의라고 생각한다.

예식장을 다니는 일 외에도 봄철과 가을철에는 각종 모임이나 야유회, 체육대회, 등반대회 등이 계속 이어진다. 편히 쉬면서 자기 일을 본다는 것은 사회생활을 포기하는 것일 수 있다. 예식이나 각종 행사에 참석하기 위해 편히 쉬어야 할 주말이나 휴일에도 평일처럼 제시간에 일어나 몸을 씻고 옷을 갖춰 입고 나서야 한다. 새로운 한 주의 업무를 위해 충전해야 할 몸은 주말이라고 한가할 겨를이 없다. 참석해야 할 행사장이 먼 거리에 있으면 오히려 평일보다 피곤한 일정을 보내야 한다. 참으로 불쌍한 한국인이다.

평일에 불쑥불쑥 발생하는 지인의 애사에 찾아가 위로해 주는 일도 빼놓을 수 없는 사회생활이다. 특히 애사의 경우 반드시 찾아봐야 한다는 의식이 강해 아주 먼 거리라도 불문곡직 다녀와야 도리를 다할 수 있다. 주중에는 일에 열중하고 갑작스럽게 날아오는 애사 소식에 예의를 다해야 하고 주말이면 각종 모임에 참석하느라 제대로 쉬지 못하는 것이 한국인의 사회생활이다. 여름과 겨울에도 사정은 크게 다르지 않지만, 날씨가 좋은 봄과 가을은 그 정도가 심하다. 연중 나 아닌 내가 속한 조직이나 단체를 위해 시간을 내고 얼굴을 비쳐야 하는 것이 한국의 문화이다.

이 같은 문화는 긍정적인 면도 많지만, 부정적인 면도 많다. 굳이 부정적인 면을 부각해 말하자면 집단을 강요하는 가운데 개인의 사생활이 무너지고 있다는 점이다. 어느 행사장이고 사람이 북적여야 생기가 있고 활력이 있기 마련이다. 그 장소가 장례식장일 때도 마찬가지이다. 어느 행사장이든 사람 머릿수가 많아야 주최자의 체면이 선다는 생각이 강하게 작용하고 있다. 그래서 마음에도 없는 축하와 위로를 위해 그저 머릿수를 채운다는 생각으로 경사와 애사를 찾아다닌다. 내가 머릿수를 채워 줘야 상대도 내가 주최하는 애사나 경사, 또는 행사에 참석해주리라 생각하고 움직인다.

실제로 한국 사회는 사람을 많이 동원할 수 있는 능력을 갖춘 인물이 진정한 능력을 갖춘 인물로 평가받는다. 상부상조라는 허울 아래 진정성은 뒷전인 채 서로 머릿수를 채워 체면을 살려주겠다는 생각으로 소중한 휴식을 반납하고 있다. 각종 모임이나 야유회, 체육대회 등의 행사도 마찬가지이다. 정작 즐기고 싶은 마음도 없으면서 머릿수를 채워주는 게 주최 측에 대한 보답이라고 생각해 형식적으로 참여하는 경우가 다반사다. 이런 독특한 문화 속에 인생의 소중한 시간인 휴식은 한국인에게 점점 멀어져 가고 있다. 가족과 함께 쉬는 시간을 가지면서 활력을 충전하는 휴일문화가 한국 사회에 언제나 정착되려나.

진정 즐겁고 재미있게 살기

2017년 10월 17일 충청신문

인생을 두 번 사는 사람은 아무도 없다. 누구나 단 한 번뿐인 인생을 산다. 그래서 삶은 더욱 소중하다. 한 번 지난 시간은 절대 다시 올 수 없고, 내 삶은 누구도 대신 살아 줄 수 없다. 누구라도 인생을 재미있고, 보람되게, 나아가 멋있게 살아야 하는 이유이다. 그렇다면 인생을 즐겁고 재미있게 살아가는 방법은 무엇일까. 그 방법은 다양하고 개인마다 생각하는 바와 추구하는 바가 다를 것이다. 하지만 보편적으로 즐겁고 재미있는 인생을 살아가는 방법은 자신이 즐거워하는 일, 즉 취미를 갖는 것이다.

어떤 이는 돈만 있으면, 혹은 자식을 비롯한 가족과 가정이 있으면 행복하리라 생각한다. 하지만 돈으로 즐거움을 사는 데는 한계가 있고 가족이 언제까지나 내 삶 속 즐거움의 대상이 될 것이란 생각도 현실과는 분명한 차이가 있다. 내 경험에 의하면 진정으로 내 삶을 즐겁고 행복하게 해주는 것은 취미생활이다. 같은 취미를 가진 사람과 어울리며 함께 활동하고, 공통의 목표를 향해 정진해 가는 일은 생각보다 훨씬 보람되고 재미있다. 경험해 보지 않으면 알기 어려운 즐거움이다. 그 취미가 무엇인지는 중요하지 않다. 운동일 수도 있고, 음악일 수도 있고, 미술일 수도 있다. 예체능과는 무관한 수집일 수도 있고, 독서나 작문일 수도 있다.

누군가와 같이하는 분야가 아닌 혼자서 즐기는 분야일 수도 있다. 하지만 가능하다면 여럿이 어울려 함께 할 수 있는 활동을 권하고 싶다. 취미활동 자체도 즐겁지만 같은 취미를 가진 이들이 어울리는 재미가 더 크기 때문이다. 어차피 인간은 인간을 통해 재미와 즐거움을 찾게 마련이다. 취미활동을 하지 않는 이도 취미활동의 중요성을 인정한다. 하지만 그들은 항상 '나중에' '다음에'란 말을 한다. '나중에' '다음에'라고 말하는 것은 취미생활에 나설 마음의 준비가 돼 있지 않음을 의미한다. 취미생활을 남의 이야기로만 취급할 뿐 내가 나설 준비가 돼 있지 않기 때문이다. '지금 당장'이 중요하다. 세상 모든 일이 그러하듯 취미생활도 마음먹기가 어려울 뿐이다. 마음먹고 시작하면 별일 아니지만 마음먹기가 어려운 것이다. 그래서 그들을 지켜보는 마음이 안타까움으로 가득하다.

마음먹고 취미생활을 시작한 이들은 인생의 참맛을 경험하게 된다. '이렇게 재미있는 일을 왜 진작 시작하지 않았을까?' 후회하게 된다. 하루하루 무언가를 익히고 배워가는 과정이 얼마나 재미있는지 깨닫는다. 그리고 대개는 용기를 내어 다른 취미활동에 도전하게 된다. 그래서 그 인생은 더욱 풍요로워지고 재미있는 일로 가득해진다. 하지만 마음먹고 나서지 못한 채 늘 '나중에'와 '다음에'를 말하는 이들은 인생의 재미를 찾지 못한 채 또 '나중에' '다음에'를 말한다. 재미있고 즐거워야 할 기회를 스스로 계속 미루기만 한다. 어쩌면 평생 미루기를 반복하기만 한다.

1인당 국민소득이 2만 달러를 넘어서면 국민이 개인의 취미생활을 하고 거기에 열중하는 사회 분위기가 나타나기 시작했다. 실제로 우리나라는 2만 달러 시대 이후 취미생활을 하는 인구가 급격히 늘었다. 그러면서 인생의 즐거움을 찾는 인구가 늘고 국민의 행복지수가 올라가고 있다. 하지만 아쉽게도 아직도 그런 취미활동을 남의 이야기로만 여기고 그 대열에 합류하지 않는 인구가 여전히 많다.

연중무휴로 일하던 자영업자도 점차 줄어들고 있고 야근, 특근, 휴일 근무를 자원하며 일 중독에 빠진 근로자도 점차 사라져가고 있다. 그러면서 취미활동을 시작하는 인구는 점차 늘어가고 있다. 아직 취미생활을 하지 않고 있다면 당장이라도 주위를 둘러보며 내가 좋아할 수 있는 취미동아리를 찾아보자. 동호인끼리 작은 전시회나 발표회를 하는 일, 함께 대회에 출전해 기량을 겨루는 활동에 동참해보자. 인생이 달라질 것이다. 인생의 진정한 즐거움을 실감하게 될 것이다.

장애인의 반대말이 일반인이라고?

2017년 09월 29일 금강일보

충남의 한 지역 시청사 엘리베이터 앞에 "장애인용이므로 일반인은 계단으로 걸어서 올라가 주세요"라는 문구가 적혀 있다. '이건 아닌데…' 싶은 생각에 그곳 청사에 갈 때마다 확인을 해보지만, 그 문구는 여전히 그대로 그 자리에 붙어있다. 누군가 지적을 해서 고쳐졌을 것이라고 기대하고 가보지만 기대는 기대에서 머물고 만다. 악의적 의도를 가지고 적은 문구는 아니라고 생각한다. 개념의 부족에서 비롯된 일이라고 생각한다. 하지만 장애인이 그 문구를 보았을 때 느끼는 감정을 생각해보면 아찔하기 짝이 없다. 장애인은 일반인이 아니라는 의식을 갖고 작성한 문구라는 오해를 받기에 십상이기 때문이다.

그 문구를 작성한 이가 한 번만 더 생각했더라면 그런 표현을 사용하지 않았을 것이란 아쉬움이 남는다. 하루에도 수백 명의 인원이 드나드는 시청사 중앙현관 바로 옆에 있는 엘리베이터에 부착한 부적절한 문구를 아무도 지적하지 않았다는 것은 더욱 아쉽다. 결론부터 말하자면 그 문구에 기록된 '일반인'이란 표현은 '비장애인'으로 고쳐야 한다. '장애인'의 반대말은 '일반인'이 아니라 '비장애인'이기 때문이다. 장애인의 반대말이 일반인이라면 장애인은 일반적이지 않은 사람이 된다. 그들은 그저 불편한 몸을 가지고 있을 뿐 일반인과 구분되는 존재가 아니다. 지적 장애인도 마찬가지이다. 그저 장애가 있을 뿐이다. 그들도 일반인이다. 그들이 일반인의 범주에서 벗어나 있다고 생각하면 큰 오산이다.

90년대 중반기자 초년생 시절 신문기사에 '장애자'라는 표현을 썼다가 호되게 항의를 받은 적이 있다. 당시는 '장애자'란 표현이 일반적으로 쓰일 때였지만 신문사에 항의 전화를 걸었던 분은 "장애인을 장애자라고 부르는 건 신문기자를 '신문기자 놈'이라고 부르는 것과 같다"라며 따끔하게 나무라셨다. 정중히 사과했고, 그 후 단 한 번도 장애자라는 표현을 사용하지 않았다. 오히려 장애자란 문구를 보면 불편함을 느꼈다. 하지만 아직도 장애자라는 표현이 곳곳에서 발견된다. '장애인의 반대말이 일반인이면 어떻고, 장애인을 장애자라고 부르면 어떠냐'고 생각하고 있다면 '인권 감수성'이 많이 부족한 상태라고 보면 된다.

인권 감수성은 나와 상황이나 조건을 가진 다른 누군가를 보았을 때 문제를 예민하게 반응할 줄 아는 능력에서 출발한다. 또한, 공감 능력을 통해 타인의 감정과 생각을 온전히 이해할 줄 아는 능력을 의미한다. 끝으로 '다름'과 '틀림'을 구분할 줄 아는 능력도 인권 감수성에서 비롯된다. '나는 장애인이 아니니 아무래도 상관없다'라는 의식이 있다면 장애인에 대한 인권 감수성이 무딘 것이라고 보면 된다. 우리나라 대한민국은 '소득 수준이나 교육 수준은 세계 속 선두그룹이지만 인권의식이나 남을 배려하는 마음은 아직 멀었다'라는 부끄러운 평가를 받고 있다. 여전히 사회 곳곳에 차별이 만연하고 있기 때문이다.

여성이나 아동에 대한 사회적 차별이 잔존하고 있고, 장애인에 대해서도 색안경 시선을 갖고 있기 때문이다. '아파트값 내려가니 장애인 특수학교를 우리 마을에 지을 수 없다'라는 주장이 공공연히 회자하고 있으니 다른 나라에서 볼 때는 해외토픽감이다. 외국인 노동자를 학대하고 다문화 가정을 보듬어주지 못하는 수준이니 부끄럽기 그지없다. 직업에 대한 귀천 의식을 가져 노동을 천대하는 문화도 여전히 개선하지 못하고 있다. 인권의식의 첫 단계인 인권 감수성을 갖는 것은 나와 다른 이의 상황을 이해하는 데서 출발한다. 차이는 차이일 뿐, 차이를 가지고 상대를 차별해서는 안 된다는 것이 인권의식의 출발점이다. 즉 나와 다름을 인정하는 것이다.

충남은 전국 지자체 중 모범적으로 인권문제에 접근하고 있다. 주민을 대상으로 인권교육을 강화하고 인권센터를 설치해 도민의 인권신장을 위한 활동을 지원하고 있다. 인권조례 폐지를 주장하는 일부 반대세력의 벽에 부딪혀 힘겨운 행보를 하고 있지만, 그래도 꿋꿋하게 인권 행정을 펴나가기 위해 노력하고 있다. 충남도를 응원한다. 하지만 너무 큰 것만 보지 말고 도내 모든 공간에 무의식 속에 게시돼 있는 인권침해 문구에 대한 대대적 정비부터 살펴봐달라고 주문하고 싶다. ✤

자기계발서 말고 인문교양서

2017년 09월 05일 금강일보

　책을 많이 읽으라는 주문은 동서고금에 일관되다. 옛날이나 지금이나 동양에서나 서양에서나 책을 읽으라는 주문은 계속됐다. 첨단 물질문명이 지배하는 현세대에도 책을 읽으라는 주문은 계속된다. 책을 읽으라는 주문은 아마 이후 세상에서도 지속할 것이 분명하다. 그렇다면 왜 책을 읽으라는 주문은 끊이지 않는 것일까. 대답은 간단하다. 책을 통해 앞선 세대 또는 같은 세대를 사는 선각자들의 지혜와 지식을 습득할 수 있기 때문이다. 한 권의 책을 출간하기 위해 저자는 엄청난 지식을 축적하고 그것을 풀어내는 지난한 과정을 겪는다.

　저자가 그토록 오랜 시간 고뇌하고 고생해서 세상에 내놓은 성과물을 가장 합법적으로 안전하게 습득하는 방법이 바로 독서이다. 책을 쓰는 사람은 대개 일반인을 뛰어넘는 지식과 혜안을 갖고 있다. 그 보통 이상의 사람이 오랜 시간 축적한 지식과 지혜를 일반인은 독서를 통해 쉽게 얻어갈 수 있다. 그러니 독서를 주문하는 것은 당연하다. 그렇다면 우리가 읽어야 할 책은 무엇일까. 책이라면 무엇이든 닥치는 대로 읽으면 되는 것일까. 답은 간단하다. 같은 시간을 투자한다면 양서를 읽는 것이 여러모로 유익하다. 대한민국 사회가 21세기를 맞기 시작하면서 '자기계발서'라는 분야의 책이 서점가를 점령했다. 자기계발서라는 책 대부분은 불특정인들에게 의식과 생활의 변화를 통해 성공에 이르는 방법을 일러 준다. 그러나 그 저자는 대개 성공하지 못한 사람이다.

자기계발서는 대개 얕은 지식을 기반으로 단순하고 획일적 인생의 처방을 제시하는 경우가 많다. 그 처방이 지쳐있는 현대인에게 일시적으로 환각을 불러일으킬 만큼의 위안을 주기도 한다. 그러나 당장 고통을 잊게 해주는 진통제 같은 역할은 할지언정 근본적인 치유의 길을 제시하지는 못한다. 가장 좋은 약은 체력과 면역력을 회복하게 해서 스스로 병을 고치게 하는 방법이다. 독서를 통해 체력과 면역력을 기르는 방법은 양서를 읽는 것이다. 자기계발서 100권을 읽는 것보다 양서 1권을 읽는 것이 낫다.

책을 읽으라는 주문을 할 때는 암묵적으로 양서를 읽으라는 의미를 내포하고 있다. 즉, 평생 금과옥조로 삼을 만한 내용을 담은 현인의 책을 읽으라는 것이다. 돈 버는 법, 자녀 명문대 진학시키는 법, 살 빼는 법, 단숨에 건강해지는 법 등의 방법을 기술서처럼 엮어낸 몽환적 책을 읽으라는 것이 아니다. 끊임없이 성찰하고, 고뇌하고, 큰 틀에서 생각한 현인들이 남긴 묵직한 책을 읽으라는 것이다. 대한민국 사회에서 책의 일반적 개념이 양서에서 자기계발서로 넘어간 것은 20년 남짓이다.

현대인이 읽는 책 대부분이 자기계발서이다. 불과 20년 전만 해도 책이라면 일반적으로 문학서를 비롯한 교양서적을 지칭했다. 그러나 근래 들어 일반인들은 책이라 하면 자기계발서를 떠올린다. 주변에 보이는 책들 대부분이 자기계발서이다 보니 당연히 책이라는 일반 개념에 자기계발서가 똬리를 틀고 있다. 자기계발서를 읽고 엄청난 책을 읽은 것처럼 떠드는 사람들이 많다. 일반적으로 '책을 읽는다'라고 할 때 책은 교양서를 지칭한다. 문학서, 역사서, 철학서 등이 대표적 교양서이다. 교양서는 읽는 이의 내면을 성숙시키고 세상 보는 눈을 뜨게 해주는 신비로움을 갖고 있다.

얼토당토않은 논리도 일확천금을 실현해주겠다는 천박한 자기계발서와 비교할 수 없는 가치가 교양서 속에는 숨어있다. 책을 읽기 좋은 계절이다. 책 읽기 캠페인이 대대적으로 시작될 것이다. 책을 읽으라는 주문은 지식과 교양을 넓히라는 주문과 일맥상통한다. 허풍으로 가득한 자기계발서를 읽는 것으로는 지식과 교양을 넓히기 쉽지 않다. 마음을 살찌우고 세상 살아가는데 혜안을 제공하는 교양 독서가 절실하다. 그래야 세상에 윤기가 난다. 이 가을 책을 읽자. 자기계발서 말고, 진정한 교양서적을 읽자고 권하고 싶다. ✍

헌법교육이 절실하다

2017년 08월 18일 금강일보

　인터넷 포털 검색창에 '대한민국 헌법'이라고 쓰고 검색된 사이트를 연결하면 헌법의 전체 내용을 열람할 수 있다. 프린트하면 A4용지로 18장이 출력된다. 꼼꼼히 읽어보면 '이보다 완벽한 법문이 또 있을까' 싶을 정도로 훌륭한 내용에 감탄하게 된다. 실제로 법률을 연구한 학자들도 우리나라 대한민국 헌법은 세계 어느 나라 헌법과 비교해도 손색없을 뛰어난 법문이라고 소개한다. 헌법은 전문前文과 10장의 본문本文, 6조의 부칙附則으로 구성돼 있다.

　전문에는 헌법의 목적 및 이념과 헌법 제정 및 개정의 이념이 담겨있다. 본문은 제1장 총강, 제2장 국민의 권리와 의무, 제3장 국회, 제4장 정부, 제5장 법원, 제6장 헌법재판소, 제7장 선거 관리, 제8장 지방자치, 제9장 경제, 제10장 헌법 개정에 관한 내용이 수록돼 있고, 부칙 6개 조에는 경과규정이 명시돼 있다. 본문의 경우 제1장 '총강' 부문을 제외하면 가장 먼저 제2장에 '국민의 권리와 의무'에 대해 기록하고 있다. 제10조부터 39조까지인 제2장 가운데 제31조에서 교육의 의무, 제32조에서 근로의 의무, 제38조와 제39조에서 각각 납세의 의무와 국방의 의무에 대해 언급하고 있을 뿐 나머지 모든 부분은 국민의 권리에 관한 내용으로 채워져 있다.

한 줄 한 줄 읽어보면 가슴이 뭉클해질 만큼 내용이 충실하고 민주적이다. 이처럼 완벽하고 민주적인 헌법을 왜 진작 찾아보고 꼼꼼히 읽어보지 않았는지 후회가 막급 하다. 30분만 시간을 내면 충분히 읽을 내용을 왜 이제야 읽었는지 개탄스럽다. 왜 학교 정규 교과 시간에 헌법의 내용을 모든 학생에게 꼼꼼히 가르치지 않았는지 원망스럽다. 초·중·고 사회과목 시간에 헌법에 대해 배우기는 했지만 조목조목 내용을 접할 길이 없었음이 서운하다. 헌법은 국민의 권리에 대해 가장 먼저 기술하고 있고, 가장 많은 분량을 할애했다. 국민이 주권의 주체임을 분명히 밝히고 있다.

그러나 다수의 국민은 이 같은 사실에 대해 잘 알지 못하고 있다. 자신들이 국가를 대상으로 어떤 권리를 행사할 수 있는지에 대해 별 관심이 없다. 그래서 그토록 아름다운 우리의 헌법이 국민 가슴에 깊이 파고들지 못하고 있다. 다수의 국민은 헌법을 그저 상징적 존재로만 여길 뿐 실질적으로 나를 보호해주는 주체라는 인식하고 있지 못하다. 그래서 헌법에 보장된 권리조차 '그건 법조문일 뿐 현실과는 차이가 있다'라고 이중적 생각을 하기도 한다.

실례로 모든 국민은 헌법이 보장하는 표현의 자유, 행복을 추구할 권리를 갖고 있지만, 어린이나 청소년은 그저 그들이 어리다는 이유로 권리를 제한받는 경우가 있다. 장애인이나 재소자 등 소수자의 권리도 인정하지 않으려는 경우가 있다. 헌법은 모든 국민에게 똑같은 권리를 부여하고 있다. 어리다고, 혹은 장애가 있다고 해서 그들의 권리를 제한하지 않는다. 남녀의 차이를 두지도 않는다. 종교나 사상을 이유로 차별하지 않고 똑같은 권리를 부여하고 있다.

그러나 현실을 들여다보면 대한민국 사회 곳곳에서 헌법의 이념을 저

버리는 차별과 권리 침해가 이루어지고 있다. 의무만 강조하고 권리에 대해서는 소홀히 여기는 풍토도 여전하다. 헌법은 국가 존립의 근거이고 국가와 국민의 관계를 명백히 밝힌 최고의 법이지만, 헌법의 내용에 대해 우리 국민은 너무도 이해가 부족하다. 그래서 아직도 우리 대한민국은 다른 나라에서 볼 때 국민의 권리와 인권이 제대로 보호받지 못하는 나라로 낙인돼 있다. 또 성별이나 장애의 유무, 종교의 차이 등에 의한 심각한 차별이 존재하는 나라로 분류되고 있다.

 가장 민주적인 헌법을 가지고도 국민이 스스로 주권의식을 찾지 못하는 현실을 극복하는 방법은 헌법에 대한 교육을 강화하는 일이다. 학교는 물론 사회 곳곳에서 국민을 대상으로 한 헌법교육을 강화해야 한다. 특히 당당한 권리의 주체로 살아가는 방법과 모든 국민이 평등하게 권리를 행사하며 살 수 있음을 강조하는 교육이 이루어져야 한다. 헌법은 내세우기 좋은 허울이 아니라 진정한 국가 존립의 근거이고 국민 개개인의 존엄한 가치를 명확히 안내하는 실용법이어야 한다. 헌법교육은 절실하다. ✎

나이가 궁금해
2017년 08월 08일 충청신문

한 학기 동안 30명 남짓이 함께 단기 과정에 참여해 공부한 경험이 있다. 50대가 주축을 이룬 가운데 30대부터 70대까지 다양한 연령이 모여서 15주 과정의 학습을 마쳤다. 수료식을 마친 후 본격적인 친목 모임이 출범했다. 교과 과정에 임할 때보다 분위기는 훨씬 자연스럽고 화기애애하게 흘러갔다. 여럿이 모이면 유난히 붙임성이 좋아 상대에게 주도적으로 먼저 다가가고 각별한 친화력을 선보이는 유형의 멤버가 있다. 이들은 자신보다 나이가 많다고 느껴지거나 서로의 신상정보 소개를 통해 자신보다 나이가 많음을 알게 된 멤버에게 너무도 쉽게 "형님"이라는 호칭을 사용한다.

이런 특성을 갖는 이들은 대개 자신보다 나이가 어리다고 확인되면 이내 "동생"이라고 부르며 하대를 한다. 사회에서 만나 알게 된 사람들에게 여간해 "형님"이나 "동생" 호칭을 사용하지 않는 나로서는 이러한 상황에서 당혹스러울 때가 많다. 고향 또는 학교 후배라면 모를까 사회에서 만난 사람에게는 나보다 나이가 적어도 쉽게 하대를 하지 않는다. 더불어 누군가가 내게 하대를 하는 것도 잘 받아들이지 못한다. 갓 사회생활을 시작한 20대에게도 난 존대어를 사용한다. 그런 만큼 나도 누군가에게 존대 받기를 원한다. 내가 사회에서 만나 사귄 사람 가운데 "형님" 또는 "동생"이란 호칭을 사용하는 자는 극소수에 그친다. 모두에게 존대하는 것이 나로서는 편하다.

한국은 유교문화권 국가로 분류된다. 그래서 삼강오륜이란 준칙을 온 국민이 가슴에 품고 산다. 삼강오륜의 강령 중 군신유의, 부부유별 등 일부는 사회의 변화 속에 퇴색했지만, 뿌리가 너무 깊어 쉽게 바뀌지 않는 강령도 있다. 그 중 대표적인 것이 장유유서長幼有序이다. 둘 이상이 모이면 나이를 따지고 나이가 많은 사람에게 깍듯이 존대하는 것은, 한국인의 머릿속에 깊이 박힌 장유유서 사상에서 비롯된다. 호칭이나 경어 사용에 대해 나름의 원칙을 정하고 그것을 지켜가고 있지만 나도 한국인인 이상 누군가를 만나면 나이에 대한 궁금증을 감추지 못한다.

어떤 관계로 누굴 만나든 나이를 물어 상대가 나보다 몇 살이 많은지, 혹은 적은지를 알아야 마음이 편해진다. 나이를 모르면 도대체 불편하고 궁금해서 못 견딜 지경이다. 이런 현상은 나의 개인적 취향이라기보다는 50년 세월을 한국 사회에서 생활하며 자연스럽게 익혀진 문화습관이다. 지난 3월 첫 모임을 하고 공부를 시작할 때는 구성원들에 대해 '어떤 일에 종사하고 있나'가 가장 궁금 사항이었다. 15주의 학습 과정을 지내며 각 멤버가 어느 조직에서 어떤 위치에서 일하는지 파악하고 나니, 나이가 궁금해 못 견디겠다.

어차피 모든 멤버에게 존대를 사용하고 있고, 나이를 알게 됐다 해도 존대어의 사용은 변하지 않을 것이다. 그런데도 못 견딜 정도로 나이를 궁금해하는 것은 도대체 왜일까. 이는 나도 모르는 사이에 한국인의 뇌 속에 깊이 박힌 '장유유서'가 내게도 침투돼 있기 때문이다. 누군가에게 부탁해 전 구성원의 출생연월일이 기록된 문서를 전달받았다. 그 이후 내 마음이 편해지는 것을 경험했다. 참으로 이상한 노릇이다. 외국인들은 절대 이해 못 할 한국인만의 특성이다.

 멤버의 나이가 궁금해 못 견디는 나를 보면서 문화란 것에 대해 깊이 생각해 보았다. 나이를 먹었어도 나잇값을 못 하는 사람이 많고, 역으로 어린 나이에도 불구하고 충분히 사려 깊어 존경할 만한 행동을 하는 사람은 많다. 그런데도 우리 사회는 유독 나이에 집착한다. 나도 장유유서의 개념이 뼛속까지 박혀 있지만, 사회에서 만난 나이 많은 선배에게 "형님"이란 호칭을 잘 사용하지 않는다. "형님" "동생"이라고 부르며 절친하게 지내다가 등 돌리고 욕지거리를 해대는 사람들을 너무도 많이 봤다. 적어도 "형님" "동생"이라고 부르기로 했으면 웬만한 허물은 덮어주고 용서해줄 수 있는 사이어야 한다. 조금 서운하다고 외면하고 손가락질하려면 애초에 "형님", "동생"이라고 부르지 말라는 게 내 생각이다.

이제야 차별 없는 세상이 오려나

2017년 07월 11일 금강일보

몇 해 전부터 대학에서 학생에게 수업하면서 누차 강조했던 말이 있다. "앞으로 블라인드 채용이 공식화될 것이다. 더는 외모나 학벌, 가정환경 등으로 인한 차별이 없어질 것이니 지방대 출신이라고 기죽지 말고 떳떳하게 취업을 준비해라." 실제로 수년 안에 이런 세상이 올 것이라는 확신이 있었기 때문에 학생들에게도 자신 있게 말해주었다. 남의 나라 이야기로만 들리던 이 같은 일이 현실로 다가왔다. 정부는 당장 올해 하반기부터 332개 공공기관과 149개 지방공기업이 입사지원서에 편견이 개입될 수 있는 인적사항을 게재할 수 없도록 했다.

이에 따라 입사지원서에는 출신 지역, 가족관계, 신체조건, 학력 등을 기록할 수 없게 된다. 사진도 부착하지 못하도록 했다. '블라인드 채용'이라고 불리는 이 방식은 향후 엄청난 파장을 불러일으킬 것이 분명하다. 특정 지역 출신이라고, 지방대 출신이라도 입사에 불이익을 받는 일이 없어지게 된다. 지방대 출신이라고 실력만 있으면 취업이 가능해진다는 것을 의미한다. 내가 취업하는데 부모의 학벌과 구체적 직업과 직위를 적어내야 하는 엄청난 모순도 이제는 사라지게 됐다. 장애인을 채용하지 않겠다는 뜻을 간접적으로 시사하는 '신체 건강한 자'라는 표현, 외모가 우월한 사람을 우선 채용하겠다는 의미의 '용모 단정한 자'라는 표현 등을 이제는 채용 공고에서 사용할 수 없게 됐다.

신장과 체중 등의 신체조건을 적도록 하는 일도 안 된다. 외모에 대한 편견을 갖게 하는 사진 부착도 꼭 필요한 경우를 제외하면 금지된다. 너무 뿌리가 깊어 우리는 이러한 편견과 차별을 비판 없이 수용하며 오랜 세월을 살았다. 그래서 좋은 직장에 취업하기 위해서는 이유 불문 서울이나 수도권 소재 대학에 진학해야 했다. 그것이 당연한 일이라고 여기며 살았다. 객관적 실력이 뒤처져도 외모가 빼어난 사람이 취업에 유리하다는 사실을 아주 자연스럽게 받아들였다. 그동안은 직원을 채용하는 입사지원서에 출신대학이 본교인지, 지방캠퍼스인지 묻고, 주간인지 야간인지를 적도록 했다. 이는 노골적으로 차별을 하겠다는 뜻이지만 이에 대해 누구도 저항하지 않았다.

부모가 어떤 직장에서 어떤 직위로 일하고 있는지에 대해 적으라는 것도 실상 이를 근거로 차별대우를 하겠다는 것이었지만 이에 대해서도 반기를 들지 않았다. 지금껏 우리는 백(back)과 줄(line)이 있어야 취직할 수 있고, 업무 능력은 차치하고 명문대학 출신이라야 조직 내에서도 승승장구할 수 있는 시대를 살아왔다. 너무도 골이 깊어 그것이 당연하다고 여기며 살았다. 나아가 부와 권력이 세습되고 가난이 가난을 낳는 구조 또한 어찌할 수 없는 일이라고 여기며 받아들였다. '더는 개천에서 용이 나오지 않는 세상이 됐다'고 자조적인 말을 하기도 했다.

하지만 이제 세상이 바뀌고 있다. 공공부문의 블라인드 채용이 정착되면 시간을 두고 민간부문으로도 퍼질 것이 자명하다. 시대의 흐름을 민간부문이라고 해서 역행할 수는 없기 때문이다. 공공부문과 더불어 민간부문까지 블라인드 채용이 장착되면 이 땅에서 편견과 차별이 발을 붙일 수 없게 된다. 모두가 같은 출발선에서 경쟁하는 시대가 현실이 되는 것이다. '이왕이면 다홍치마' '보기 좋은 떡이 먹기도 좋다' 등등의 속담은 은연중에 편견과 차별을 묵인하거나 조장하는 말로 사용됐다.

이런 사회 분위기 속에 대한민국은 세계 최고의 성형수술 공화국이 됐다. 성형수술은 사회에 만연한 차별을 극복하기 위한 수단이었지만 '외모도 경쟁력'이라는 말로 합리화시켰다. 성형을 통한 부익부 빈익빈도 가속화됐다. 편견과 차별이 없는 사회가 진정한 일류사회이다. 이제 대한민국 사회가 또 한 번의 큰 걸음을 내디디려 한다. 1894년 갑오개혁과 1980년 연좌제 폐지에 이어 2017년의 블라인드 채용이 국민 전체의 의식혁명을 가져오는 또 한 번의 물결이 될 것이라고 굳게 믿는다. 이 사회가 성숙한 방향으로 꾸준히 진보하고 있으니 다행이다. ✥

"네 이웃을 네 몸처럼 사랑하라" 했거늘

2017년 07월 07일 금강일보

　기독교는 어느 종교보다 폭넓은 사랑을 강조한다. 모든 종교가 박애를 강조하지만, 기독교가 가장 포괄적인 사랑의 범주를 제시한다. 그래서 누구라도 기독교라면 '사랑'이라는 단어를 가장 먼저 떠올린다. "네 이웃을 네 몸같이 사랑하라", "원수를 사랑하라" 등의 말은 기독교가 얼마나 포괄적인 사랑을 강조하는지 알 수 있게 하는 말이다. 그런데 원수도 사랑하라는 가르침을 따르는 기독교계가 최근 충남에서 인권조례를 놓고 인권단체와 정면으로 충돌하고 있다. 일부 기독교단체가 충남인권조례가 성적 소수자에 대한 차별을 금지하는 내용을 담고 있는 것에 대해 "동성애 및 양성애로 동성 간의 결혼을 옹호하고 일부일처제의 근간을 무너뜨린다."라는 이유로 조례 폐지를 청구했다.
　이 같은 움직임에 대해 충남도를 비롯해 서울 등 9개 광역지자체 인권위원회의 협의회가 성명을 발표하고 "기독교단체가 차별받지 않을 시민의 권리를 보장하기 위한 인권조례를 왜곡하고 비난하는 일이 오랫동안 되풀이되고 있다."라며 경고의 목소리를 높이고 있다. 쉽사리 물러서지 않을 태세이다. 광역 지방자치단체의 경우 대부분 인권조례가 제정돼 있고, 일부는 학생인권조례도 정착돼 있다. 기초자치단체도 상당수가 인권조례를 제정해 주민 인권을 보호하기 위한 제도적 장치를 마련했다. 그런데 지금껏 별다른 갈등이 표출되지 않던 것이 요즘 들어 부쩍 표면화되고 있다.

　기독교단체의 인권조례 폐지를 위한 움직임은 이해되지 않는 부분이 있다. 우선은 "네 이웃을 사랑하라."는 최우선의 교리에 맞지 않는다는 점이다. 성적 지향성이 다른 소수자는 그들이 말하는 이웃이 아닌지 그 점이 궁금하다. 하물며 원수도 사랑한다 했거늘 성적 지향성이 다르다는 이유로 사랑의 대상에서 배제한다면 교리에 모순이 생긴다. 또 하나의 의문은 왜 하필 조례를 타깃으로 삼는지의 여부이다. 인권을 보장하고 있는 조례보다 상위법은 얼마든지 있다. 국가인권위원회법을 비롯해 국민의 인권을 다룬 법률은 얼마든지 있다. 하지만 언제나 그 실천을 강조하는 세부사항에 그치지 않는 조례를 물고 넘어진다. 그 이유를 모르겠다.

　실상 인권문제는 모든 법 중 으뜸이라 하는 '헌법'에 기반을 두고 있다. 헌법 제10조부터 36조까지의 조항은 국민의 권리를 포괄적으로 규정하고 있다. 헌법을 통해 국민의 권리는 상세하게 규정돼 있다. 그러면서 헌법은 그 대상을 '모든 국민'이라고 거듭 강조하고 있다. 국민 누구라도 어떠한 이유로 차별받아선 안 된다고 역설하고 있다. 그러니 인권문제에 대해 불만이 있다면 조례가 아닌 헌법에서 보장하고 있는 모든 국민을 대상으로 하는 차별금지 조항을 반박해야 한다. 그런데 기독교단체는 늘 헌법이나 상위법에 대해서는 별다른 문제를 제기하지 않고, 오로지 지방 조례만을 공격의 대상으로 삼고 있다. 그 이유를 잘 알지 못하겠다.

　인권문제의 핵심은 그동안 소외당하고 억눌려왔던 약자와 소수자에게 편견이나 차별에 시달리지 않고 인간답게 살아갈 권리를 부여하자는 것이다. 그야말로 기독교에서 구제해야 할 대상으로 삼는 '힘없고 소외된 이웃'을 보호해주자는 것을 골자로 한다. 그런데 정작 쌍수로 환영해야 할 기독교단체가 앞장서 인권조례 폐지 운동을 주도하고 있으니 이해가 안 된다. 전국의 많은 자치단체 중에 하필 우리 고장 충남에서 인권조례 폐지를 위한 움직임이 일고 있으니 안타깝기 그지없다.

한동안 인권 행정 분야에서 전국의 선진사례, 모범사례로 이목을 받아온 충남이 이번 일로 보폭을 줄일까 염려스럽다. 인권문제는 신의 위치가 아닌 인간의 위치에서 인간을 볼 때 이해의 폭이 넓어질 수 있다. "네 이웃을 사랑하라"라는 예수의 가르침은 분명 사람을 가리지 말고, 조건을 두지 말고 사랑하라는 것이다. 조건 없는 사랑을 강조한 예수의 가르침을 인간이 자신들의 구미에 맞게 해석하는 일은 위험하다. 기독교단체들이 예수의 가르침을 따라 모든 이웃에게 조건 없는 사랑을 베풀었으면 정말 좋겠다. ✌

"작은집에서 작은아들이 제사 지내도 돼요"

2017년 06월 13일 충청신문

　　대한민국은 모든 국민에게 사상의 자유, 종교의 자유를 허용하는 국가이다. 헌법은 이 같은 사실은 명시하고 있다. 대한민국 국민이 '어떤 사고방식을 갖고 세상을 보는가' 또는 '어떤 종교적 신념을 갖고 있는가'는 각자의 자유이다. 자신의 양심에 따라 사상이나 종교를 채택할 수 있다. 지구상의 많은 나라는 헌법을 통해 사상의 자유와 종교의 자유를 보장하고 있지만, 실상 특정 종교를 국가 종교화한 나라가 많다. 우리 대한민국의 경우 불교와 천주교, 개신교가 비교적 많은 신도 수를 보유하고 있고 원불교, 천도교 등등의 종교도 번성하고 있다. 하지만 이 같은 다양한 종교분포에도 불구하고 대다수 국민의 사고방식과 생활방식을 지배하고 있는 사상은 유교라고 감히 말할 수 있다.

　　대부분의 대한민국 국민은 자신이 어떤 종교를 갖고 있건 간에 생활 규범은 유교에 바탕을 두고 있다. 근면과 성실, 충효와 면학 등은 뿌리 깊은 유교 사상에서 비롯된다. 유교는 조상에 제사 지내는 일을 중시한다. 가문을 중시하고 가족공동체를 무엇보다 소중하게 여긴다. 그래서 종가나 큰집을 중심으로 씨족 공동체가 장손과 장남의 지휘 아래 조상을 섬기는 일에 큰 가치를 부여한다. 가문마다 다소의 차이는 있을 수 있지만 대개 종가와 큰집, 장손과 장남의 권위는 대단하다. 시대가 변해서 예전과 같은 막강한 권위를 발휘하는 것은 아니지만 현재까지도 그 영향력은 여전하다.

정치를 바라보는 노년층과 청년층의 시각 차이가 가장 극명하게 나타나는 것은 바로 이 같은 유교적 전통주의를 바라보는 관점에서 시작되는 것이 아닐까 생각해본다. 유교적 국가관, 가정관이 머릿속 깊이 박힌 노년층은 종가나 큰집의 권위에 저항하는 것이 불손하다고 생각하듯, 국가권력에 항거하거나 국가 정책에 반기를 드는 것 자체를 용납하지 못한다. 설령 마음에 들지 않는 구석이 있어도 국가지도자나 국가권력에 불복종해서는 안 된다는 강한 신념을 가지고 있다. 노년층은 집안이 잘되려면 큰집이 잘 되고 큰집의 권위가 서야 한다고 생각한다. 그래서 정치적 큰집이라고 생각하는 세력에 힘을 실어주어야 나라가 잘된다고 생각한다.

곁들여 제사는 반드시 큰집에서 차려야 한다고 생각한다. 아무리 작은아들이 똑똑하고 잘 났어도 큰아들에게 머리를 숙이고 큰집의 뜻에 따라야 한다고 생각한다. 이러한 관념이 깊이 각인돼있어 노년들의 표심은 늘 같은 곳을 향한다. 충분히 공감할 수 있는 현상이다. 9년 만에 보수 정권이 종지부를 찍고 진보 세력에게 국가통치권을 넘겨주었다. 이 같은 현상에 대해 노년층은 작은집에서 반란을 일으켜 큰집의 제사를 빼앗아 간 것으로 인식하는 것 같다. 전통적 사고방식을 가진 노년이 관행의 눈으로 보면 새로운 정치세력의 집권은 용납하기 어려운 일이다.

큰집에 아들이 없으면 작은집에서 양자를 보내 집안의 대를 당연히 이어야 한다고 여기며 살아온 세대에게 작은집이 덜컥 제사를 지내겠다고 조상 위패와 영정을 가져가는 일이 쉽사리 받아들여지기 만무하다.

그래서 노년층이 느끼는 허탈감을 충분히 이해한다. 하지만 시대가 변했다. 큰아들과 작은아들의 구분과 차별이 없어졌다. 심지어는 아들과 딸의 구분과 차별도 없어졌다. 제사는 반드시 큰집에서 큰아들이 주축이 돼 지내야 한다는 것도 어쩌면 고정관념이다. 둘째 아들, 셋째아들도 같은 부모의 자식으로 부모나 조상에게 올리는 제를 맡을 수 있다.

큰집의 형편상 제사를 지내는 일이 어려우면 작은집에서 제사를 지낼 수도 있는 일이다. 어차피 작은아들이 제사를 지내기로 했으면 열심히 참여해주고 도와주어야 한다. 어르신의 눈높이에서 볼 때 작은집이 제사를 지내겠다고 하니 왠지 불안하고 믿음이 가지 않는 구석이 있을 것이다. 그 마음은 충분히 이해가 된다. 하지만 어르신들에게 당부드리고 싶다. 아무리 믿음이 가지 않고 불안해 보여도 믿고 맡겨주어야 한다고. 작은집에서 작은아들도 제사 모실 수 있다. 그들도 집안의 자손이다. 그렇게 생각하면 한결 마음이 편해지고 믿음도 갈 것이다. ✎

'일하다'의 반대말은? '공부하다'의 반대말은?

2017년 05월 26일 금강일보

'일하다'의 반대말이 뭐냐고 물으면 대한민국 국민 열의 아홉, 아니 백의 구십구는 '놀다'라고 답변한다. '공부하다'의 반대말이 뭐냐고 물어도 답변은 같다. 역으로 '놀다'의 반대말이 뭐냐고 물으면 '일하다' 또는 '공부하다'라고 답변한다. 언뜻 들으면 맞는 말 같지만 조금만 더 깊이 생각해보면 전혀 맞지 않는 논리이다. '일하다'의 반대말은 '일 안 하다'가 맞다. '공부하다'의 반대말도 '공부 안 하다'가 맞다. 일을 안 하고 공부를 안 한다고 해서 그것이 노는 것일 수는 없다.

일하지 않고 공부하지 않으면 노는 것으로 간주하는 게 한국인의 기본적인 의식구조이다. 대부분 한국인은 '놀다'라는 말에 다소의 부정적 인식을 하고 있다. 어쩌면 그냥 부정적인 데서 그치지 않고 죄악시하는 경향도 있다. 열심히 일하거나 공부하지 않는 자체만으로 비난의 대상이 될 수 있는 곳이 대한민국 사회이다. 그래서 '일하다'와 '공부하다'의 반대말을 '놀다'라고 생각하고 '놀다'라는 말에 부정의 의미를 동반한다. 그래서 '놀다'라는 말을 할 때 '놀기나 한다' '놀기만 한다' 등으로 표현하는 경우가 많다.

인간이 추구하는 가장 궁극적인 목표는 즐거움과 행복이다. 인간은 즐겁기를 원하고 행복해지고 싶어 한다. 괴롭고 불행함을 원하는 사람은 지구상 어디에도 없다. 그래서 행복과 즐거움은 인간이 추구하는 최고의 가치이다. 인간이 행복해지고 싶어 하는 것은 절대 죄악이 아니다. 즐겁고 자 하는 것도 마찬가지이다. 즐겁고 행복 하고자 하는 것은 인간이 추구하는 당연한 가치이고 최후의 목적이다. 부정할 수 없는 현실이다. 그런데 우리의 삶은 그러하지 않다. 노는 일, 즐거운 일에 대해 뭔가 부정적 시각을 갖고 있다.

'놀다'라는 말을 접했을 때 다수의 국민은 뭔가 보람되지 않고 생산적이지 못하다는 느낌이 든다. 그래서인지 한국 사회에서 노는 문화는 발달해 있지 못하다. 노는 문화가 양성화돼 있지 못하다 보니 오히려 음성적이고 퇴폐적인 형태의 노는 문화가 다른 나라에 비해 발달했다는 평가를 받기도 한다. 산업사회 이후 우리는 눈부신 발전을 이룩했다. 세계가 주목할 초고속 성장을 이루어냈다. 단기간에 엄청난 경제발전을 이루었다는 사실에 한국인들은 무한한 자부심을 느낀다. 단기간에 괄목할 성장을 이룬 것이 쉬지 않고 일에 몰두한 근면과 성실에서 비롯됐다고 한국인들은 굳게 믿고 있다.

그래서 쉬지 않고 부지런히 일하는 것만이 최선의 길이라는 신념을 갖고 있다. 그러다 보니 쉬는 것, 노는 것에 대해 죄악시하는 풍조가 생겨났고 사회 전체적 통념으로 굳어졌다. 산업사회는 사실상 막을 내려가고 있다. 지금은 4차산업혁명 시대이다. 성실과 근면을 기반으로 대량생산과 대량판매를 통해 부를 축적하는 시대는 종말을 고해가고 있다. 지금껏 우리가 자랑으로 여기며 맹신했던 성실과 근면만으로 변화하는 새로운 시대에서 승자로 군림하기란 불가능하다. 인공지능, 로봇공학, 사물 인터넷, 무인 운송수단, 3차원 인쇄, 나노기술 등이 선도할 미래사회는 성실과 근면보다는 획기적이고 기발한 아이디어를 자원으로 한다.

　획기적 아이디어를 얻기 위해서는 많이 쉬고 놀면서 새로운 경험을 해야 한다. 새로운 시대에 적응해나가기 위해서 대한민국 국민이 가장 먼저 해야 할 일은 놀거나 쉬는 것에 대한 부정적 인식을 버리는 것이다. 노는 것은 단순히 향락적이고 쾌락적인 것만을 의미하지는 않는다. 인간은 놀면서 삶을 정화하고 쉬면서 아이디어를 가다듬을 수 있다. 행복과 웃음이 충만한 사람이 창조적 아이디어를 발산한다. 놀이와 휴식을 통해 스트레스를 날려버려야 행복해질 수 있고, 삶이 창조적일 수 있다. 일하지 않고 공부를 하지 않는 것을 죄악시하는 의식만 바꿔도 새로운 시대에 상당히 빠르게 적응할 수 있다.

1인당 GDP 3천 달러와 4만 달러의 의미

2017년 05월 02일 충청신문

　동네에서 온통 못된 짓만 하고 다니는 동생이 있다. 움직이기만 하면 사고를 치고, 아무에게나 삿대질하고 덤벼들어 모든 동네 사람들에게 골칫거리다. 언제 어느 때 무슨 방법으로 누구에게 시비를 거는지 몰라 동네 사람 모두가 항상 긴장한다. 어른도 못 말리는 대책 없는 동생 때문에 동네가 종용할 틈이 없다. 가정을 꾸린 가장이라고는 하지만 가난하기 이를 데 없어 끼니 걱정을 하며 살아가지만, 돈을 벌고 잘 사는 일에는 관심이 없고, 싸움질할 궁리만 하고 있다. 동네 사람은 같은 부모 밑에 태어난 형과 동생인데 어쩌면 그렇게 다르냐고 수군거린다.

　북한을 두고 있는 우리의 처지이다. 세계 최빈국 중 하나인 북한은 오랜 세월 식량과 자원의 부족으로 최악의 경제 상황을 맞고 있다. 하지만 경제를 살리고 이웃과 친하게 지내는 일에는 관심이 없고, 온통 핵무기를 개발하는 일에만 치중하고 있다. 그러니 북한 주민이 하루하루 고통스러운 나날을 보내고 있음은 불을 보듯 뻔하다. 북한 정부는 이에 아랑곳하지 않고 오로지 핵무기 개발에만 전력하고 있다. 국제사회가 공동으로 북한의 경제 고립시키기에 나서고 있지만, 북한은 엄청난 고통을 감내하면서도 뜻을 꺾지 않고 있다. 애틋한 마음으로 경제 원조를 하기도 하고, 주변국들과 결합해 압박의 수위를 높이기도 했지만, 북한의 태도는 요지부동이다.

남한 처지에서 이러지도 저러지도 못하는 최고의 골칫덩이가 바로 북한이다. 북한 문제는 정치 분야에 국한되지 않는다. 경제문제, 사회문제, 역사와 문화문제 무엇 하나 우리와 연관돼 있지 않은 것이 없다. 함께 가야 할 존재임에는 분명한데 도대체 함께 가는 일에는 관심 없고 오히려 도움을 뻗치는 손길에 공격을 가하니 난감하다. 평소 북한과 관련된 소식을 접할 때마다, 갖는 의문이 한 가지 있다. 나뿐만 아니라 모든 남한 국민이 같은 의문을 가질 것으로 생각한다. 주변국 국민도 마찬가지일 것이다. 그것은 '북한 주민이 저토록 굶주리고 가혹한 통치체제에 시달리면서도 왜 저항하지 않는가'라는 의문이다.

아무리 외부 세계와 차단돼 있고, 어려서부터 지독한 세뇌 교육을 받는다고는 하지만 상황이 저 지경인데도 저항하지 않는다는 것은 좀처럼 이해가 되지 않는다. 그러던 중 우연한 기회에 해답을 찾았다. 북한 전문가로부터 특별강연을 들으며 그 문제에 대한 해답을 찾게 됐다. 전문가의 답변은 짧지만 명쾌했다. 그는 1인당 국민총소득^{GDP} 3000달러에 주목했다. 남한을 포함해 세계 어느 나라도 마찬가지로 시민이 독재정권과 맞붙어 싸우는데 필요한 지적, 물리적 에너지가 발산되기 위해서는 국민 1인당 GDP 3000달러 시대를 열어야 한다는 것이다. 3000달러에 미달하면 저항의 에너지가 분출되지 못한다는 것이 전문가의 설명이었다.

그는 또 한 가지 중요한 의미를 제시했다. 북한의 3000달러 못지않게 중요한 의미가 있는 수치가 남한의 4만 달러 달성이라는 것이다. 3000달러에 이르러야 저항할 힘이 생긴다는 말과 더불어 4만 달러에 이르러야 외세의 간섭을 받지 않고 자주적으로 민족문제를 처리할 힘이 생긴다는 말에도 동감을 느꼈다. 현재의 한반도 문제는 당사자인 남한과 북한 외에 주변국의 이해관계가 복잡하게 얽혀있어 자꾸 꼬여만 간다. 이 실타래를 풀기 위해서는 남한이 4만 달러 시대를 열어젖혀야 한다는 것이다.

그동안 현상적으로만 이해하려던 남북문제를 경제적, 사회적 문제로 해석하는 설명을 들으니 한결 이해의 폭이 넓어졌다. '3000달러를 달성해야 불의에 대한 저항의 에너지가 분출된다.', '4만 달러를 달성해야 외세의 간섭을 받지 않고 자주적으로 민족문제를 해결할 수 있다.' 과연 옳은 분석인 것 같다. 북한은 현재 1800달러 수준이고 남한은 2만 7000달러 수준이다. 북한이 3000달러, 남한이 4만 달러 시대에 진입하면 분명 한반도 문제가 전환점을 찾을 것이란 기대하게 되니 그나마 희망이 보인다. 막히고 답답하기만 했던 마음에 이제 좀 뚫리는 기분이다.

2030년 아시안게임 대전유치를 바란다

2017년 04월 14일 금강일보

지난 11일 출범한 '대전스포츠비전연구회'가 창립기념 토론회를 개최하며 2030년 아시안게임의 대전유치를 제안해 체육계의 주목을 받았다. 오래전부터 개인적으로 대전의 대규모 국제 스포츠대회 유치를 주장하는 목소리는 있었지만, 공식 세미나를 통해 구체적으로 목표연도를 제시한 것은 이번이 처음이다. 그래서 대전지역 체육계는 이번 세미나에 귀를 세웠다. 현실 상황에 대한 인식의 차이는 있을지언정 모든 체육인이 깊이 동감의 뜻을 표출했다.

대전지역 각 대학의 젊은 체육전공 교수들이 주축이 되고 경기단체 소속 체육인이 대거 참여해 창립한 '대전스포츠비전연구회'는 앞으로 대전을 비롯한 충청지역 스포츠 발전을 위한 다채로운 정책을 제시하는 한편 지역민의 건강백세 실현을 위한 다채로운 방안을 내놓겠다는 의지를 밝혔다. 젊은 교수들이 그 첫 과제로 2030년 아시안게임의 대전유치를 제시한 것은 나름의 타당한 이유가 있다. 서울은 차치하고 대전을 제외한 지방의 대도시 모두가 이렇다 할 국제 대회를 모두 유치했다는 점은 눈여겨볼 대목이다.

부산은 2002년 아시안게임과 1997년 동아시안게임을 개최했고, 대구는 2003년 유니버시아드대회와 2011년 세계육상선수권대회를 열었다. 인천도 2014년 아시안게임을 성공적으로 치러냈고 광주마저도 2015년 유니버시아드대회를 개최했다. 서울, 부산, 인천, 대구에 이어 대한민국 5번째 대도시인 대전은 아직 국제 스포츠 행사를 치르기 위한 아무런 준비도 못 하고 있다. 상황이 여기에 이르자 지역민은 체육인을 중심으로 자존심을 들먹이며 대전의 국제 대회 유치 목소리를 내기 시작했다. 하지만 단발성으로 개인적인 의견을 제시했을 뿐 조직적이고 공식적인 담론을 만들어내지 못했다. 그러던 중 '대전스포츠비전연구회'가 11일 세미나를 통해 2030 대전아시안게임 유치를 제안해 첫 단초를 마련했다.

대전시는 유성구 용계동에 42만 평 규모의 복합체육단지 조성을 계획하고 있지만 엄청난 예산 확보에 부딪혀 실행에 엄두를 내지 못하고 있다. 용계동 체육 단지의 조성이 하염없이 미뤄지며 덩달아 대전의 국제 대회 유치도 기약 없이 미뤄지고 있는 것이 현실이다. 이 같은 상황을 인식한 지역의 젊은 체육학자들이 연구모임을 결성하고 그 첫 번째 화두로 2030아시안게임의 유치를 지목한 것이다. 처음 국내에서 세계적 스포츠 제전이 개최될 때와 비교해 국민적 관심도가 낮아지고 홍보 효과도 하락한 것은 인정한다. 특히 인천이 2014년 아시안게임을 개최하며 천문학적인 부채를 떠안았고 제대로 흥행에 성공하지 못했다는 비난을 받은 것도 사실이다.

그래서 지방 도시의 국제 대회 유치에 대한 정부의 시선이 곱지 않아진 것도 인정한다. 하지만 인천은 인천이고 대전은 대전이다. 인천의 전철을 대전이 답습한다는 보장은 없다. 대전의 역량으로 충분히 흑자를 내는 국제 대회를 치러낼 수 있다. 용계지구 체육 단지의 개발 구상이 미흡해 국제 대회 유치를 미뤄야 한다는 논리는 설득력이 떨어진다. 지방 재정만으로 그 엄청난 사업을 추진한다는 것은 불가능에 가깝다. 대규모 대회의 유치를 통해 많은 국비를 확보하고 그것을 동력으로 삼아 종합 체육단지를 조성할 수 있다고 생각하면 오히려 효과적인 결과를 낼 수 있다.

국제 대회의 유치 문제와 별도로 150만 도시의 위상에 걸맞은 종합 체육 단지의 조성은 필요하다. 서울은 60만 평, 부산과 대구는 40만 평, 광주와 울산은 25만 평 규모의 체육 단지가 조성돼 있다. 대전은 인구가 현재의 절반에도 못 미치던 70년대에 조성된 한밭종합운동장에 의지해 크고 작은 대회를 치러내고 있다. 대전에 도시 규모에 걸맞은 체육 단지를 조성하고 거기서 국제 대회를 개최하는 일은 결코 무리한 꿈이 아니다. 젊은 체육학자 집단의 목소리에 귀를 기울여야 한다. ✍

친절은 눈 맞춤에서 시작된다

2017년 04월 04일 충청신문

최근 충남지역 각 시·군을 다닐 일이 있다. 각 시·군청에서 특정 업무를 담당하는 공무원을 만나 협의하고 정보를 받을 사항이 있었다. 하루 3~4개 시군을 방문해 며칠에 걸쳐 전 지역을 모두 순회했다. 자연스럽게 각 시·군청에서 만난 공무원의 자세가 비교될 수밖에 없는 상황이었다. 각 시·군청에서 만난 공무원은 그저 개인에 불과했지만 마침 전 지역을 순회하면서 만난 공무원 개인이 주는 이미지가 자연스럽게 해당 시·군의 이미지로 연결됐다. 그렇게 단정적으로 생각해서는 안 될 일이지만 너무도 자연스럽게 생각이 그렇게 옮겨가고 있었다.

내가 업무차 만난 공무원은 대개가 친절했다. 서너 명의 경우, 깊은 인상을 줄 정도로 매우 친절했다. 하지만 다수는 친절하다고 특별히 느낄 만한 정도도, 그렇다고 불친절하다고 느낄 정도도 아닌 정도의 친절도를 보였다. 문제는 소수였지만 민원인으로 찾아간 필자가 불쾌감을 느낄 정도의 불친절을 보인 공무원이 있었다는 점이다. 소수였기에 다행이라는 생각도 해보았지만, 불친절로 인해 얻은 불쾌감으로 입은 마음의 상처는 쉬 가시지 않았다. 당사자들은 이런 민원인의 마음을 까맣

게 모르고 있을 것이 분명하다.

　친절함으로 깊은 인상을 줬던 공무원의 경우, 필자가 민원인 신분으로 찾아가 먼저 인사를 건네자 자리에서 벌떡 일어나 인사로 응대하고 환하게 웃어 보였다. 명함을 건네자 얼른 자신의 명함을 주며 책꽂이에서 업무수첩을 꺼내더니 응접 테이블로 필자를 안내했다. 받아 적을 자세가 돼 있다는 듯 수첩을 펴들고 상냥한 태도로 대화에 임했다. 자신이 아는 선에서 성실하게 업무에 관해 설명해주었다. 대화를 주고받는 내내 그의 친절한 태도에 호감을 느꼈고, 업무를 마치고 청사를 빠져나오는 발걸음이 참으로 가벼웠다.

　반면 불쾌감을 안겼던 공무원의 경우는 너무도 대조적이었다. 그의 자리 옆으로 찾아가 인사를 건네자 그는 앉은 채로 고개만 살짝 돌려 마치 자신의 앞에 놓인 컴퓨터 모니터에게 인사하듯 필자에게 성의 없는 인사를 했다. 자리에서 일어서기는커녕 필자에게 앉으라는 말도 건네지 않은 채 고개를 들고 쳐다보며 대뜸 무슨 일로 방문했느냐고 물었다. 상황을 설명했더니 그때야 옆자리 의자를 내주며 앉으라고 권했다. 하지만 대화를 나누는 도중 그는 눈빛을 외면한 채 모니터를 바라보고 일 처리를 하며 묻는 말에 성의 없이 대답했다.

　그의 행동에서 가장 불쾌감을 느끼게 했던 것은 그가 좀처럼 대화 상대자와 눈빛을 마주치지 않고 컴퓨터 모니터를 보며 대화를 이어갔다는 점이다. 본인은 무심코 한 행동일지 몰라도 상대였던 나는 심한 불쾌감을 느꼈다. 눈빛을 마주치지 않고 대화한다는 것은 상대를 무시하는 것으로 오인될 수 있는 행동이다. 하지만 그 공무원은 그런 사실을 잘 알지 못하는 눈치였다. 묻는 말에 모두 답변해줬으니 자신의 할 도리를 다 했다고 스스로 생각하는 것으로 보였다. 서로의 생각이 통하지 않았으니 이런 상황을 일컬어 불통이라고 한다.

　매년 정부와 지자체는 엄청난 혈세를 투입해 공무원을 대상으로 친절교육을 벌이고 있다. 이 때문에 공무원의 대국민 서비스 수준은 비약적으로 발전했다. 그러나 교육의 효과가 없는 일부 공무원으로 인해 공조직의 친절도 평가는 여전히 후한 점수를 부여받지 못하고 있다. 안타까운 일이다. 친절을 뛰어넘어 감동을 베풀라고 주문하는 세상인데 여전히 일부 공무원에게는 남의 나라 일로 받아들여지고 있다.

예의를 지키는 일은 상대에 대한 존중에서 비롯된다. 상대가 불쾌감을 느끼지 않게 하는 것이 첫 단계이고, 나아가 상대를 기분 좋게 해주는 것이 다음 단계이다. 감동을 주는 일은 그다음 단계이다. 감동까지는 바라지도 않는다. 불쾌감을 느끼지 않도록 만 해주면 고맙겠다. 민원인을 향해 눈빛도 교환하지 않으며 무엇이 그리 바쁜지 컴퓨터 모니터만 쳐다보며 성의 없이 답변하는 공무원의 자세는 분명 민원인이 원하는 자세가 아니다. 일부 공무원의 경우, 눈 맞추기부터 친절교육을 다시 시작해야 할 것 같다. ✍

4·19 도화선 된 대전의 3·8의거

2016년 03월 07일 충청신문

1960년 일어난 4·19혁명을 모르는 대한민국 국민은 없다. 그러나 4·19혁명의 도화선이 된 3·8의거가 대전에서 일어났다는 사실을 알고 있는 국민은 거의 없다. 국민은 고사하고 대전시민조차 3·8의거에 대해 알고 있는 이는 극소수에 그친다. 2월 28일 대구에서 최초로 일어난 학생의거에 자극받은 대전의 학생들은 3·8의거를 일으켰고, 이에 영향을 받아 마산 학생들이 3.15의거를 일으켰다. 이것이 4.19로 이어져 전국이 학생의거로 들끓었다.

대전 서구 둔산동 둔지미공원에는 지난 2006년 7월 14일 제막한 높이 25m의 '3·8민주의거 50주년 기념탑'이 우뚝 서 있다. 이곳에서 운동하고 산책을 즐기는 시민들조차 이 탑이 대전 학생의 의거를 기념해 세워진 탑이란 사실을 제대로 알지 못한다. 지난 2009년 9월 18일 의원입법으로 3·8의거 기념 대전시 조례안이 통과해 공포됐다. 이후 매년 3월 8일 대전시가 주관하는 기념식이 열리고 있다. 올해로 벌써 8년째지만 여전히 다수의 시민은 이 같은 사실을 알지 못 한다.

1960년 2월 대구 수성천 변에서 민주당 부통령 후보의 유세가 예정돼 있던 가운데 학생들의 유세장 참여를 막기 위해 교육 당국은 일요일임에도 불구하고 대구지역 학생을 모두 등교시켰다. 이에 항거해 대구지역 학생이 부정선거를 규탄하는 시위를 벌였고, 자극받은 대전지역 학생도 곧바로 학생 시위를 구상했다. 자유당의 부정선거 획책에 대해 저항하던 대전 학생은 대구지역 학생들과 비교하면 한발 늦었지만, 대대적인 학생운동을 벌이기로 구상했다. 대전고, 대전상고, 대전공고, 보문고, 대전사범, 대전여고, 서대전여고, 호수돈여고 학생들이 함께 거사에 동참하기로 결의했으나 8일 낮 11시 YMCA회관에서 갖기로 한 회동이 무산되는 바람에 당일 시위는 대전고 단독으로 이루어졌다.

시위대는 외부세력의 학원 침투 반대, 교내에서의 선거운동 반대, 서울신문 강제구독 사절, 언론탄압 반대 등을 내용으로 하는 결의문을 발표하고 시가지에서 경찰과 대치하며 격렬한 시위를 벌였다. 3월 10일에는 대전상고 학생들이 역시 시가지에서 시위를 벌이며 경찰과 대치해 다수가 크게 다치고 80여 명이 연행되는 사태를 겪었다. 당국은 이 사태가 대학으로 번져 퍼질 것을 우려해 대부분 학생을 훈방하고 이후 각 학교를 찾아다니며 후속 시위가 발생하지 못하도록 협박했다.

그러나 이 같은 대전 학생의 의거는 전국으로 소문이 났고 여기에 자극을 받은 마산 학생들이 3.15의거를 일으키게 하는 동력을 제공했다. 이는 다시 4·19혁명으로 이어지는 혁명의 도화선이 됐다. 둔지미공원의 3·8의거 기념탑에는 "맨손으로 독재정권에 항거한 선구적 학생운동이 3·8의거이다. 부정과 부패, 불의와 불법, 억압과 폭정으로 빼앗긴 인권을 되찾기 위한 저항이다. 이 운동은 곧 4·19혁명으로 이어지며, 깨어있는 민족혼이 일러주는 시민 정신의 발로로 자랑스러운 이 정신을 길이 전승하기 위해 간절한 뜻을 생명의 돌에 새긴다."라고 적혀 있다. 3·8의거에 참여한 학생의 숭고한 애국정신을 그대로 표현한 글이다.

4·19혁명을 비롯해 반유신 투쟁, 광주민주화운동, 6월 항쟁 등은 불의

에 항거하는 민중 저항정신의 맥이다. 이보다 앞서 우리 충청지역 학생이 3·8의거를 일으켜 불의에 항거하는 역사를 열어젖혔다니 자랑스러운 일이다. 그러나 다수의 지역민은 3·8의거가 대전에서 일어난 학생들의 순수한 민주화 운동이란 사실을 모르고 살아가고 있다. 이는 부끄러운 일이다. 3·8의거 기념일을 맞아 자녀를 데리고 '3·8민주의거 기념탑'이 있는 둔지미공원을 찾아가 자랑스러운 충청의 선배에 관해 설명해주는 것도 의미 있는 일이겠다.

"이미지 말고 실적을 내놔봐"

2017년 03월 03일 금강일보

　대선을 향한 시곗바늘이 초고속으로 달려가고 있다. 불과 두어 달 전만 해도 내세울 것 없는 한 중년 여인에 의해 국가가 놀아난 사건에 대해 놀라움과 실망에 혀를 내두르던 국민은 이제 시선을 대선으로 돌리고 있다. 방송뉴스의 시간 편성, 신문의 지면 구성을 살펴보면 국민적 관심이 어디로 옮겨가고 있는지를 가늠할 수 있다. 장삼이사 국민이 삼삼오오 모인 자리에서 오가는 대화를 들어보면 역시 국민적 관심의 향방을 살펴볼 수 있다. 매번 대선을 치르는 해에는 예외 없이 국민적 관심이 대선으로 향했지만, 올해는 특히나 많은 국민이 큰 관심을 두고 있다.

　상상을 초월한 무능과 무책임의 극치를 보여준 박근혜 대통령에 대한 실망이 너무 커 하루 속이 유능하고 존경받는 대통령을 맞이해 새 출발을 서두르고 싶다는 갈망이 대선에 관한 관심으로 표출되고 있는 것 같다. 여기에 맞춰 대선을 향해 달리는 주자의 발걸음도 무척이나 분주해지고 있다. 오랜 기간 대선 후보로 꾸준히 지목받던 인물도 있지만, 짧은 기간에 인기가 급상승해 단숨에 주요 후보군으로 부상한 인물도 있다. 유력 후보군으로 분류되던 인물 가운데 이런저런 이유로 행군을 포기한 낙오자도 나타나고 있다.

박근혜 대통령이 국민에게 워낙 큰 실망감을 안겨줘서인지 보수진영은 무척 힘든 대선 레이스를 펼쳐갈 모양새이다. 반대로 진보 진영은 '기회는 이때다.'라는 심리가 작용한 것인지 꾸준히 거론되던 인물 외에 다수가 대선 주자를 자처하고 나서는 분위기이다. 그러나 누구도 절대 안심할 수 없는 예측불허의 혼전이다. 각종 여론조사를 통해 밝혀지는 지지율은 조사 시점의 상황을 반영한 것일 뿐 절대적 의미가 있는 것은 아니다. 그러나 하루하루 지지율 곡선의 상승과 하락을 지켜보면서 후보들은 가슴을 졸일 수밖에 없다.

수차례의 선거를 지켜보면서 가장 안타깝게 느끼는 것은 다수의 국민이 후보를 선택하는 기준으로 눈앞에 보이는 이미지와 말솜씨에 치중한다는 점이다. 박근혜 대통령이 어쩌면 가장 확실한 사례가 될 수 있다. 그는 과격하지 않은 조신한 언어를 구사했고, 약간은 촌스러우면서 순박한 이미지로 국민적 환심을 샀다. 더구나 지구상의 최빈국 중 하나였던 대한민국과 국민을 절대 가난에서 탈출시켰다는 평가를 받는 그의 아버지 이미지까지 후광으로 안고 있었다.

그는 당 대표를 맡아 위기에 빠진 당을 구한 적은 있지만, 공식적으로 직함을 갖고 국가나 국민을 위해 어떤 일을 해본 적이 없다. 지방자치단체장을 맡아본 일도 없고, 정부 부처의 장관직을 수행해 본 적도 없다. 그저 당 대표를 맡았던 것이 전부이다. 다수의 국민은 그가 당 대표를 맡아 위기에 빠진 당을 일으켜 세우는 모습을 보고 국가와 국민을 위해 일 한 것으로 착각했다. 선거판을 돌아다니며 자신의 이미지를 앞세워 자당의 후보를 도와준 적은 있지만, 제도권에서 국가와 국민을 위해 일한 실적은 전혀 없다. 국정을 맡아 자신이 구상한 대로 일을 하고, 성과를 올린 경험은 없다.

국민은 방송과 신문 등 대중 매체를 통해 드러나는 그의 이미지에 집중했다. 그리고는 냉철한 실적 검증 없이 그를 대선 후보로 세웠고, 급기야는 대통령이란 자리까지 만들어 주었다. 아무런 국정 경험이 없는 그에게 대통령이란 어마어마한 자리를 맡긴 것이다. 그가 어떤 자리에서 어떤 실적을 거두었는지에 대한 아무런 검증 없이 그저 이미지만으로 그를 선택했다. 그에 따른 대가는 이렇게 혹독하다.

지금 대선 유력 주자로 거론되는 이들은 저마다 화려한 이력을 갖고 있다. 그들이 어떤 자리에서 어떤 성과를 얻었고, 그 조직 내에서 어떤 평가를 받았는지 정확하게 진단해 보아야 한다. 지금껏 국가나 지자체에서 일하면서 어떤 실적을 발휘하고 조직 구성원으로부터 어떤 평가를 받았는지 살펴보면 그가 큰일을 할 수 있는 인물인지 가늠할 수 있다. 화려한 말솜씨와 외모에 현혹돼 이미지로 인물을 평가하고, 그것을 표심으로 연결하게 해 또 실적 검증 없이 이미지 대통령을 선출한다면 우리의 불행은 중단되지 않을 것이다.

인성교육과 인권교육

2017년 01월 26일 금강일보

　수십 년 동안 '그깟 영어와 수학이 뭐라고 그걸 가지고 아이들의 인생을 가르마 타서 삶의 성공과 실패를 구분하나.'라는 불만을 품어왔다. 우리가 보편적으로 생각하는 인재의 개념이 무척 잘못됐다는 생각도 했다. 사회생활을 하면서 영어와 수학이 그리 중요한 비중을 차지할 이유가 없다는 나름의 생각은 더욱 공고해졌다. 실제 생활에서 그다지 효용가치가 없기 때문이다. 그런데 유독 그 두 과목만 대입 시험에서 지극히 어렵게 출제돼 실질적 변별의 수단으로 사용하고 있으니 그 이유를 잘 알지 못하겠다.

　역사, 철학, 문학, 예술 등은 인간의 삶을 윤나게 하는 너무도 소중한 학문 분야이다. 하지만 영어와 수학의 그늘에 가려 초중고 시절 그저 맛만 보는 과목이다. 감수성이 최고조에 달하는 어린 학생이 인생의 진선미를 깨달을 겨를을 주지 않고 입시를 위한 영어와 수학의 공세는 지속한다. 효용 가치가 지극히 낮은 영어와 수학을 왜 중요과목으로 지정해 아이들의 혼을 빼놓는지 정말 이해를 못 하겠다. 나만 이런 생각을 하는 것인지 다른 기성인도 이런 생각을 하는지는 모르겠다.

이런 와중에 정부가 나서 인성교육과 인권교육을 강화하려는 움직임을 보여 다행스럽다. 각 시·도교육청도 인성교육과 인권교육에 관심을 보이며 정부 시책에 발맞춰 나갈 준비를 하고 있다. 영어와 수학이 얼마나 중요한지 잘 모르겠으나 개인적으로 세상을 살아가는 데 있어 인성이나 인권만큼 중요하지는 않다고 생각한다. 올바른 마음가짐과 남을 이해하고 배려하는 자세를 가르치는 것이 곧 인성교육이고 인권교육 아니겠는가. 왜 진작 이런 좋은 교육을 확대하지 못했는지 아쉬움이 느껴질 따름이다.

언뜻 들으면 인성과 인권은 비슷한 것처럼 느껴질 수 있지만, 실상은 대조적인 부분이 있다. 바른 삶을 지향한다는 점은 공통점일 수 있으나 수동적이고 순응적인 인간으로 육성하는 데 방점을 두느냐 또는 자주적이고 적극적인 인간으로 육성하는 데 초점을 맞추느냐의 관점 차이가 발생한다. 군신유의君臣有義 부부유별夫婦有別 장유유서長幼有序 등의 정서가 강하게 남아있는 대한민국은 어른이나 상사에게 조건 없이 순응하는 자만이 성공하고 출세할 수 있다는 신념이 국민적 정서에 깔려 있다.

자신의 당연한 권리조차 양보하고 물러서며 참고 기다리는 것만이 미덕이라고 여기는 이들이 많다. 어린 사람, 약한 사람이 자신의 권리에 대해 말하고 주장하는 것을 다소 불경스럽게 여기는 문화가 있다. 그래서인지 우리는 늘 강한 자, 다수인 자에게 절대적으로 유리한 사회를 유지해왔다. 영어와 수학에서 높은 점수를 받아 명문대학에 진학하고, 좋은 직업을 가져 남을 억누르고 지배하며 사는 것이 인생의 최고 목표라고 가르치는 가운데 인성교육은 늘 뒷전이었다. 성공과 출세만 주문했다.

인격적으로 바른 품성을 길러준다는 인성교육은 참으로 필요하다. 복잡한 이 사회를 화합하고 이해하며 살아가는 조화로운 인간, 겸양의 미덕을 발휘하는 이타적 인간을 만드는 교육이기 때문이다. 그러나 정부가 준비하고 있는 인성교육이 강한 자에게 순응하고 맹목적이고 무비판적인 인간이 성공할 수 있고, 살아남을 수 있는 사회라고 가르치는데 방향이 맞춰졌다면 당장 접어야 한다. 무조건적 복종이 인성 바른 삶이라고 가르친다면 세계무대에서 결코 통용될 수 없는 후진적 인간을 만드는 일에 불과하다.

 인권교육도 조심스럽기는 마찬가지이다. 권리를 주장하기에 앞서 배려하고 양보하고 이해하는 것이 우선임을 가르치는 것이 진정한 인권교육이다. 인권교육은 소수의 무리, 힘없고 약한 자를 이해하고 도울 수 있는 사고의 틀을 만들어 주는 데 전력해야 한다. 자신의 권리를 찾는 일이 약자를 보살피고 공공의 이익을 추구하는 일보다 우선시 될 수 없음을 똑똑히 가르쳐야 한다. 인성교육도 인권교육도 균형감 있는, 바른 품성의 인간을 기르는 데 목적을 두어야 한다.

제5장
2016년의 단상

참으로 이상한 분열

2016년 12월 30일 금강일보

　세계 문화인류학자나 종교학자의 시각에서 볼 때 대한민국은 참으로 대단한 연구 가치를 가진 나라이다. 세계 종교백화점이라 할 만큼 다양한 동·서양의 종교들이 팽팽한 세를 과시하며 공존하고 있기 때문이다. 대개의 나라는 특정 종교가 국가종교 또는 민족 종교화돼 있어 그 나라나 민족의 사상이나 실생활에 지대한 영향력을 행사한다. 그러나 우리 대한민국은 어떤 특정 종교가 국가종교 또는 민족 종교화돼 있지 않다. 절대적 영향력을 행사하는 종교가 따로 있는 것도 아니다. 한 가정 내에서도 가족 구성원들 서로 다른 종교 생활을 하는 경우도 대한민국에서는 쉽게 목격된다.

　이처럼 다채로운 종교 활동이 이루어지고 있는 나라이지만 대한민국에서는 종교를 이유로 특별한 분쟁이나 갈등이 표출되지 않고 있다. 소소한 충돌이 발생하고 있기는 하지만 염려할 수준은 못 된다. 하지만 타국의 경우 사정은 확연히 달라진다. 민족종교나 국가종교 역할을 하는 종교 이외의 신앙생활을 하는 이들은 대개 핍박당하거나, 드러내지도 못한 채 숨어서 종교 생활을 한다. 법을 통해 종교의 자유를 폭넓게 보장하고 있다고는 하지만 종교적 신념은 대개 실정법을 뛰어넘는 상위 개념으로 인정되고 있어 효력을 발생하지 못하는 경우가 허다하다.

심지어는 같은 종교 내에서도 분파가 발생해 극렬히 대립하고 그 이견을 좁히지 못한 채 수백 년간 전쟁하거나 내전 상태를 이어가는 경우를 허다하게 본다. 그러나 대한민국 내에서는 종교나 종파가 다르다는 이유로 분쟁이 일어나는 일이 없다. 미미한 분쟁이야 발생하고 있지만, 전체적으로는 타 종교에 대해 간섭하거나 싸움을 거는 일이 없어 매우 안정적 모습을 보인다. 우리는 오랫동안 이 같은 모습으로 살아왔기 때문에 당연하게 여길지 몰라도 외국인의 시각에서 바라볼 때 한국에서 이루어지고 있는 다수 종교의 안정적 발전은 참으로 놀라운 사실이다.

그러나 이처럼 어려운 문제를 슬기롭게 극복해가고 있는 대한민국이 해결하지 못하는 대립과 갈등이 있으니 그것은 바로 이념이다. 특히 국가적으로 큰 사건이 터질 때마다 국민의 마음은 양편으로 갈라지고 분열이 공고화되는 모습을 보인다. 중대 사안이 터질 때마다 좌우의 이념 대립이 갈수록 심화하고 있다. 도대체 한 나라에서 비슷한 환경 속에 살아가고 있는 국민이 맞나 싶을 정도로 극단적인 두 부류를 목격하게 된다. 이 같은 이념 양분 현상은 해방 이후부터 지금까지 멈춰 서지 않고 있다.

2016년에도 박근혜 대통령의 다수 측근에 의한 국정 농단 사태가 밝혀지고 국민적 이슈로 부상한 뒤 이념대립이 극한으로 치닫고 있다. 외형상 박근혜 대통령과 그 측근들, 관련자들을 처벌해야 한다는 부류가 절대다수를 보이지만, 어느 시점에서부터인가 반대 논리로 박근혜 대통령을 옹호하는 부류가 세를 모아가고 있다. 같은 사안을 놓고 어쩌면 이리도 보는 시각이 다른지 놀라지 않을 수 없다. 사실 이번 사건을 보는 시각은 좌우가 따로 있을 수 없는 사안이다. 옳고 그른가만 구분하면 될 사안이다. 그렇지만 이 같은 사안을 놓고도 국민은 좌와 우로 편 가르기를 하려는 성향을 보인다.

　도대체 이해하기 어려운 일이다. 다른 나라에서 화약고 역할을 하는 종교문제는 너무도 차분한 데 반해 사회를 바라보는 이념적 견해 차이는 좀처럼 좁혀지지 못하고 있다. 오히려 시간이 지날수록 이념적 간극은 더 벌어지고 있다. 좌우 진영 모두 소수의 극렬분자는 보편성이나 타당성을 고려하지 않는 맹목적 성향을 보인다. 어떤 논리도 없이 현상을 해석하고 자의적으로 판단한다. 더 무서운 것은 어떠한 타협도 없고, 상대를 절대 이해하려 들지 않는다는 점이다. 2016년도 박근혜 대통령 측근에 의한 국정농단 사태를 겪으며 국민 분열이 어느 해보다 극심하게 벌어졌다. 2017년 새해에는 국민의 마음을 묶어 낼 수 있는 존경받는 지도자도 출현했으면 좋겠다. 더불어 국민의 마음을 따뜻하게 해줄 좋은 일이 생겨나길 바란다.

근현대사가 불행한 대한민국

2016년 11월 18일 금강일보

우리는 찬연한 고대문화를 자랑한다. 대륙의 중원을 호령한 고구려의 기상이 자랑스럽고 해상왕국을 실현한 백제의 문명이 자랑스럽다. 불국정토를 꿈꾸던 신라 1000년의 역사도 우리가 자긍심을 갖기에 충분하다. 고려와 조선을 거치며 이루어 낸 중세의 문화도 많은 침탈을 당하고 국권을 잃는 치욕이 있었지만, 나름 자주적이고 독특한 문화 강국으로 성장하고 발전했다. 그래서 우리는 늘 고대사가 찬란한 문화국가임을 자랑으로 내세운다. 고대사가 초라하다는 이유로 우리는 일본을 무시하는 시각으로 바라보기도 한다. 중세까지도 우리의 문화나 경제 및 사회의 발전은 일본이 넘볼 수 없는 지경이었다.

그러나 근현대로 접어들면 우리는 한 없이 초라해진다. 특히 근현대사를 지극히 자랑으로 여기는 일본과 비교할 때 한국인이 갖는 근현대사에 대한 의식은 초라하다 못해 부끄러움으로 가득하다. 조선 말기의 세도정치로 시작해 열강의 틈바구니에서 풍전등화와 같은 하루하루를 보낸 구한말의 역사는 우리 민족이 감추고 싶어 하는 흔적이다. 국권을 빼앗기고 일본 제국주의 세력으로부터 강제 통치를 당한 시간은 더할 나위 없이 우리가 5000년 역사를 통해 가장 수치스러워하는 시간이다. 현대사로 접어들면서도 우리의 부끄러운 역사는 계속됐다. 그 첫째가 친일파를 청산하지 못하고 그들이 이 사회의 지배층으로 그대로 군림하게 된 점이다.

친일파를 청산하지 못한 후유증은 의외로 컸다. 불의가 용납되는 사회가 됐고 불공정이 만연한 사회가 됐다는 점이 가장 큰 후유증이다. 그 여파로 부정한 집단이 권력을 잡아 득세하고 정경유착의 고리를 이어갔다. 사회 구석구석에 친일파의 자손이 특권층으로 합류해 있고 그들은 오랜 세월 특권 속에 호의호식하며 살았다. 불과 50년 이란 짧은 시간에 경제성장과 민주화라는 두 마리 토끼를 한꺼번에 잡았다고는 하지만 면면을 자세히 살펴보면 부정과 부조리가 여전하다. 정의가 바로 서지 못한 이 나라는 권력형 비리 사건이 끊이지 않고 있다. 대한민국이 건국한 이래 권력이 저지른 부조리는 이루 형언하기 어려울 정도이다.

최고의 권력이라는 대통령도 재임한 11명 모두가 비리에 휩싸여 불행을 자초했다. 대통령과 관련된 주변 인물의 비리 사건이 단 한 번도 그냥 넘어간 적이 없다. 임기를 마치고 국민에게 존경받으며 행복한 노년을 보내는 전직 대통령이 단 한 명도 없다는 사실은 우리의 현대사가 얼마나 불행한지를 단적으로 보여주는 사례이다. 불행한 말년을 보내고 있거나 안타까운 죽음을 맞이한 앞선 이들의 사례를 살펴보면 경계심을 가질 만도 하건만 주변인에 의한 권력형 비리는 좀처럼 수그러들지 않고 있다. 믿어지지 않는 현실이다. 이처럼 불행한 현대사를 가진 나라가 또 있을까 싶다.

아직 임기를 15개월이나 남긴 현직 대통령을 둘러싼 주변인의 비리 사건은 상상을 초월하는 메가톤급이다. 처음 관련 보도를 접했을 때는 "설마"를 외쳤던 다수의 국민은 고구마 줄기처럼 캐면 캘수록 나오는 비리 정황을 보고 탄식을 멈추지 못하고 있다. 맹목적으로 따르던 맹렬 지지자도 등을 돌려 여과 없이 비리와 연관된 대통령을 향해 비아냥거림을 쏟아내고 있다. 지금의 상황대로라면 박근혜 대통령은 역대 가장 불행하고 불명예스러운 대통령이 될 가능성이 크다. 훗날 어찌 낯을 들고 대한민국 땅에서 살 수 있을지 염려스러울 지경이다.

현직 대통령의 초대형 비리 사건을 접한 국민은 정신적 공황을 맞고 있다. 멘탈^{mental}이 붕괴했다는 신조어인 '멘붕'이란 낱말이야말로 바로 이럴 때 쓰는 말인가 싶다. 아직은 수사가 진행 중이니 뭐라 단정적으로 말할 시점은 아니지만, 박근혜 대통령을 둘러싼 이번 비리 사건은 온 국민을 바보로 만든 사악함의 극치이다. 이토록 열심히 일하고 열심히 국민의 도리를 다하는 국민을 세계 역사상 찾아보기 어렵다. 계속되는 황당한 권력 유착형 비리에 착한 국민은 의욕을 잃는다. 대한민국의 불행한 근현대사는 언제쯤 종말을 맞으려나 심히 걱정스럽다. ❦

세상에 '퍼주기'는 없다

2016년 10월 07일 금강일보

개인적으로 가장 싫어하는 표현 중의 하나가 '퍼주기'이다. 참 자극적인 말이다. '퍼주기'란 말을 들으면 왠지 '소용없는 짓' '공연한 짓' 등의 어감이 느껴진다. '퍼주기' 또는 '퍼주기식'이란 표현은 복지정책 또는 대북정책 등에 대한 논의가 진행될 때 자주 등장한다. 언제부터, 누구로부터 사용이 시작된 말인지는 알 수 없으나 나눔을 반대하는 목소리를 낼 때 빠지지 않는 표현이다. 받아들이는 사람마다 다르겠지만 내겐 참으로 매정하기 짝이 없는 말로 들린다.

세상에 가난하고 싶은 사람이 어디 있겠는가. 누군가에게 도움을 받는 일이 신나고 즐겁기만 한 사람이 어디 있겠는가. 생존 앞에서 어쩔 수 없이 도움을 받는 사람이 '퍼주기'라는 표현을 들었을 때 어떤 기분일지를 생각해 볼 일이다. 당사자의 기분을 헤아려 봤다면 함부로 쓸 수 없는 말이다. '퍼주기'란 '내가 쓸 것조차 괘념치 않고 조건 없이 마구 주는 모양새'를 표현한 것이지만 실상 우리의 나눔 문화는 아직 내 것을 염두에 두지 않고 줄 만큼 성숙해 있지 못하다.

그런데도 '퍼주기'라는 표현은 참으로 자주, 널리 사용되고 있다. '퍼주기'라는 말을 사용한다는 것은 나누고 베푸는 것이 아무런 효과가 없다는 의미를 내포하고 있다. 받는 자가 도움을 활용해 어려움을 극복하고 훗날 자신이 누군가를 도울 수 있는 구조에 합류할 수 있다는 가능성을 배제하고 있다. 도움을 받는 이는 늘 무기력하고 습관화돼 있을 뿐 아니라 누군가에게 도움을 베풀 수 있는 처지로 선회할 수 없는 부류라는 강한 편견을 드러내고 있다. 그러니 함부로 써서는 안 될 표현이다.

'세상에 일방적인 퍼주기는 없다'라는 것이 나의 생각이다. 맹자가 주장했듯이 인간은 누구나 측은지심仁, 수오지심義, 사양지심禮, 시비지심智을 갖고 살아간다. 누군가에게 어떤 형태로든 도움을 받은 사람은 그 고마움을 알게 되고 언젠가 어떤 형태로든 보답하겠다는 마음을 갖게 마련이다. '퍼주기'라는 표현은 이 같은 원리를 부정하는 의미를 품고 있다. 도움을 받는 이들은 파렴치해서 도움을 받는 것을 당연하다고 여기고 매너리즘에 빠져 자활 의지를 갖지 못하고 언제나 남의 힘에 기대기만 하려 한다는 생각은 위험하다.

정부가 행하는 최소한의 통제조차 부정하면서 철저한 시장경제를 지향하는 '신자유주의'가 만연하며 승자독식의 문화는 점차 뿌리 깊어지고 있다. 신자유주의는 사회 낙오자는 구제 불능이고 세상은 경쟁에서 살아난 이들만의 축제라는 생각에 기반을 둔다. 나누고 베풀어 최소한의 생존권을 보호하고 도움을 받고 성장한 이들이 훗날 누군가에게 도움을 줄 수 있는 존재로 변모하는 선순환의 구도를 부정한다. 그래서 신자유주의적 사고는 참으로 위험하다. 매정하기 짝이 없는 사상이다.

불과 60년 전 우리도 '원조'라는 형태의 도움을 통해 생존했고, 이제는 당당히 세계 속의 강국으로 성장했다. 당시 우리를 도왔던 이들이 '퍼주기'는 안 된다며 원조를 거부했더라면 오늘날의 대한민국은 존재하기 어려웠을 것이 자명하다. 나누고 베푸는 데 익숙하지 않은 우리는 국제사회에서 경제 규모에 맞는 임무를 수행하지 못한다는 부정적 평가를 받고 있다. 복지정책이나 대북정책의 수행을 '퍼주기'라고 인식하는 것은 이러한 사회적 분위기와 무관치 않다.

　유교 문화의 강한 잔재 속에 살아가는 우리는 오직 자식에게만 부와 명예를 물려주고자 하는 강한 집착한다. 혈연주의가 지나치게 강하다 보니 내 가족이나 혈연 범주를 벗어난 이들에게 무엇인가를 나누는 일에 몹시도 인색하다. 세상에 일방적 '퍼주기'는 없다. 우리도 이제 베풀고 살 때가 됐다. 내 것을 충분히 채우고 난 후에 나누고 베푼다고 생각하면 그 시점은 기약이 없다. 어떤 형태로든 도움을 받은 사람은 생각의 변화를 겪게 된다. '퍼주기'라는 자극적 표현의 사용은 자중해야 한다.

충청유교문화의 날갯짓을 바라며

2016년 09월 02일 금강일보

　종교와 사상의 자유가 보장되는 대한민국은 특정 종교나 사상이 국민 정서를 좌지우지하지 않는다. 그러나 문화공동체인 대한민국 국민은 보편적으로 통하는 가치관을 형성하고 있다. 그 핵심이 유교 사상이다. 유교적 이상국가를 꿈꾸던 조선왕조는 종말을 고했지만, 100년이 지난 지금도 대다수의 대한민국 국민은 유교사상을 기반으로 사고의 틀을 유지하고 있다. 대개의 국민이 특정 사안에 대해 비슷한 의식구조를 보이는 것은 유교적 틀에서 사고의 맥락을 같이 하기 때문이다.

　유교는 500년 넘게 한민족의 사상을 지배해온 종교이자 철학이다. 지구상에 존재했던 수많은 나라 가운데 가장 유교적 가치관에 충실했던 나라가 조선이다. 그 중심에 충청이 있다. 조선이 멸망한 지 100년이 넘었지만, 조선의 사상을 지배했던 유교 이념은 우리의 생활 속에서 엄존하고 있다. '양반의 고장'이라는 별칭을 가진 충청권은 유교적 이상 실현의 꿈이 여전히 꿈틀대고 있어 선비문화에 대한 충청인의 자긍심은 유별나다. 영원히 양반의 고장이란 수식어를 놓치고 싶지 않은 것이 충청인의 한결같은 갈망이다.

대전, 세종, 충남, 충북 등 충청권 4개 시·도가 '충청유교문화권 광역관광개발사업'이라는 이름으로 산재한 유교문화 자원을 발굴 정비하고, 이를 통해 충청권의 상생과 발전을 도모하고자 하는 시도를 하고 있다. 지난 8월 30일 대한민국의 심장부인 국회에서 금강일보 주관으로 실천 토론회가 개최된 이후 충청유교문화권 광역관광개발사업의 성공적 추진을 위한 결의가 공고해지고 있다. 뭔가 금방이라도 성과를 낼 것처럼 분위기가 달아오르고 있다.

충청유교문화권 광역관광개발사업은 유무형의 유교 문화재를 자원화하고 이를 관광 상품화해 지역발전을 도모하는 것을 요체로 한다. 그래서 이 사업은 충청의 선비문화를 회복하고 우리 지역의 정체성을 확립하자는 데서 출발점을 찾는다. 유교 문화재를 관광 자원화하는 일은 우리가 지역문화에 대한 정체성을 확립한 이후에 추진될 일이다. 그래서 지역민 모두가 충청유교문화에 대한 관심을 두는 일이 무엇보다 중요하다.

충청지역은 '양반문화' '선비문화'라는 엄청난 무형의 자산을 갖고 있지만 이를 자원화하는 일에는 대단히 소극적이었다. 늦은 감은 있지만, 충청권 4개 시도가 힘을 모아 '양반문화' '선비문화'를 기반으로 지역의 정체성을 확립하고 관광 자원화해 지역발전의 동력으로 삼겠다고 하니 반갑기 그지없다. 토론회를 통해 제시된 구상은 충분히 실천 가능한 항목들로 구성돼 있다. 이토록 대단한 자원을 그동안 방치하고 활용하지 못했다니 만시지탄이 따로 없다.

지금껏 '기호유교'라는 이름으로 통용되던 용어를 '충청유교'로 바꿔 부르기 시작한 것도 대단히 다행스러운 일이다. 경기와 호남지역에도 충청학파와 뜻을 같이하는 일부 선비들이 존재했던 것은 사실이지만 어찌 됐든 주류는 충청이었기에 충청유교라는 표현을 사용하는 것이 충분한 타당성을 갖는다. 충청유교라는 명칭은 충청인들이 '선비문화' '양반

문화'에 대한 주체의식을 갖게 하는 데 적지 않은 영향을 미칠 수 있다.

　유교문화의 폐단을 지적하는 이들도 적지 않지만, 그것은 유교문화에 대한 이해 부족에서 비롯된 경우가 많다. 유교는 지구상의 지금껏 존재한 무수한 철학사상 가운데 가장 인간 중심적이고 가장 보편타당한 가치를 추구한다. 충청지역은 그 유교문화의 중심에 우뚝 서 있다. 뒤늦게 이를 기반으로 지역 정신문화의 원류를 찾고 더불어 지역개발사업까지 추진한다고 하니 이보다 반가운 일이 없다. 충청유교문화권 개발사업을 통해 충청이 동아시아 문화의 중심지로 일어서야 한다. ✍

우리 동네 작은 음악회

2016년 07월 29일 금강일보

　지인의 소개로 동네에서 진행되는 작은 음악회에 다녀온 적이 있다. 한 번 다녀온 후 관계자에게 명함을 건네고 왔더니 이후 매달 공연이 있을 때마다 연락이 온다. 그 정성을 무시할 수 없어 아들을 데리고 몇 개월 만에 공연장을 다시 찾았다. 수개월 전과 크게 달라진 게 없는 분위기이다. 사실 공연장이라는 말도 무색하다. 음악회를 주최하는 한 의사의 개인병원 로비 한쪽 면에 작은 무대를 만들고 나머지 공간에 50개 남짓의 의자를 배치해 객석을 만들었다. 음향이나 조명도 별스럽지 않다.
　출연자의 프로필을 보니 말 그대로 동네에 사는 이웃들이다. 그러니 출연자들의 옷차림도 무대의상이 따로 없다. 평소 잘 매지 않던 나비넥타이를 매는 정도이다. 일부 여성은 무대용 드레스를 갖춰 입기도 하지만 요란스럽지는 않다. 무대에 오르는 가수, 연주자, 시 낭송가도 생활인이다. 그러니 노래 솜씨, 연주 솜씨가 빼어나지 않고 실수도 자주 한다. 모든 것이 어줍다. 그러나 무대에 오르는 사람도, 객석에서 공연을 관람하는 사람도 그렇게 진지할 수가 없다. 공연자도 관람객도 최상의 공연 매너를 보이며 음악회가 끝날 때까지 모두 즐거워 어쩔 줄 모른다.

공연자는 무대에 올라 혼을 다해 노래를 부르고 악기를 연주한다. 관람객은 몰입해서 음악을 감상하고 노래와 연주가 끝나면 공연자에게 아낌없는 박수를 안긴다. 공연하는 모습을 카메라에 담아 공유하기도 한다. 1시간 반 남짓 공연을 마치고 나서 인근 식당으로 가서 가벼운 반주를 곁들여 함께 저녁 식사를 한다. 식사비용은 참석자들이 각자 부담한다. 저녁 식사를 함께하는 자리도 처음부터 끝까지 웃음이 끊이지 않는 화기애애한 분위기다. 공연자에게 격려의 덕담을 건네는 것은 기본이다. 행복이 가득한 시간이다.

공연이 진행되는 동안 몇 장의 사진을 찍어 SNS에 올렸다. 많은 네트워크 친구들이 "그런 동네에 살아 행복하겠다", "매번 가는데 이번엔 못 가서 아쉽다", "부럽다. 나도 가보고 싶다", "음악회를 주최한 의사가 진정한 노블레스 오블리주를 실천하고 있다." 등등의 반응을 보였다. 댓글을 달지는 않았지만 '좋아요' '멋져요' '기뻐요' 등의 느낌 표시가 수도 없이 이어졌다. 한 마디로 좋다는 반응이다. 무심코 사연을 올렸지만, 반응은 의외로 뜨거웠다. 공연 내용을 모두 전할 수는 없었지만, 분위기는 제대로 전달이 된 모양이다.

동네 사람이 주인공인 어설픈 공연을 잠시 보고 왔을 뿐인데 그날 내내 감동이 밀려오고 마음이 따뜻했다. 그날 음악회에 참석한 모든 이들이 나와 같은 기분을 느꼈을 것이란 생각이 들었다. 관람객은 공연을 지켜보는 동안 행복했을 것이지만 무대에 오른 참가자는 공연을 준비하는 내내 행복했을 것이란 생각을 했다. 다수의 관람객은 '나도 저렇게 무대에 올라 노래도 부르고 악기도 연주하고 싶다'라는 부러움을 느꼈을 것이다. 한편으로는 '나도 꾸준히 연습하면 저 정도 실력에 이를 수 있을 거야'라는 자신감도 얻었을 것이다. 참석자 모두를 행복하게 만든 공연이었다.

세계인들에게 한국은 일 중독Workaholic에 빠져 사는 나라로 소문이 났다. 한국은 즐길 줄을 모르고 그저 일만 하는 나라라고 국제사회에 소문이 났다. 실제로 한국인은 인생을 윤기 나게 하는 취미활동이나 사교활동에 무관심하다. 선진국의 경우, 악기 하나는 능숙하게 다룰 줄 알아야 교양인이고 중산층으로 인정받는다고 한다. 대한민국 중산층임을 자임하는 이들 가운데 악기 하나를 다룰 줄 아는 인구가 몇이나 될까. 취미활동으로 인생의 참맛과 활력을 찾는 이는 몇이나 될까. 우리 동네 작은 음악회를 다녀온 후 진정한 중산층이 되고 싶다는 생각에 10년 넘게 꽁꽁 싸두었던 기타를 꺼내 조율했다.

김도운 칼럼집
지방방송 끄라고?

발 행 일 | 2021년 03월 22일
지 은 이 | 김도운
발 행 인 | 李憲錫
발 행 처 | 오늘의문학사
출판등록 | 제55호(1993년 6월 23일)
주　　소 | 대전광역시 동구 대전로867번길 52(한밭오피스텔 401호)
전화번호 | (042)624-2980
팩시밀리 | (042)628-2983
전자우편 | hs2980@hanmail.net
카　　페 | cafe.daum.net/gljang(문학사랑 글짱들)
　　　　　 cafe.daum.net/art-i-ma(월간 충청예술문화)

공 급 처 | 한국출판협동조합
주문전화 | (02)716-5616
팩시밀리 | (02)716-2999

ISBN 979-11-6493-108-8 (03810)
값 15,000원

ⓒ 김도운 2020

* 이 책은 ㈜교보문고에서 eBook(전자책)으로 제작하여 판매합니다.
* 잘못 제작된 책은 바꾸어 드립니다.